中國訓詁學史

胡樸安 著

貴州出版集團
貴州人民出版社

圖書在版編目（CIP）數據

中國訓詁學史 / 胡樸安著 . -- 貴陽 : 貴州人民出版社 , 2024. 9. -- ISBN 978-7-221-18632-4

Ⅰ . H13

中國國家版本館 CIP 數據核字第 20243N9U55 號

中國訓詁學史

胡樸安　著

出 版 人	朱文迅
責任編輯	馬文博
裝幀設計	采薇閣
責任印製	衆信科技

出版發行	貴州出版集團　貴州人民出版社
地　　址	貴陽市觀山湖區中天會展城會展東路 SOHO 辦公區 A 座
印　　刷	三河市金兆印刷裝訂有限公司
版　　次	2024 年 9 月第 1 版
印　　次	2024 年 9 月第 1 次印刷
開　　本	710 毫米 ×1000 毫米 1/16
印　　張	24.75
字　　數	149 千字
書　　號	ISBN 978-7-221-18632-4
定　　價	88.00 元

出版説明

《近代學術著作叢刊》選取近代學人學術著作共九十種，編例如次：

一、本叢刊遴選之近代學人均屬于晚清民國時期，卒于一九一二年以後，一九七五年之前。

二、本叢刊遴選之近代學術著作涵蓋哲學、語言文字學、文學、史學、政治學、社會學、目録學、藝術學、法學、生物學、建築學、地理學等，在相關學術領域均具有代表性，在學術研究方法上體現了新舊交融的時代特色。

三、本叢刊遴選之近代學術著作的文獻形態包括傳統古籍與現代排印本，爲避免重新排印時出錯，本叢刊據原本原貌影印出版。原書字體字號、排版格式均未作大的改變，原書之序跋、附注皆予保留。

四、本叢刊爲每種著作編排現代目録，保留原書頁碼。

五、少數學術著作原書内容有些許破損之處，编者以不改變版本内容爲前提，稍加修補，難以修復之處保留原貌。

六、原版書中個别錯訛之處，皆照原樣影印，未作修改。

由于叢刊規模較大，不足之處，懇請讀者不吝指正。

中國訓詁學史

中國文化史叢書

第二輯

中國訓詁學史

胡樸安著

主編者
王雲五
傅緯平

商務印書館發行

張菊生先生致力文化事業三十餘年，其躬自校勘之古籍，蜚聲士林，流播至廣，對於我國文化之闡揚，厥功尤偉。中國文化史叢書之編印，實受　張先生之影響與指導。第一集發行之始，適當　張先生七十生日。謹以此獻於　張先生，用誌紀念。

商務印書館謹識

自敘

訓詁學。是書本子上的考古學。因爲古今文字之含義不同。後人讀古人之書。假使無有訓詁學的工具。在古人原爲淺顯之語。後人遂成爲不能了解之詞。就是能了解。亦是望文生義。甚至牽強附會。以後人之心理。揣度古人。所以不通訓詁學。決不能讀古書也。

溯訓詁之原始。當是七十子以後學者的傳授。而訓詁之發展。是在東漢古文家勃興時代。在緒言上已詳細論之。賈逵馬融許愼。皆是訓詁學大家。而鄭玄尤能集周秦兩漢訓詁之大成。唐之陸德明孔穎達賈公彥。亦能集魏晉南北朝訓詁之大成。就是宋朝道學家偏于義理之解釋。雖不是正統之訓詁。而亦是屬於訓詁之範圍。至于淸朝漢學家之著作。如正續淸經解內所收。大半皆是訓詁學。以言訓詁學史的材料。則多于文字學史數倍而未已。

文字學史。有一部說文解字爲中心。可由此中心尋出文字學遞變之迹。訓詁學史。雖可以經傳疏注爲中心。但材料太多。而又未加整理。斷不能以個人之精力。整理出許多散無友紀之材料。而爲歷史之敍述。我希望整理中國學術者。將經傳注疏中訓詁材料。有整個之整理。然後有統緒之訓詁學史。始能出見。

爾雅一書。是訓詁最早之書。類于爾雅之著作。其書頗多。然斷不能以爾雅爲訓詁之中心。爾雅之訓詁。論其範圍。亦不過經傳注疏之附庸。但是自來言訓詁者。皆集中于爾雅。不知爾雅之訓詁是集經傳之成。而爲疏注之所依據。爾雅只可謂之訓詁書。而不可謂之訓詁學。釋名一書。含有訓詁學之意義。其性質與爾雅不同。爾雅僅爲訓詁之記載。釋名則必求訓詁發生之所以然。爾雅釋丘。當途梧丘。而不解說當途何以名梧丘之故。釋名釋丘。當途曰梧丘。梧忤也。與人相忤也。爾雅途出其右而還之畫丘。而不解說何以名畫丘之故。釋名。道出其右曰畫丘。人尙右。凡有指畫皆用右也。爾雅途出其前戴丘。而不解說所以名戴丘之故。釋名。道出其前曰載丘。（戴載通）在前故載也。爾雅澤中有丘都丘。而不解說所以名都丘之故。釋名。澤中有丘曰都丘。言蟲鳥所都聚也。又如爾雅釋宮。四達謂之衢。而不解說何以名衢之故。五達謂之康。而不解說何以名康之故。六達謂之莊。而不解說何以名莊之故。七達謂之劇驂。而不解說何以名劇驂之故。釋名釋道。四達曰衢。齊魯間謂四齒杷爲欋。欋杷地則有四處。此道似之也。五達曰康。康昌也。昌盛也。車步列竝用之言充盛也。六達曰莊。莊裝也。裝其上使高也。七達曰劇驂。驂馬有四耳。今此道有七。比于劇也。其所以然之解說。雖未必確鑿。甚或有牽強附會之處。立于訓詁學而言。可謂成爲一家之訓詁也。方言雖非訓詁。但以時間之久常而在訓詁上已有相當之價值。凡此種種。皆是訓詁之材料。爾雅本身。固不能爲訓詁學史之中心。而況又有釋名方言等之訓詁材料乎。

以上所述。嚴格的講。只可謂之訓詁書。而不可謂之訓詁學。凡稱爲學。必有學術上之方法。訓詁之方法。至清朝漢學家。始能有條理有統系之發見。戴氏震開其始。戴氏之言曰。經之至者道也。所以明道者詞也。所以成詞者字也。由字以通其詞。由詞以通其道。又曰。搜考異文。以爲訂經之助。廣擥漢儒箋經之存者。以爲綜核故訓之助。戴氏眞能以經傳注疏爲中心。而爲有條理有統緒之訓詁也。戴氏之弟子段氏玉裁。其訓詁之方法更精。其言曰。治經莫重乎得義。得義莫切于得音。不孰于古形古音古義。則其說之存者。無由甄綜。其說之亡者。無由比例推測。又曰。小學有形有音有義。三者相互求。舉一可得其二。有古形有今形。有古音有今音。有古義有今義。六者互相求。舉一可以得五。又曰。訓詁必就其原文。而後不以字妨經。必就其字之聲類。而後不以經妨字。不以字妨經。不以經妨字。而後經明。經明而後聖人之道明。點畫謂之文。文滋謂之字。音讀謂之名。名之分別部居。謂之聲類。則段氏之訓詁方法。視戴氏更有條理更有統序矣。有訓詁之方法。用之于羣籍。高郵王氏父子之工作尤巨。王氏之言曰。訓詁之旨。在乎聲音。字之音同聲近者。經傳往往假借。學者以聲求義。破以假借之字而讀以本字。則渙然冰釋。如其假借之字而強爲之解。則結轖爲病矣。引之用此種方法著經義述聞一書。輒能綜合同類之證據。以歸于義之所安。誠書本子上之考古傑作也。自今以後。訓詁學方法之新趨勢。惟有甲骨文金文之考證。與統計學之推測。二法而已。

如上所述。訓詁學淸漢學家。始克建立。以前只有訓詁書之記載。以後之新趨勢。方始萌芽。故嚴格的訓詁學史。不僅無訓詁學之中心。直可謂無訓詁學之材料。只能以訓詁之材料。與淸儒訓詁之方法。與今後訓詁之趨勢。略述其大概而已。

著者素抱整理中國學術之願。關于訓詁諸書。略事搜羅。在持志嘗爲國學系諸生講授訓詁講義。雖僅具大綱。而零星的紀載。積稿頗富。爲商務編文字學史竣事。又以訓詁學史屬編。因整理舊稿。爲之貫穿。而爲此篇因篇幅的關係。删削頗多。如爾雅之注本多數未能序述。言之不詳之處。在所不免。又以時間的關係。更不能詳細整理。自問殊爲歉仄。再者方言一章之材料。許多是鄭師許先生所供給。因爲有一時期師許爲我在持志代課。恰授方言一章。方言之注本。方言以後之續方言二篇。可謂出鄭先生手也。爲我抄稿者學生朱兆滋。例得附記。民國二十六年六月涇縣胡樸安自序

錄

概　釋詁一百八十二事　釋言三百六事　釋訓一百二十九事　釋親九十五事　釋宮八十八事　釋器一百二十八事　釋樂三十六事　釋天一百三十七事　釋地六十七事　釋丘四十九事　釋山五十事　釋水五十六事　釋草二百三十一事　釋木一百十四事　釋蟲八十二事　釋魚六十事　釋鳥一百十五事　釋獸七十事　釋畜九十六事　十九篇共二千九十一事

歸類不甚精密　一條之訓詁爲轉注　一字之訓詁爲假借　雅與雅同名而異實則別以俗　俗與俗異名而同實則同以雅　雅與雅異名而實則同以俗　雅與俗同名異實則各以雅與俗之異者異之　雅與俗異名同實則各以其同者同之　雅俗多同名而稍變其音　俗名多取雅之共名而以地別之　俗名多取雅之共名而以形別之　俗名多取雅之共名而以色別之　俗名多取雅之共名而以味別之　俗名多取雅之共名而以有實無實別之　以俗名釋雅名而以物之德名之　以俗名釋雅名而以他物相似之形名之　以俗名釋

釋天三十七事　釋地十八事　釋邱十五事　釋山十六事　釋水三十三事　釋草一百九十三事　釋木四十事　釋蟲四十六事　釋魚三十事　釋鳥三十六事　釋獸二十六事　釋畜六事　十九篇共二千三百四十三事
以偶名釋奇名例　以奇名釋偶名例　以今名別古名例　以通語釋異語例
異名同實分兩條以釋例　異名同實幷一條以釋例　一物異年齡而異名例　一物異容量而異名例　大小同實異名不言大小例　大小同實異名一明言一不明言例　釋名物性質例　釋稱謂意義例　共名上加一字爲別例
在原名上加一字自成一名詞例　以動詞爲名詞例　連釋例　同實因所在而異名例　異實一部分同名例　同實以雌雄而異名例　同實以小部分不同而異名例　全體同名一部分異名例　屬例
廣雅之校注　廣雅爲完全之書　王念孫廣雅疏證　王氏又補正五百事　劉燦續廣雅　俞樾釋詁疏證拾遺　王樹柟廣雅補疏

廣雅以後之羣雅　著者目之所及十五種　未經寓目其書或已佚者十種

陸佃之埤雅　埤雅多采王安石字說　王愼中之駁埤雅　四庫書目持平之論

董桂新埤雅物異記言

羅願之爾雅翼　羅氏此書專爲名物之辨　羅氏之釋有與自來之說不合者

四庫書目稱羅書在陸佃之上　陳櫟之删爾雅翼

朱謀㙔之駢雅　分目仿爾雅而少其七　四庫書目之駁駢雅非是　駢雅可議者四事　駢雅分之極細排列失其序次　不安二條第二條所收悉不平之訓

魏茂林駢雅纂訓　魏氏校正誤字七十餘條　校正駢雅所據本已改正而駢雅尚沿舊本者四十餘條　校正所引各書而不見于各書今本者二十餘條

魏氏所未詳三十餘條　訓纂所徵引之書與駢雅之訓略異者七十餘條

猗儺魏氏未詳今能得其證　田寶臣之駢支

方以智之通雅　自第三卷起至四十九卷止略同于爾雅　通雅可爲多識之助

史夢蘭之疊雅　專輯羣集中之重言　高字搜輯五十七疊字　盛字七十六疊字　行字七十疊字　聲之形容詞五十七類二百三十七形容詞　史書尚有漏略者　王筠毛詩重言　一〇
劉燦之支雅　其書分十目　釋詞一篇有三十六類　劉氏所引未注出于何書
墨莊氏之彬雅非雅體
類于雅之短篇小記　王念孫之釋大　莊綬甲之釋書名　程瑤田之「釋宮」「九穀考」「釋草」「釋蟲」「果蠃轉語」　成蓉鏡之「釋飯幣」「釋餅餌」「釋祭名」　孫星衍之釋人及葉德輝之釋人疏證
第二章　傳注派之訓詁……一五一
毛傳鄭箋……一五一
毛鄭之歷略　漢志後漢儒林傳鄭詩譜陸疏孔正義經義考關于毛傳之說　鄭氏箋毛彙習三家　魏晉以後習毛詩者大概沿鄭王是非之習

十六事　二十七篇共一千五百二十事　顧氏十例本字例　疊本字例　本字而易字例　易字例　疊易字例　再易字例　轉易字例　省易字例　省疊易字例　易雙字例　當增八例省本字而易字例　省本字例　加本字例　以意釋例　以形釋例　不釋例　隨事名之例　亦如例

釋名在訓詁學上之價值　釋名以雙聲疊韻釋義而雙聲尤多　疊本字以釋本字上下加一字以釋　就本字而釋　與經典同訓　與經典不同訓　與經典同訓而實不同　與經典不同訓而實同　與爾雅同訓　與爾雅不同訓　與爾雅同訓而實不同　與爾雅不同訓而實同　與說文同訓　與說文不同訓　與說文同訓而實不同　與說文不同訓而實同　與諸子同訓　與諸子不同訓　與諸子同訓而實不同　與諸子不同訓而實同　與緯同訓　可以解說經典者　可以解說爾雅者　可以與說文互相證者　可以解說傳注者　有孤說無他證者　有自爲說者　有古語之遺者　有當時之方言者　有當

獸四事　釋鳥十事　釋蟲二十二事　十六目共六百六十九事　內容之時間性　內容之空間性　內容之性質　漢時之語音與晉同　漢時之語音與晉微異　漢時一方之言至晉爲通語　漢時此方之言晉時見于彼方　古今語同而義之廣狹逈異　義之廣狹同而古今語異

方言在訓詁學上之價值　方言以前經傳中所用之文字見于方言者　方言以後載籍中所用之文字見于方言者　注疏引方言爲字義之解釋者　可以考證假借字者　方言可以證金文

方言之注本　郭璞注最早　陳與郊方言類聚　戴震方言疏證　盧文弨重校方言　此外有五種

方言以後之續方言　杭世駿之續方言有佚者　戴震續方言手稿　其他方言之書三十六種　地方志中關于方言之記載六十六種

第五章　清代訓詁學之方法……………………………………二六九

中國訓詁學史

緒言

訓詁學未興以前時代

今文家爲微言大義之學　漢書藝文志云。昔仲尼沒而微言絕。七十子喪而大義乖。微言者隱微不顯之言。大義者廣大精深之義。西漢學者。求孔子之微言大義於垂絕之餘。故其於六經也。皆以通經致用爲治學之準繩。當時學者言詩於魯則申培公。於齊則轅固生。於燕則韓嬰。言尙書則濟南伏生。言禮則魯高堂生。言易則菑川田生。言春秋於公羊則胡母生。於穀梁則瑕丘江公。悉立博士傳業寖盛。而一二經師。承七十子之後。求微言大義。以經術飾吏治。如易則施讎孟喜梁丘賀。能以占變知來。書則大夏侯勝小夏侯建。歐陽生。倪寬。能以洪範匡世主。詩則申培公。轅固生。韓嬰。王吉匡衡。能以三百五篇當諫書。春秋則董仲舒。雋不疑。能以比例決獄。禮則魯諸生。賈誼。韋玄成。能以古禮議制度。而蕭望之等能以孝經論語保傅論道。今文學之於六經。爲古聖賢不刊之典。後之治經者。當受經之命令。以爲修身齊家治國平天下之法則。又皆師弟口耳相授受。此今文家時代。雖有訓詁而無需乎訓詁者一也。

專守一家之學說　漢置五經博士。學者多習一經。以應博士之徵。一經之中。亦只各專一家。故家法極嚴。言易者本之田何。田何以後。有施（讎）孟（喜）梁丘（賀）之學。施讎以後。有張（禹）彭（宣）之學。孟喜以後有翟（牧子兄兄音況）白（先少子）之學。又有京氏（房）之學。梁丘賀以後有士孫（張）鄧（彭祖）衡（咸）之學。此易之家法也。言書者本之伏生。伏生以後。有歐陽（生）之學。又有大夏侯（勝）小夏侯（建）之學。大夏侯勝後。有孔（霸）許（高）之學。小夏侯建後。有鄭（寬中）張（山附）秦（恭）假（倉）李氏（尋）之學。此書之家法也。言詩者於魯本之申公。申公後有韋氏（玄成）之學。於齊本之轅固。轅固後有翼（奉）匡（衡）師（丹）伏（理）之學。於韓本之韓嬰。韓嬰後。有王（吉）食（子公）長孫（順）之學。此詩之家法也。言禮者本之魯高堂生。高堂生後有大戴（德）小戴（聖）慶氏（普）之學。大戴德後。有徐氏（良）之學。小戴聖後。有橋（仁）楊（榮）之學。此禮之家法也。言春秋者於公羊本之胡母生。胡母生後。有顏（安樂）嚴（彭祖）之學。於穀梁本之瑕丘江公。瑕丘江公後。有尹（更始）胡（常）申章（昌）房氏（鳳）之學。此春秋之家法也。各有家法。各本師說。遞相授受。毫不雜亂。在政府之設立博士。雖兼而存之。在師弟之口耳相傳。則墨守一家之說。此今文家時代。雖有訓詁而無需乎訓詁者二也。

訓詁學初興時代

古文家以考證爲先務　漢書儒林傳云。孔子有古文尚書。孔安國以今文字讀之。因以起其家。以今文字讀之者。卽以漢代通行之文字。以考證六國時代之文字。或且以漢代通行之語。以考證六國時代之語。（文字當包括形聲義三項。）此卽訓詁之初起者。蓋今文有師傳授。古文無之。無訓詁以通其意。則古文幾不能讀也。武帝末。魯共王壞孔子宅。欲以廣其宮。而得古文尚書及禮記論語孝經。凡數十篇。皆古文字。劉向校之。藏於中祕。校者不僅訂其簡册。考其篇目。並且解釋其文字也。漢書藝文志云。書者古之號令。號令於衆。其言不立具。則聽受施行者弗曉。古文讀應爾雅。故解古今語而可知也。可見古文讀有訓詁之必要。迨至東漢古文之學世多習之。於易則陳元。鄭衆。馬融。荀爽。於書則蓋豫。周防。孔僖。丁鴻。楊倫。杜林，賈逵。馬融。於詩則謝曼卿。衞宏。鄭衆。賈逵。馬融。於禮則鄭衆。賈逵。馬融。於春秋則穎谷。服虔。鄭玄。則徧注五經。許慎造說文解字。今鄭玄之毛詩箋。三禮注。許慎之說文解字。皆是辨於名物。詳於訓詁。其餘各家著述。雖不具存。而鄭衆。馬融。荀爽。服虔。賈逵之說。時時見於他書。皆以考證爲讀書之先務。賈逵常言古文尙書與經爾雅訓詁相應。撰歐陽大小夏侯尙書古文同異。又撰齊魯詩毛氏異同。並作周官解故。其訓詁之學。與鄭氏相並。後漢書云。鄭賈之學。行乎數百年中。遂爲諸儒宗。可見當時訓詁學之盛也。

兼習衆經不分今古並及緯書　專習一經。與墨守一家之師說。口耳相授受。無須夫訓詁。前已述之。東漢學者。多兼習衆經。如賈逵則兼習書詩禮。鄭衆則兼習易詩禮。馬融則兼習易書詩禮。鄭玄則兼習易書詩禮春秋。各經兼習。自有彼此異同之發見。鄭玄賈逵。兼習今古文。書詩今古文之異同。賈逵有專著。今不存耳。鄭玄箋詩。頗採取韓魯之說。此在今之詩鄭氏箋。可考而知者也。鄭玄不僅兼習今古文。且及緯書。今鄭氏逸書中（清鄞縣袁鈞輯）尚書中候注。尚書五行傳注等。皆鄭玄習緯之著述尚留存者也。所習既多。異同愈出。據此考彼。據彼證此。此皆訓詁學所有之事實。因各書中之異同疊見。不能不有方法以考證之也。鄭玄六藝論云。注詩宗毛爲主。毛義若隱畧。則更表明。如有不同。卽下己意。使可識別。毛義若有隱略者。卽言毛之傳詩。或有隱而不顯。略而不詳者。則更表明也。卽將毛義之隱略者表明之。鄭氏有何根據。能表明毛義。卽根據訓詁之方法以表明之也。如有不同者。卽毛詩與三家詩不同也。卽下己意。使可識別者。卽鄭氏以自己下一定斷。或採取某家。或廢棄某家。有所識別也。鄭氏有何根據能下己意。卽根據訓詁學之方法以下己意也。據上所述。可見兼習衆經。不分今古與經緯。當有訓詁學之發生。訓詁學既發生。又可根據訓詁以考證衆經今古之異同也。

訓詁學起原之因

文字異同　漢書藝文志云。孔子純取周詩。上采殷。下取魯。凡三百五篇。遭秦而全者。以其諷誦不在竹帛故也。漢興魯申公爲詩訓故。而齊轅固燕韓生皆爲之傳。三家皆列於學官。又有毛公之學。自謂子夏所傳。而河間獻王好之。未得立。據班氏此言。詩之得全。不在竹帛。而在諷誦。口耳授受。異文異字。遂以日多。魯齊韓三家盛於西漢。是爲今文。而言說長短之異。呼吸輕重之殊。聲音相近。點畫遂訛。雖同爲今文。文字亦不能一律。毛盛於東漢。是爲古文。形體既異。源流又殊。毛詩與三家詩。既有今文古文之不同。復有本字借字之各別。異文異字。更僕數難終也。今文多本字。古文多借字。略舉例以明之。如毛詩汝墳。惄如調饑。韓詩作溺如朝饑。知調即朝之借字也。毛詩何彼穠矣。韓詩作何彼茙矣。知穠即茙之借字也。毛詩芄蘭能不我甲。韓詩作能不我狎。知甲即狎之借字也。毛詩采蘋於以湘之。韓詩於以鬺之。知湘即鬺之借字也。毛詩柏舟。如有殷憂。韓詩作如有慇憂。知殷即慇之借字也。毛詩玄鳥。奄有九有。韓詩作奄有九域。知有即域之借字也。毛詩淇澳。綠竹猗猗。魯詩作綠薄猗猗。知竹即薄之借字也。毛詩柏舟。我心匪石。魯詩作我心非石。知匪即非之借字也。毛詩有狐。有狐綏綏。齊詩作有狐夊夊。知綏即夊之借字也。毛詩破斧。四國是皇。齊詩作四國是匡。知皇即匡之借字也。大概毛詩用借字。三家詩用本字。而亦有例外。毛詩祈父。有母之尸饔。韓詩作雍。毛用本字。韓用借字也。毛詩汝墳。王室如燬。魯詩作毀。毛用本字。魯用借字也。毛詩皇矣。以伐崇墉。齊詩作庸。毛用本字。齊用借字也。又毛詩甘棠。勿翦勿伐。韓詩作剗。翦爲前之借字。剗爲劗之俗字。或爲踐之借字。毛韓悉用借字也。詩經之外。易禮春秋不同之文字亦多。易包荒。說文引作包巟。有孚攣如。釋文云攣子夏作戀。其欲逐逐。釋文云。子夏作悠悠。其人天且劓。說文引作剠。儀禮夙夜毋違命。古文毋作無。君子欠伸問日之早宴。古文伸作信。舉前曳踵。古文曳作泄。獻畢未澈乃餞。古文餞作踐。春秋左傳隱公元年。公及邾儀父明於蔑。公羊傳作邾婁儀父。穀梁傳作盟於眛。左傳紀裂繻來逆女。公羊傳作紀履繻。穀梁傳作履緰。左傳紀子帛莒子盟於密。公羊穀梁皆作紀子白。左傳公矢魚於棠。公羊穀梁作觀魚。此種不同之文字。其數極多。有清一代。著書爲文字異同之考證者。其書亦不下十數種也。

師說各別　西漢今文學家之派別。已紀於上矣。同一今文家。各守其師之說。絕不相通。至古文出。與今文又不同。研究古文者。旣兼習衆經。而又不分今古。則種種不同之說。不能不有精確之考證以求其是。此種不同之說。羣經頗多。玆以詩與春秋言之。關雎毛詩以爲后妃之德。美文王之詩。韓詩以爲刺康王之詩。芣苢毛詩以爲婦人樂有子而采芣苢。魯詩以爲婦人傷夫。邶風柏舟毛詩以爲仁人不遇於君。韓詩以爲婦人不得志於夫。至於詩之四始。毛魯齊韓。各有不同之說。毛詩以「國風」「大雅」「小雅」「頌」爲王道興衰之始。齊詩以大明在亥爲水始。四牡在寅爲木始。嘉魚在巳爲火始。鴻雁在申爲金始。韓詩以關雎以下十一篇詩爲風始。鹿鳴以下十篇詩爲小雅始。文王以下十四篇詩爲大雅始。淸廟以下凡頌文武功德之詩爲頌始。魯詩以關雎三篇爲風始。鹿鳴三篇爲小雅始。文王三篇爲大雅始。淸廟三篇爲頌始。至於春秋。一聲子也。公羊以爲隱公之母。穀梁以爲隱公之妻。尊卑異也。一子氏也。公羊以爲桓公之母。惠公之妾。穀梁以爲惠公之母。孝公之妾。先後異也。一仲孫也。左氏以爲齊大夫。公羊穀梁以爲魯慶父。國籍異也。一杞侯也。左氏以爲杞侯。公羊穀梁以爲紀侯。姒姓姜姓異也。一尹氏也。左氏以爲君氏。惠公之夫人。公羊穀梁以爲尹氏。天子之大夫。婦人男子異也。公子益師卒不日。左氏以公不與小斂。故不書日。穀梁以不日卒爲惡事。與情異也。此皆師說之不同者也。

簡策錯亂　晚周六藝。削竹書之。謂之簡。或謂之策。簡策之制。長者二尺。短者半之。一簡或書二十字。或書二十五字。合多簡以韋編之。謂之册。說文。册、符命也。諸侯進受於王也。册象其札。一長一短。中有二編之形。未編者謂之簡。已編者謂之册。書之尊者謂之典。說文。典、五帝之書也。從册在丌上。尊閣之也。此上古書簡之情形也。以簡爲書。編之以韋。歲月旣久。易以脫爛。漢書藝文志。劉向以中古文易經。校施孟梁丘經。或脫去无咎悔亡。唯費氏經與古文同。此易之脫簡也。又云。劉向以中古文。校歐陽大小夏侯三家經文。酒誥脫簡一。召誥脫簡二。簡二十五字者。脫亦二十五字。簡二十字者。脫亦二十字。文字異者七百有餘。脫字數十。此書經之脫簡也。至於儀禮。冠而字之。今文無之字。賓對曰。某敢不夙興。今文無對字。婦贊成祭。今文無成字。又弗能教。今文無能字。請終賜見。今文無終賜字。某將走見。今文無走字。容彌戚以爲儀。今文無容字。主人介右北面拜送爵。今文無北面字。衆受酬者受自左。今文無受酬者字。進坐取觶。今文無進字。工獻與笙取爵於上篚。今文無與笙字。賓坐取觚。奠於篚下盥洗。主人辭洗。今文無洗字。寡君有不腆之酒。今文無之字。寡君曰不腆。使某固以請。今文無使字。此種今文所脫之字。雖非簡册關係。要是口授耳受。錄之於筆。以至脫略也。觀淸俞曲園古書疑義舉例。其上下兩句誤例。上下兩句易置例。字句錯亂例。簡策錯亂例。足見古書簡策錯亂之多。必須有精確之考證。而錯亂之簡策始可讀也。

訓詁之意義

訓字之解釋　說文。訓、說教也。从言川聲。徐鍇曰。訓者順其意以訓之也。訓本教訓之訓。引伸爲訓詁之訓。爾雅有釋訓。朱駿聲云。釋訓者釋雙聲疊韻連語及單辭及發聲助語之辭也。爾雅釋訓。尙是訓之狹義。廣義則爲一切解說之稱。訓之解說與其他解說不同者。能分析其內容形容其狀況。順其意而說之。桂馥謂說讀如山川能說之說是也。曲禮疏。訓謂訓說理義。漢書揚雄傳注。訓者釋所言之理。漢人解經。詁訓傳並用。毛詩正義云。詁訓傳者注解之別名。傳者通其義也。詁者古也。古今異言通之使人知也。訓者道也。道物之貌以告人也。古人著書。有以訓爲名。漢書藝文志有揚雄倉頡訓纂。有杜林倉頡訓纂。淮南王著書。皆以訓名篇。卽用訓之方法解說其義理。故其書卽名之爲訓也。

詁字之解釋　說文。詁訓、故言也。从言古聲。故古通。說文。古、故也。从十口。識前言者也。故言卽古言。古言卽由十口相傳之言。謂先王之遺典與前人流傳之言語。毛詩傳所謂詁言古之善言是也。謂之詁者。能以今語釋古語。通古今之言。使人知也。擴而充之。不僅可以通古今之殊語。並可以通四方之異言。爾雅釋詁。卽以今語釋古語。以通言釋方言也。漢人著書。皆言故。漢書藝文志。書有大小夏侯解詁。詩有魯故。齊后氏故。齊孫氏故。韓故。故卽詁也。漢書儒林傳顏注。故謂經之旨趣。據此以論。詁者不僅今古方俗言語之解釋。必疏通經義。使人知旨趣之所在也。

訓詁學史之分期

余先執筆草訓詁學史。擬分爲兩漢爲一期。如「爾雅」「小爾雅」「毛傳鄭箋」「方言」「說文解字」等屬之。三國晉六朝爲一期。「釋名」「廣雅」等屬之。隋唐爲一期。「玉篇」「經典釋文」等屬之。宋元明爲一期。此期分爲二。一正統派之訓詁。二理學家之訓詁。淸爲一期。此期分爲三。一訓詁學大家。二訓詁學重要之著作。三訓詁方法。今後爲一期。此期分爲二。一考證法。一推測法。復思此種分法。殊不妥當。文字學史有說文解字爲中心。而訓詁學史之中心尚未樹立。以廣義的言。則凡經注傳疏。以及淸朝之經解。皆訓詁學材料也。以狹義的言。卽爾雅方言釋名等。亦非訓詁學。卽淸儒訓詁大家。亦少純粹的訓詁學書。自今日以前所有諸訓詁書。只可謂之訓詁學材料。而不可謂之訓詁學。所以照以前分法。並不能由此而得訓詁學變遷之迹。因是不以時代分。而以性質分。第一章爲爾雅派之訓詁。凡類於此者屬之。以爾雅爲最早之訓詁專書。且以雅爲名者。其書極多。則淵源於爾雅也。第二章爲傳注派之訓詁。以毛傳鄭箋爲之首。凡類於此者屬之。以其經傳注疏。皆是訓詁也。傳注一派可謂訓詁之總匯。第三章釋名派之訓詁。以聲爲義。古書中時時有之。釋名則專以聲爲釋。與爾雅不同也。第四章方言派之訓詁。方言本屬於言語學之範圍。惟方言一書因時間之故。亦佔訓詁上重要之地位。第五章淸代漢學家之訓詁方法。搜輯淸代漢學大家之方法。加以編纂。建一訓詁學之輪廓。淸代重要訓詁學著作中之方法。略具於此。第六章今後訓詁學之趨勢。而「說文解字」「玉篇」不收拾。已見於文字學史中。玆不復述。此種分期。謂爲訓詁學史。殊不自滿。只可謂之訓詁學史料。而又篇幅關係。未能儘量的搜羅。此則著者不能不自道其歉仄也。

第一章　爾雅派之訓詁

爾雅

爾雅之時代及其所作之人

爾雅爲訓詁較早之書。究竟是何時代。欲定爾雅之時代。當先定爾雅所作之人。作爾雅之人。其說頗多。茲舉於下。

劉歆西京雜記云。郭偉字文偉。茂陵人也。好讀書。以爲爾雅周公所制。而爾雅有張仲孝友。孝友宣王時人。非周公之制明矣。余嘗以問揚子雲。子雲曰。孔子門徒游夏之儔所記。以解釋六藝者也。家君（指劉向）以爲外戚傳史佚教其子以爾雅。爾雅小學者。又記言孔子教魯哀公言爾雅。爾雅之出遠矣。舊傳學者云周公所記也。張仲孝友之類。後人所作耳。

鄭康成五經異義云。某之聞也。爾雅者孔子門人所作。以釋六藝之旨。蓋不誤也。又答張逸云。爾雅之文雜。非一家之著。則孔子門人所作。亦非一人。

張揖進廣雅表云。昔周公纘述唐虞。宗翼文武。克定四海。勤相成王。六年制禮以導天下。著爾雅一篇以釋其義。今俗所傳三篇。或言仲尼所增。或言子夏所益。或言叔孫通所補。或言沛郡梁文所考。皆解家所說。先師口傳。疑莫能明也。

陸德明經典釋文云。爾雅所以訓釋五經。辨章同異。多識草木鳥獸之名。博覽而不惑者也。爾近也。雅正也。言可近而取正也。釋詁一篇。蓋周公所作。釋言以下。或言仲尼所增。子夏所足。叔孫通所益。梁文所補。張揖論之詳矣。

賈公彥周禮疏云。爾雅者孔子門人所作。以注六藝之文。

歐陽修詩本義云。爾雅非聖人之書。不能無失。考其文理。乃是秦漢間之學詩者。纂集說詩博士解詁。

高承事物紀元云。爾雅大抵解詁詩人之旨。或云周公。以文考之。如瑟兮僩兮。衛武公之詩也。猗嗟名兮。齊人刺魯莊公也。而文及之。則周公安得述也。當是孔子刪詩書之後耳。

葉夢得石林集云。昔人謂爾雅釋詁一篇周公所作。釋言以下。仲尼所增。子夏從而足之。叔孫通從而補益之。今考其書。知毛公以前。其文猶略。至鄭康成則加詳矣。何以言之。如學有緝熙於光明。毛云光廣也。康成則以爲學於有光明者。而爾雅曰緝熙光明也。薄言觀者。毛公無訓。振古如茲。毛云振自也。康成則以觀爲多。以振爲古。其說皆本爾雅。按平帝元始四年。王莽始令天下通爾雅讀者詣公車。固出自毛公之後矣。

以上所舉。自唐以前之說。大概以爲周公所作。仲尼所增。孔子門徒游夏之儔從而足之。叔孫通梁文。更從而益之。至宋始以爲漢人所作。且斷爲在毛公之後。然爾雅不專爲釋詩而作。亦不專爲釋經而作。大抵西漢經生綴輯舊文。遞相增益。四庫書目提要云。大抵採諸書訓詁名物之同異。以廣見聞。實自爲一書。不附經義。如釋天云。暴雨謂之涷。釋艸云。卷施艸拔心不死。此取楚辭之文也。釋天云。扶搖謂之猋。釋蟲云。蒺蔾蝍蛆。此取莊子之文也。釋詁云。嫁往也。釋水云。瀵大出尾下。此取列子之文也。釋地四極云。西王母。釋畜云。小領盜驪。此取穆天子之傳之文也。釋地云。東方有比目魚焉。不比不行。其名謂之鰈。南方有比翼鳥焉。不比不飛。其名謂之鶼鶼。此取管子之文也。又云。邛邛岠虛負而走。其名謂之醴。此取呂氏春秋之文也。又云北方有比肩民焉。迭食而迭望。釋水云。河出昆侖墟。此取山海經之文也。釋詁云天帝皇王后辟公侯。又云。洪廓宏溥介純夏幠。釋天云。春爲青陽。至謂之醴泉。此取尸子之文也。釋鳥曰爰居雜縣。此取國語之文也。如是之類。不可殫數。蓋亦方言急就之流。四庫書目所考頗爲詳實。據此以論。爾雅非一人所作。釋地有鶼鶼。釋鳥又有鶼。同文複出可證也。綴緝必於西漢時。訓詁皆周秦以來之遺。郭璞序所謂興於中古。降於漢時也。

爾雅之內容及其條例

郭璞爾雅序云。「夫爾雅者所以通訓詁之指歸。序詩人之興詠。總絕代之離辭。辨同實而殊號者也。誠九流之津涉。六藝之鈐鍵。學覽者之潭奧。摛翰者之華苑也。若乃可以博物不惑。多識於鳥獸艸木之名。莫近於爾雅」。據郭序而觀。爾雅一書。爲西漢以前古書訓詁之總匯。總共十九篇。一釋詁。釋解也。爾雅之作。主於辨文字。解釋形聲。故篇俱曰釋。詁。古也。古今異義。以今言釋古言。使人知也。二釋言。直言曰言。言之爲言衍也。約取常行之字。而以異義釋之也。三釋訓。訓道也。道物之貌以告人也。釋訓者多容形寫貌之詞。又訓之爲言順也。順其意義而說之。四釋親。釋宗族母黨妻黨婚姻之親。以定名分也。五釋宮室戶牖臺榭之名。可以考見古時之居處制度也。六釋器。釋籩豆鼎鼐网罟衣服車輿弓矢之名。可以考見古時衣食行之制度也。七釋樂。釋琴瑟鐘磬笙篪之名。可以考見古時樂器之制度也。八釋天。釋「四時」「祥災」「歲陽」「歲名」「月陽」「風」「雨」「星名」以及「祭名」「講武」「旌旗」等。觀四時之運行。取法於現象也。九釋地。釋「九州」「十藪」「八陵」「九府」「五方」「郊野」「四極」。以示地之廣博也。十釋丘。釋丘及厓岸之名。因形以定名以見命名之所由也。十一釋山。釋衆山之名。十二釋水。釋衆水之名。究山之脈。窮水之流也。十三釋艸。十四釋木。十五釋蟲。十六釋魚。十七釋鳥。十八釋獸。多識艸木蟲魚鳥獸之名。爲博物之助也。十九釋畜。畜者人之所畜養也。此篇專釋「馬」「牛」「羊」「彘」「犬」「雞」。以別於山澤之獸也。茲將其十九之內容。詳記於下。

釋詁第一

「始」「君」「大」「有」「至」「往」「賜」「善」「敘」「緒」「樂」「服」「自」「循」「謀」「常」「法」「臯」「壽」「信」「誠」「謔」「曰」「于」「於」「合」

「匹」「對」「媲」「繼」「靜」「落」「告」「遠」「遐」「毀」「陳」「主」「宗」
「官」「事」「長」「高」「充」「勝」「克」「殺」「勉」「強」「我」「身」「予」
「進」「導」「勵」「右」「亮」「光」「固」「誰」「美」「和」「重」「盡」「豐」
「聚」「疾」「速」「虛」「衆」「多」「擇」「懼」「病」「憂」「勞」「勤」「思」
「福」「祭」「敬」「早」「待」「危」「汽」「故」「今」「厚」「僞」「言」「遇」
「逆」「見」「視」「盈」「間」「徵」「止」「厭」「業」「功」「成」「直」「靜」
「安」「易」「罕」「寡」「報」「暴」「樂」「茀」「離」「疑」「榦」「備」「垂」
「當」「作」「此」「歷」「習」「久」「與」「陘」「竭」「清」「代」「饋」「徙」
「執」「興」「嘉」「舍」「息」「具」「愛」「動」「審」「絕」「乃」「道」「皆」
「長」「歷」「數」「傳」「相」「治」「養」「墜」「捷」「愼」「喜」「獲」「難」
「利」「佞」「使」「從」「因」「正」「孝」「獻」「亂」「取」「存」「察」「餘」
「迎」「首」「臻」「續」「祖」「尼」「近」「坐」「綸」「定」「俟」「是」「已」

「終」「死」

釋言第二

「中」「離」「起」「返」「偏」「傳」「奄」「請」「聲」「來」「致」「恃」「逃」

「然」「叙」「尙」「示」「順」「傲」「稱」「過」「戾」「壯」「急」「市」「隱」

「逮」「行」「覆」「再」「撫」「脊」「充」「亟」「無」「差」「忒」「貳」「齊」

「稔」「送」「爲」「食」「窮」「苦」「求」「覃」「延」「偸」「渙」「測」「生」

「茹」「度」「用」「謹」「張」「禁」「塞」「彰」「親」「發」「官」「農」「夫」

「裂」「載」「累」「清」「贍」「祿」「禮」「占」「迎」「曾」「益」「貧」「隱」

「唈」「經」「設」「祥」「吉」「域」「敏」「藏」「徹」「廢」「滅」「徵」「召」

「寶」「試」「選」「俊」「職」「飾」「慄」「感」「明」「朗」「圖」「若」「舉」

「好」「銓」「晉」「舟」「游」「及」「幼」「下」「均」「暴」「肆」「力」「戴」

「幽」「勵」「燎」「烓」「朔」「苛」「藩」「量」「糧」「侈」「幸」「拾」「題」

「會」「洲」「均」「龕」「還」「則」「形」「富」「分」「怒」「擊」「揆」「度」
「及」「飢」「重」「虐」「田」「遏」「人」「辠」「忘」「閑」「心」「聖」「邑」
「除」「古」「怨」「介」「諱」「咎」「積」「寤」「題」「可」「侮」「遺」「買」
「財」「狎」「騅」「亂」「餐」「變」「肴」「悅」「頂」「老」「輕」「淺」「絞」
「化」「蹶」「跲」「塵」「相」「私」「屬」「暮」「熾」「盛」「本」「閒」「率」
「毒」、「同」「過」「遯」「踣」「僵」「殄」「盎」「潰」「闇」「膠」「甚」「其」
「禮」「臺」「拘」「所」「適」「氣」「居」「慶」「叫」「潑」「智」「玩」「正」
「整」「問」「慙」「誅」「能」「明」「訟」「冥」「走」「退」「仆」「夾」「念」
「極」「同」「蓋」「痛」「具」「訊」「恨」「揚」「遂」「火」「怠」「緩」「偶」
「鄸」「暇」「夜」「忼」「貪」「柱」「節」「併」「既」「盧」「資」「紩」「迭」
「況」「廦」「逃」「言」「俔」「沆」「扦」「足」「刖」「駕」「辱」「煖」「墉」
「齊」「饋」「跪」「密」「闢」「穡」「眕」「姡」「麋」「綏」「蠢」「翳」「摯」

「摹」「經」「則」「妎」「小」「惑」「復」「迫」「還」「賦」「渡」「成」「益」「綸」「歷」「盜」「綽」「徽」「皇」「後」「終」

釋訓弟三

「察」「智」「敬」「辯」「恭」「和」「戒」「勤」「柔」「危」「懼」「勇」「威」「武」「止」「思」「敏」「衆」「作」「美」「愛」「舉」「戴」「安」「徐」「大」「在」「勉」「勞」「迅」「緩」「喜」「儉」「憍」「亂」「悶」「惛」「僻」「薰」「惡」「傲」「小」「慍」「病」「憂」「田」「耜」「耕」「生」「苗」「穮」「穫」「衆」「浙」「烝」「服」「祭」「樂」「福」「引無極」「君之德」「相切直」「臣盡力」「民協服」「愈遐急」「尼居息」「懷報德」「罹禍毒」「悔爽忒」「刺素食」「憂無告」「制法則」「崇讒慝」「莫供職」「惟逑鞫」「密」「清」「掣曳」「北方」「不來」「不蹟」「不道」「忽忘」「忘」「雖」「酒食」「號雩」「不及」「不遜」「道學」「自修」「恂慄」「威儀」「民不能忘」「微」「腫」「刈」「鏤」「武」「敏」

「孝」「友」「宿」「信」「媿」「彥」「威儀容止」「名」「式微」「之子」「聾者」「肉祖」「徒搏」「徒涉」「口柔」「面柔」「體柔」「舞」「辟」「撫」「掩」「緎」「呻」「懤」「誑」「昔」「不時」「罶」「鬼」

釋親弟四

「父」「母」「王父」「王母」「曾祖王父」「曾祖王母」「高祖王父」「高祖王母」「從祖祖父」「從祖祖母」「世父」「叔父」「兄」「弟」「姊」「妹」「姑」「從祖父」「族父」「族晜弟」「親同姓」「從父晜弟」「孫」「曾孫」「玄孫」「來孫」「晜孫」「仍孫」「雲孫」「王姑」「曾祖王姑」「高祖王姑」「從祖姑」「族祖姑」「從祖王母」「族祖王母」「世母」「叔母」「從祖母」「族祖母」「族曾王父」「族曾王母」「庶母」「祖」「晜」（宗族）「外王父」「外王母」「外曾王父」「外曾王母」「舅」「從舅」「從母」「從母晜弟」「從母姊妹」（母黨）「外舅」「外姑」「甥」「姨」「私」「出」「姪」「離孫」「歸孫」「外孫」「姒」「娣」「嫂」「婦」「娣婦」「姒

婦」（妻黨）「舅」「姑」「君舅」「君姑」「先舅」「先姑」「少姑」「兄公」「叔」「女公」「女妹」「婦」「長婦」「嫡婦」「壻」「婣」「婚」「宗族」「兄弟」「婚婣」「亞」「婚兄弟」「婣兄弟」「嬪」（婚婣）

釋宮弟五

「宮」「室」「㞒」「家」「序」「奥」「屋漏」「宧」「窔」「閾」「楔」「梁」「棖」「落時」「扂」「坫」「墉」「杇」「棧」「黝」「堊」「杙」「楎」「臬」「栱」「閣」「臺」「榭」「榤」「塒」「傳」「突」「梁」「梲」「槉」「楶」「桴」「榱」「閱」「交」「樀」「防」「簃」「筄」「鄉」「位」「宁」「樹」「門」「應門」「闕」「闈」「閨」「閤」「閎」「塾」「闑」「扉」「閣」「㕬」「壼」「唐」「陳」「途」「道」「道路」「歧旁」「劇旁」「衢」「康」「莊」「劇驂」「崇期」「逵」「時」「行」「步」「趨」「走」「奔」「梁」「徛」「廟」「寢」「榭」「臺」「樓」

釋器弟六

「豆」「籩」「登」「缶」「瓵」「甈」「定」「鐯」「疀」「九罭」「罶」「汕」「罩」「涔」「羅」「罝」「罞」「羉」「罛」「罿」「罦」「救」「分」「業」「縮之」「坎」「裞」「襮」「純」「褮」「襟」「裾」「袸」「褑」「袺」「襭」「襜」「縭」「纀」「鞎」「笰」「禦」「蔽」「捐」「钀」「轙」「革」「餯」「餲」「糷」「檗」「敗」「餒」「脫之」「斮之」「脂」「羹」「鮨」「醢」「臡」「蠱」「垽」「鼐」「鼒」「釴」「鬲」「鬵」「瑞」「區」「翮」「箴」「縳」「緷」「虡」「藣」「蔌」「苫」「璗」「鏐」「銀」「鐐」「鈑」「鈏」「鵠」「觷」「剒」「剫」「雕」「鏤」「刻」「切」「磋」「琢」「磨」「玉」「畢」「筆」「點」「銑」「鍭」「志」「弓」「弭」「銑」「珧」「珪」「玠」「琡」「宣」「璧」「瑗」「環」「綬」「縓」「赬」「纁」「蔥」「黝」「黼」「柢」「琢」「茲」「箷」「笫」「辨」「韏」「鋑」「中尊」

釋樂第七

「宮」「商」「角」「徵」「羽」「灑」「離」「鼖」「應」「毊」「巢」「和」「沂」
「嘂」「鏞」「剽」「棧」「言」「筊」「簥」「篞」「篎」「產」「仲」「箹」「步」
「和」「謠」「咢」「脩」「寋」「止」「籈」「麻」「料」「節」

釋天第八

「蒼天」「昊天」「旻天」「上天」（四時）「青陽」「朱明」「白藏」「玄英」「玉
燭」「發生」「長嬴」「收成」「安寧」「景風」「醴泉」（祥）「饑」「饉」「荒」
「荐」（災）「閼逢」「旃蒙」「柔兆」「強圉」「著雍」「屠維」「上章」「重光」
「玄黓」「昭陽」（歲陽）「攝提格」「單閼」「執徐」「大荒落」「敦牂」「協洽」
「涒灘」「作噩」「閹茂」「大淵獻」「困敦」「赤奮若」（歲陰）「歲」「祀」「年」
「載」（歲名）「畢」「橘」「修」「圉」「厲」「則」「窒」「塞」「終」「極」
（月陽）「陬」「如」「寎」「余」「皋」「且」「相」「壯」「玄」「陽」「辜」

「涂」（月名）「凱風」「谷風」「涼風」「泰風」「頹」「猋」「庉」「飄」「暴」「霾」「曀」「雺」「霧」「虹」「蔽雲」「霆霓」「霄」「雪」「涷」「滛」「霖」「霽」（風雨）「壽星」「天根」「天駟」「大辰」「析木」「星紀」「玄枵」「營室」「娵觜」「降婁」「大梁」「昴」「柳」「北辰」「牽牛」「啓明」「欃槍」「彴約」（星名）「祠」「礿」「嘗」「烝」「燔柴」「瘞薶」「庪縣」「浮沈」「布」「磔」「禘」「繹」「肜」「復胙」（祭名）「蒐」「苗」「獮」「狩」「獠」「狩」「宜」「治兵」「振旅」（講武）「龍旂」「旐」「旆」「旌」「旂」「旟」「旃」（旌旗）

釋地弟九

「冀州」「豫州」「雝州」「荆州」「揚州」「兗州」「徐州」「幽州」「營州」（九州）「大野」「大陸」「楊陓」「孟諸」「雲夢」「具區」「海隅」「余祁」「圃田」「焦護」（十藪）「東陵」「南陵」「西陵」「中陵」「北陵」「加陵」「湨梁」「河墳」

（八陵）「珣玗琪」「竹箭」「犀象」「金石」「珠玉」「璆琳琅玕」「筋角」「文皮」「五穀魚鹽」（九府）「比目魚」「比羽鳥」「比肩獸」「比肩民」「枳首蛇」（五方）「邑」「郊」「牧」「野」「林」「坰」「隰」「平」「原」「陸」「阜」「陵」「阿」「原」「阪」「隰」「菑」「新田」「畬」（野）「四極」「四荒」「四海」「丹穴」「空桐」「太平」「太蒙」

釋丘第十

「敦丘」「陶丘」「融丘」「崐崘丘」「乘丘」「陼丘」「泥丘」「方丘」「胡丘」「京」「丘」「埒丘」「章丘」「都丘」「梧丘」「畫丘」「戴丘」「昌丘」「渻丘」「沮丘」「正丘」「營丘」「敦丘」「沙丘」「咸丘」「臨丘」「旄丘」「陵丘」「阿丘」「宛丘」「負丘」「定丘」「泰丘」「畝丘」「陵丘」「宛丘」「潛丘」「黎丘」（丘）「厓」「岸」「漘」「隩」「隈」「牆」「滸」「墳」「涘」「汜」「溦」（厓岸）

釋山第十一

「華」「嶽」「岱」「恆」「衡」「陟」「英」「坯」「崧」「岑」「嶠」「扈」「巋」「峘」「嶧」「蜀」「章」「隆」「岡」「翠微」「冢」「厜㕒」「密」「盛」「墮」「隒」「厒」「霍」「鮮」「陘」「磝」「礐」「岵」「屺」「埒」「澩」「谿」「崔嵬」「砠」「澗」「澞」「岫」「夕陽」「朝陽」「東嶽」「西嶽」「南嶽」「北嶽」「中嶽」「梁山」

釋水第十二

「瀸」「瀱汋」「濫泉」「沃泉」氿泉」「流川」「回川」「灉」「潬」「汧」「肥」「瀵」「厬」「灉」「濋」「瀾」「波」「潛」「滸」「沱」「洵」「沙」「濆」「汧」「汜」「瀾」「淪」「滸」「湄」「厲」「揭」「泳」「繂」「緌」「造舟」「維舟」「方舟」「特舟」「乘泭」「谿」「谷」「溝」「澮」「瀆」「沂洄」「沂游」「亂」「四瀆」（水泉）「洲」「陼」「沚」「坻」「潏」（水中）「河曲」「九河」

釋草弟十三

「藿」「茖」「葝」「蒚」「薜」「椴」「櫬」「朮」「楊」「葥」「菾」「拜」「蘩」
「蔚」「齧」「藨」「葦」「葝」「菥蓂」「蒤」「孟」「瓠」「茹藘」「栝樓」「荼」
「萑」「虉」「稷」「秫」「萑蓷」「卉」「蓑」「蕭」「瓊」「萊」「蘩」「蕢」
「茢薽」「荓」「瘣」「茭」「葖」「菹灌」「筍」「薚」「莪」「苨」「經履」「蓍」
「白華」「薜」「菲」「葍」「熒」「菺」「竹」「葴」「薢茩」「莁荑」「瓞」「芍」
「蘱」「薭」「鉤」「蘺」「蘇」「薔」「蓧」「藆」「芑」「秬」「秠」「稻」「葍」
「臺」「搴」「莔」「荍」「艾」「蕈」「苻」「薜」「蔽」「離南」「蘢」「須」
「蒡」「茜」「菡」「杜夫」「出隧」「蘪蕪」「茨」「蘮蒘」「髦」「蔈」「蕁」
「蕍」「菌」「蒲」「莞」「荷」「紅」「菙」「虋」「須」「菲」「蕢」「蕎」「藤」
「藹」「濼」「著」「蓫薚」「萍」「蒂」「芹」「藚」「蕡」「苹」「連」「澤」
「傅」「蘥」「蔆」「大菊」「薜」「葥」「齧」「藫」「蘄」「唐」「蘿」「苗」

「茥」「茇」「藏」「蕢」「蘩」「垂」「蕿」「荸」「殿」「貌」「倚商」「蘵」

「藒車」「權」「葞」「蔠葵」「菋」「蒤」「皇」「鉤」「望」「困」「欔」「杜」

「盱」「蔝」「赤」「菟奚」「菌」「菲」「茖」「蔈」「茇」「蘻」「薇」「薜」

「莽」「桃枝」「粼」「簢」「仲」「箈」「篠」「枹」「芏」「綦」「葴」「姚莖」「苄」「蒙」「拔」「藐」「卷耳」「蕨」「蕎」「蒠」「稂」「薰」「的」

「購」「茢」「蘴繞」「苐」「蕭」「蕁」「長楚」「蘦」「茦萺」「綸」「組」

「帛」「布」「芫」「緜馬」「萿」「搴」「蒿」「蕁」「荼」「芀」「葦」「葭」

「蒹」「蘆」「菼」「蘠」「蕍」「卷施草」「蒟」「荄」「欔」「華」「榮」「秀」

「英」

釋木弟十四

「稻」「栲」「柏」「髡」「椵」「梅」「柀」「櫰」「杻」「楙」「椋」「栵」「樓」

「柚」「時」「棪」「栩」「味」「藲」「杜」「狄臧」「杬」「枓」「魄」「梫」

「棆」「椐」「檉」「旄」「楊」「權」「輔」「棠」「諸慮」「欇」「杞」「杬」「檓」「楰」「楓」「寓木」「無姑」「櫟」「檖」「楔」「旄」「榹桃」「休」「痤」「駁」「棗」「邊」「櫅」「樲」「楊徹」「遵」「洗」「煮」「蹶泄」「皙」「還味」「櫬」「樸」「薪」「棪」「劉」「櫰」「榎」「皵」「楸」「皵榎」「椅」「桋」「棟」「終」「灌木」「瘣木」「蕡」「枹」「棫」「棃」「桑」「女桑」「榆」「栘」「棣」「櫝」「樕」「榮」「棧木」「檿桑」「柛」「椔」「翳」「槸」「棤」「梢」「樅」「檜」「朻」「喬」「苞」「茂」「桼」「英」「喬」「條」「莍」「核」「華之」「膽之」「疐之」「鑽之」「喬」「檄」「灌」

釋蟲第十五

「螜」「蜚」「螾衝」「蜩」「蚻」「蠽」「蝒」「蜺」「螇」「螰」「蜣蜋」「蝎」「蠰」「諸慮」「蜉蝣」「蛂」「守瓜」「蝚」「不蜩」「蛄䗐」「不過」「蒺藜」「蝝」「蛬」「蟼」「蛝」「蛗螽」「草螽」「蜤螽」「蟿螽」「土螽」「螼蚓」「莫

蛢」「虰蛵」「蜭」「螵」「蟠」「蟫」「蛓」「螒」「傅」「強」「蚢」「螝」「蜆」「蜉蚍」「螘」「蠪」「螱」「蚳」「次蟗」「土蠭」「木蠭」「蟦」「蝤蠐」「蛜威」「蟰蛸」「蛭蝚」「國貉」「蠖」「果蠃」「螟蛉」「蝎」「熒火」「密肌」「蚅」「蠓」「王」「蟓」「樗繭」「棘繭」「欒繭」「蕭繭」「罅」「奮」「捋」「螸」「扇」「螟」「賊」「蟊」「蟲」「豸」

釋魚第十六

「鯉」「鱣」「鰋」、「鮎」「鱧」「鯇」「鯊」「鮂」「鰼」「鰹」「魾」「鰝」「鯤」「鱀」「鱦」「鮥」「鯦」「鮤」「鱊鮬」「鰴」「魵」「鮅」「魴」「鯬」「蜎」「蛭」「科斗」「魁」「蜪蚅」「鼁鼀」「黽」「蜌」「蚌」「能」「賁」「蚹蠃」「蜬」「螖蠌」「蜃」「龜」「貝」「蠑螈」「蚨」「螣」「蟒」「蝮」「鰕」「魚枕」「魚腸」「魚尾」「神龜」「靈龜」「攝龜」「寶龜」「文龜」「筮龜」「山龜」「澤龜」「水龜」「火龜」

釋鳥弟十七

「隹」「鶌鳩」「鴶鵴」「鵧鷑」「王鴡」「鴒」「鶹」「鴗」「鶨」「鵱」「鶬」「鵅」「鵝」「鶩」「鳽」「鶔」「鵜」「翰」「鷽」「鷣」「艾」「鶨」「鳸」「桑鳸」「鳲鳩」「桃蟲」「鳳凰」「鵬鴒」「鷽斯」「燕」「鴽」「密肌」「巂」「鳦」「鴟鴞」「茅鴟」「怪鴟」「梟鴟」「鶪」「鷇」「雛」「爰居」「春鳸」「夏鳸」「秋鳸」「冬鳸」「桑鳸」「棘鳸」「行鳸」「宵鳸」「鵖鴔」「鵀」「鷟」「鵜」「鷉」「鸍」「鴢」「鳩」「萑」「鵵」「狂」「皇」「鷚」「鸐」「蝙蝠」「鸇」「鸒」「寇雉」「鶪」「鶠」「鼯鼠」「倉庚」「鴩」「鷹」「鶼鶼」「鵹黃」「鴷」「鷩」「鸕」「鷺」「鷂雉」「鷮雉」「鳪雉」「鷩雉」「海雉」「山雉」「雗雉」「奮」「翬」「鷂」「嚋」「鶅」「鵗」「鷷」「鵌」「鵽」「鸛鷒鶝鶔」「獿」「翔」「翬」「蹼」「企」「縮」「亢」「嗉」「鳼」「鸋」「鷚」「雄」「雌」「鶬」「鶉」「禽」「獸」「鴡」「蒸黃」

釋獸第十八

「麋」「鹿」「麕」「狼」「兔」「豕」「虎」「貘」「甝」「虦」「貀」「鼳鼠」「熊」「貍」「貈」「貒」「麝父」「豺」「貙獌」「羆」「麢」「麠」「麔」「魋」「狻麑」「驨」「豲」「麐」「猶」「貄」「貙」「兕」「犀」「彙」「狒」「狒」「貍」「狐」「貒」「貈」「蒙頌」「猱蝯」「貜父」「威夷」「㲋」「豰」「贙」「豦」「蜼」「猩猩」「鼢鼠」「鼸鼠」「鼷鼠」「鼶鼠」「鼬鼠」「鼩鼠」「鼭鼠」「鼣鼠」「鼫鼠」「鼤鼠」「鼨鼠」「鼰鼠」「齝」「齥」「齸」「嗉」「嗛」「釁」「撟」「須」「具」

釋畜第十九

「騊駼」「野馬」「駮騉」「騉駼」「小領」「駥」「馵」「驓」「騚」「騱」「狗」「啟」「踦」「驤」「馵」「騵」「驈」「驠」「騴」「駺」「顛」「素縣」「駹」「宜乘」「減陽」「茀方」「闋廣」「馻」「騋」「驪」「騭」「騇」「駁」「騜」「騝」

「騽」「駽」「驒」「騥」「駂」「駓」「駰」「騅」「騢」「駱」「駩」「騧」「瞯」「魚差」（馬屬）「犘牛」「犦牛」「犤牛」「犣牛」「犝牛」「犑牛」「觭」「䚡」「犉」「牰」「犚」「牧」「犈」「犢」「牬」「犌」（牛屬）「羒」「牂」「羭」「羖」「觤」「羷」「羳」「羊」「羜」「奮」（羊屬）「猣」「師」「玂」「狗」「獫」「猲」「獢」「狣」「尨」（狗屬）「蜀」「雓」「僆」「奮」（雞屬）「駥」「犉」「羬」「䝐」「獒」「鶤」（六畜）

以上十九篇計二千九十一事。其歸類不甚精密。釋畜無豕屬。牛屬有犢。羊屬無羔。密儿繫英二見。鶤鶤兩見。倉庚三見。論者謂後人之所補。故稍覺猱雜。實則古人之心思。必不能如今人之細。泥古者事事尊崇古人。此中國學術所以不進步。爾雅以後之羣雅。皆一遵爾雅也。至於體例。其釋詁釋言釋訓三篇大概以今語釋古語。以通言釋方言。以一條之訓詁言謂之轉注。以一字之訓詁言則又有假借存焉。如「初」「哉」「首」「基」「肇」「祖」「元」「胎」「俶」「落」「權輿」始也。初哉以下。皆釋爲始。此一條之訓詁。轉注之說也。（一）初者裁衣之始。哉者才之借字。艸木之始。首者身之始。基者築牆之始。肇者肁之借字。開戶之始。祖者人之始。元者天地之始。胎者生之始。俶者善之始。（二）落之訓始。猶亂之訓治。權輿者蘿蕍之假借。草木明芽之始。每字皆有本義。或引申或假借爲一切始之稱。此一字之訓詁。假借之說也。轉注假借皆與聲韻有關係。郝懿行爾雅義疏於「詁」「言」「訓」三篇。以聲韻通之。皆能得其條例。釋訓以下諸篇名物之釋。以俗名釋雅名。亦有聲韻之關係。王氏國維有爾雅艸木蟲魚鳥獸釋例一書。（三）對於爾雅釋名之例。極能觀其會通。玆本王氏之說。爲例于下。

一、雅與雅同名而異實。則別以俗。如櫬。木堇。（艸）櫬。梧（木）之類。「櫬」「櫬」同名。一爲艸。一爲木。而以俗名之「木堇」「梧」別之。

二、俗與俗異名而同實。以雅。如杜甘棠杜赤棠之類。「甘棠」「赤棠」實同而名不同。則以雅名之「杜」同之也。

三、雅與雅異名而同實。則同以俗。如櫬。木堇。椴。木堇之類。「櫬」「椴」實同而名不同。則以俗名之木堇同之也。

四、雅與俗同名異實。則各以雅與俗之異者異之。如荼。苦菜。「蔈」荂。荼。雅名之荼。與俗名之荼。實不同而名同。雅名之荼。俗名爲苦菜。俗名之荼。又名蔈。又名荂。則以「苦菜」「蔈」「荂」異之也。

五、雅與俗異名同實。則各以其同者同之。如鵹黃。楚雀。倉庚。鵹黃之類。雅名之倉庚。與俗名之楚雀。實同而名不同。則以鵹黃之名同之也。

六、雅俗多同名。而稍變其音。如倉庚。商庚之類。倉商疊韻。

七、俗名多取雅之共名。而以地別之。別以山者。如藿。山韭。別以海者。如秩秩海雉。別以河者。如檉。河柳。別以澤者。如旄。澤柳。別以野者。如白華。野菅之類。

八、俗名多取雅之共名。而以形別之。形之最者曰大小。如洗。大棗。鱦小魚之類。大謂之荏。亦謂之戎。如荏叔謂之戎菽之類。又謂之王。如蟒、王蛇之類。又謂之牛。如莙、牛藻之類。又謂之馬。如葴、馬藍之類。又謂之虎。如蒤。虎杖之類。又謂之鹿。如蔨。鹿藿之類。小亦謂之叔。如鮥。叔鮪之類。又謂之女。如女蘿。菟絲之類。又謂之婦。如鱊鮬。鱖婦之類。又謂之負。如艸蟲。負蠜之類。又謂之羊。如遵。羊棗之類。又謂之狗。如虀。狗毒之類。又謂之兔。如莃。兔葵之類。又謂之鼠。如萆。鼠莞之類。又謂之雀。如蘥、雀麥之類。

九、俗名多取雅之共名。而以色别之。有别以皤者。如蘩。皤蒿之類。有别以白者。如芑。白苗之類。有别以赤者。如虋。赤苗之類。有别以黑者。如秬。黑黍之類。有别以黃者。黃蒢之類。有别以他物譬其色者。如葍。藑茅。澤。烏蕵之類。

十、俗名多取雅之共名。而以味别之。有别以苦者。如荼。苦菜之類。有别以甘者。如杜。甘棠之類。有别以酸者。如樲。酸棗之類。

十一、俗名多取雅之共名。而以有實無實别之。有實者曰母。如莔。貝母之類。無實者曰牡。如薜。牡贊之類。實而不成者曰童。如稂。童粱之類。

十二、以俗名釋雅名。而以物之德名之。有取諸其物之形者。如蒤。委葉。輔。小木之類。有取諸其物之色者。如夏扈。竊玄之類。有取諸其物之聲者。如宵扈。嘖嘖之類。有取諸性習者。如皇。守田之類。有取諸功用者。如荓。馬帚之類。

十三以俗名釋雅名。而以與他物相似之形名之。有取諸生物者。如蟫白魚之類。有取諸成器者。如鮤鱴刀之類。

十四、以俗名釋雅名。而以雙聲疊韻名之。有取諸雙聲者。如蒺蔾蝍蛆之類。有取諸疊韵者。如果蠃蒲盧之類。

以上十四例。凡雅名多奇。俗名多耦。古名多雅。今名多俗。爾雅一書。爲通雅俗古今之名而作也。其通之也。謂之釋。釋雅以俗。釋古以今。聞雅名而不知者。知其俗斯知雅矣。聞古名而不知者。知其今斯知古矣。若雅俗古今同名。或此有而彼無者。名不足以相釋。則以其形釋之。艸木蟲魚鳥多異名。故釋以名。獸與畜罕異名。故釋以形。凡雅俗古今之名。或同實而異名。或異實而同名。其大略如是也。

再者雅俗古今之名。其同類異名與異類同名。其音與義。皆有相互之關係。此屬於言語學上之範圍。而亦訓詁學上有趣味之事也。大概同類之異名。其關係尤顯于奇名。異類之同名。其關係尤顯于偶名。茲分述于下。

(一)同類之異名

釋艸。苹。荓。其大者「蘋」。釋艸。「苕」「陵苕」。黃華「蔈」。白華「茇」。釋艸。「蒹」「薕」「葭」「蘆」「菼」「薍」。釋蟲。食苗心「螟」。食根「蟊」。釋魚。「鯉」。大者「鮦」。小者鯢。釋鳥。鳥鼠同穴。其鳥為鵌。其鼠為鼵。

「苹」與「荓」「蘋」皆幫母。「蔈」與「茇」皆幫母。「薕」與「蘆」「薍」皆來母。（四）「螟」與「蟊」皆明母。「鮦」與「鯢」皆定母。「鵌」與「鼵」皆定母。悉一聲之轉。不獨生物之名然。釋宮。樴大者謂之「拱」。長者謂之「閣」。「栱」與「閣」皆見母。廟中路謂之「唐」。堂途謂之「陳」。「唐」與「途」皆定母。「陳」澄母。古無舌上音。陳亦讀舌頭也。二達謂之「歧旁」。三達謂之「劇旁」。四達謂之「衢」。七達謂之「劇驂」。八達謂之「崇期」。九達謂之「逵」。「歧」「劇」「衢」「期」「逵」皆羣母。釋器。輿革前謂之「鞎」。後謂之「笰」。竹前謂之「禦」。後謂之蔽。「鞎」見母。「禦」疑母。聲近。「茀」非母。「蔽」幫母。古無輕脣音。茀讀重脣也。釋天。天氣下。地不應曰「雺」。地氣發。天不應曰「霧」。霧謂之「晦」。「雺」「晦」明母。（五）「霧」微母。古無輕脣音。霧讀重脣也。釋丘。重厓「岸」。釋山。重甗「隒」。「厓」「岸」「甗」「隒」皆疑母。釋山。多大石「礉。」多小石「磝。」「礉」與「磝」皆見母。釋水。注「谿」曰「谷。」注谷曰「溝。」注溝曰「澮。」「谷」「溝」「澮」皆見母。「谿」溪母。聲近。釋水。大波爲「瀾。」小波爲「淪。」「瀾」「淪」皆來母。此蓋其流期于有別。而其源不妨相同。爲言語發達之通例。亦文字變化之通例也。

(二)異類之同名

釋艸。「果蓏」之實「栝樓。」釋蟲。「果蠃。」蒲盧。

「果蓏」者圓而下垂之意。卽易說卦說之「果蓏。」凡在樹之果。與在地之蓏。其實無不圓而下垂者。故物之圓而下垂者。皆以「果蓏」名之。「栝」與「果」見母。「蓏」「樓」「盧」來母。「栝樓」卽「果蓏」之轉語。蜂之細腰者。其腹亦下垂如果蓏。故謂之「果蓏」矣。

釋艸。「蘱」薡蕫。 釋天。「螮蝀」虹也。

「薡蕫」與「螮蝀。」皆有長意。「薡蕫」長葉之艸。虹形如帶。故以「螮蝀」名之。「薡蕫」「螮蝀」皆端母。

釋艸，「葖」「蘆葩」　釋蟲。「蜚」「蠦蜰」

「蘆葩」「蠦蜰」乃「苻婁」「蒲盧」之倒語。亦圓意也。「蘆葩」根大而圓。蜚形亦橢圓如「蘆葩」。故謂之「蠦蜰」。後世謂之負盤。「苻」「葩」奉母。「婁」「蘆」「蠦」來母。「盤」並母。

釋艸。「薢茩」「芵茪。」　「蔆」「撅攈。」

「芵茪」「撅攈。」皆有圭角之意。「薢茩」「芵茪」「撅攈」皆見母。

釋艸。「苗」「蓨。」　「蓧」「蓨。」　釋木。「柚」「條。」

「苗」「柚」「蓨」皆有抽達條長之意。「蓧」「蓨」透母雙聲。「苗」「蓨」錫韻疊韻。

釋艸。「蘄茝」「蘪蕪。」「緜馬」「羊齒。」　釋木。「木髦」「柔英。」　釋蟲。「蠓」「蠛蠓。」　釋魚。「鯤」小魚。　釋天。小雨謂之「霢霂。」

「蘪蕪」「緜馬」「木髦」「蠛蠓」「鯤」「霢霂。」皆明母。（六）皆有小之意。艸之小者曰「蘪蕪」曰「緜馬。」木之柔者曰「木髦。」蟲之小者曰「蠛蠓。」魚之小者曰「鯤。」雨之小者曰「霢霂」皆一聲之轉。詩經之「緜蠻」鳥之小者。亦明母也。以上殆皆「微」字之轉音。古無輕脣音。「微」卽「明」也。

釋艸。「莞」「苻離」　釋木「瘣木」「苻婁」　釋蟲。「蚹蠃」「蒲盧」　釋魚。「蚹蠃」「螔蝓」

「苻離」「苻婁」「蒲盧」「蚹蠃」皆有魁瘣擁腫之意。又物之突出者。其形常圓。故又有圓意。莞之名「苻離」。以其首有臺也。瘣木之名「苻婁」。以其無枝而擁腫也。「蒲盧」之腹。「蚹蠃」之殼。亦皆有魁壘之意。「苻」「蒲」「蚹」奉母。「離」「婁」「盧」「蠃」來母。而「毗劉」「暴樂」亦苻婁之轉語。「毗」「暴」奉母。「劉」「樂」來母。毗劉暴樂。謂樹木葉缺落。卽瘣木之意也。

釋艸。「蓫薚」馬尾。　釋蟲。王。「蛈蜴。」

「蓫薚」「蛈蜴。」皆有値當之意。說文。蔞草。枝枝相値。葉葉相當。昆蟲之足似之。「蓫薚」「蛈蜴。」皆透母。郝疏蛈又名「蝗蟷」又為「顛當。」皆雙聲也。

釋艸。「蔠葵」「蘩露」　「中馗」「菌」

「蔠葵」「中馗」皆椎之合音。考工記工人注齊人謂椎曰終葵。「蔠葵」大莖小葉。菌端有蓋。與椎相似。故皆得此名。「葵」「馗」「椎」支韻疊韻。「中」知母。「終」照母。聲近。

釋艸。「菟奚」「顆凍」　釋魚。「科斗」「活東」

「顆凍」「科斗」「活東」皆有活動圓轉之意。如宋時言筋斗今言跟兜矣。「顆」「科」「活」溪母。「筋」「跟」見母聲近。「凍」「斗」「東」「兜」端母。郭注。「顆凍」「款冬」也。「款」溪母。「冬」端母。亦以雙聲爲異名也。

釋木。「諸慮」「山櫐」　釋蟲。「諸慮」「奚相」

「諸慮」疑卽「支離」之意。莊子人間世支離疏之長言。櫐爲藤。似葛而粗大。故有「支離」之象。奚相爲齧桑之類。似天牛。長角。體有白點。亦略有支離之形。「支」「諸」照母。「離」「慮」來母。

釋蟲。「螾衙」入耳。　釋魚。「蚹蠃」「螔蝓」　釋鳥。「鼯鼠」「夷由」

「螾衙」「螔蝓」「夷由」皆行緩之意。楚辭君不見兮夷猶。王逸注。「夷猶」「猶豫」也。「螾

七〇

衙」「蚹蠃。」其行皆緩。「鼯鼠」能走而不能先人行亦緩也。故皆得此名。「螾衙」「螔蝓」「夷由」皆喻母。

釋蟲。「蒺蔾」「蝍蛆。」 「次蟗」「鼅鼄。」 釋魚「鼀䵶」「蟾諸。」

「蝍蛆」「次蟗」「鼅鼄」「鼀䵶」「蟾諸」亦皆緩行之意。卽易其行次且之轉語。「蝍蛆」多足。「次蟗」「鼀䵶」皆碩腹而行緩。故得此名。「次」「鼅」「鼀」精母。「蟗」「鼄」「䵶」「諸」「且」清母。（七）蟾照母。聲近。

釋蟲。「蟋蟀」「蛬。」 「蜇冬」「蜙蝑。」 「蠨蛸」「長踦。」

「蟋蟀」「蜙蝑」「蠨蛸」細長之意。皆之蟲足名之。上林賦。紛溶萷蔘。「萷蔘」亦此語之轉言艸木之細長也。「蟋蟀」「蜙蝑」「蠨蛸」皆心母。

以上可見命物之名。皆有聲韻之關繫。而聲之關繫尤多。爾雅一書。為漢以前訓詁名物之總匯。而訓詁名物之推求。皆以聲韻為之綱領。實因言語之發達。由聲韻而推演。見之于名物者尤顯。所以爾雅一書之條例。當以聲韻求之也。

（一）戴東原答江愼修論小學書云。轉注者字之用。轉注之法。古人以其語言立爲名類。通以今人語言。猶曰互訓云爾。轉注相爲互訓。古今語也。（中略）爾雅釋詁有多至四十共一義。其亦轉注之法歟。

（二）說文解字。俶善也。一曰始也。

（三）爾雅艸木蟲魚鳥獸釋例一卷。近人王國維著。國維字靜安。浙江海寧人。近代治中國學能闢一新徑途者。此書在王忠慤公遺書外編中。

（四）今亂有二音。一、盧玩切。來母。小蒜根。一、謨患切。姦也。疑母。古音來日歸疑。

（五）晦、莫佩切。明母。卽說文之晦字。今讀虎對切。曉母。是後世之轉音。

（六）黽、母梗切。音黽。明母。今讀神陵切。牀母。是後世之轉音。

（七）蟾諸之諸。今讀蜍。是後世之轉音。

爾雅在訓詁學上之價值

文字訓詁。不外數字一義。與一字數義二項。此種訓詁。毛詩極多。如「逑」「儀」「特」「仇」。皆訓匹也。「甯」「綏」「靜」「慰」「宴」「燕」「保」「遂」「密」「柔」「康」。皆訓安也。（一）此數字一義也。如流本流水之流。毛詩假爲求也。干本干犯之干。毛詩假爲扞也。崖也。龍本鱗蟲之長之龍。毛詩假爲和也。寵也。攻本攻擊之攻。毛詩假爲堅也。（二）此一字數義也。爾雅詁訓。釋詩爲多。非爾雅專爲釋詩而作。漢代學者搜集周秦間之訓詁爲爾雅。詩之詁訓。不覺遂多也。說文爲形書。在于明字例之條。爾雅爲義書。在于明義例之條。字例之條者。字之組合。「象形」「指事」「會意」「形聲」。制造文字之法也。義例之條者。義之轉變。「轉注」「假借」。運用文字之法也。說文雖言「轉注」「假借」。不過略發其凡。不能如爾雅之充類致盡求義例之條于爾雅。古今方國言語之異同。皆有條貫之可尋。所謂說文與爾雅。相爲表裏者此也。陳玉樹有爾雅釋例五卷。共計四十五例。（三）極爲周密。茲略本其說。爲例有八。（一）文同訓異（二）文異訓同（三）訓同義異（四）訓異義同（五）相反爲訓（六）同字爲訓（七）同聲爲訓（八）展轉相訓。

（一）文同訓異。文文字。訓所用以爲訓者也。言同一文字所用之訓雖異而義仍同也。如「幠」「厖」大也。「幠」「厖」有也。「幠」「厖」之文同。一訓爲大。一訓爲有。其訓異也。按說文。「幠」覆也。覆帽爲大義。詩亂如此幠。說文。「厖」石大也。方言秦晉之間。凡大貌謂之朦。或謂之尨。郝氏懿行爾雅義疏。「幠」「尨」旣訓大。又訓有者。「有」「大」義近。易雜卦云。大有衆也。「有」與「大」皆豐厚之意。故其義相成矣。舉此例推之則「辟」法也。「辟」辠也。「妃」合也。「妃」匹也。「妃」對也。「妃」媲也。「績」業也。「績」功也。「康」靜也。「康」安也。皆如是矣。更以此例推之。「寀」官也。「寀」事也。寀訓官。官又訓事。說文無寀字。知寀之卽爲采矣。「瘽」病也。「瘽」憂也。瘽訓病。病又訓憂。說文無瘽字。知瘽之卽爲悝矣。

（二）文異訓同。文雖相異而訓則相同。此文異訓同之說也。如「皇」「王」訓君。皇卽王字。洪範五行傳。建用王極。或作皇極。「嘏」「假」訓大。嘏卽假字。詩鬷假無言。左傳昭二十年傳引作鬷嘏無言。「京」「景」訓大。京卽景字。史記高功臣表。高京侯周成。漢書作高景侯。「漠」「謨」訓謀。詩巧言。聖人莫之。釋文又作漠。一本作謨。此例極多。

（三）訓同義異。訓同義異者。卽高郵王氏所謂二義合爲一條。歸安嚴氏所謂一訓兼兩義也。如「治」「肆」「古」故也。「治」「古」爲久故之故。「肆」爲語詞之故。「載」「謨」「食」「詐」僞也。「載」「謨」訓僞。僞者爲也。「食」「詐」訓僞。僞者欺也。「棲」「遲」

「愒」「休」「苦」「㰟」「齂」「呬」息也。「棲」「遲」「愒」「休」「苦」爲止息之息。「㰟」「齂」「呬」爲氣息之息。「郡」「臻」「仍」「迺」「侯」乃也。「郡」「臻」「仍」爲仍乃之乃。「迺」「侯」爲語詞之乃。

（四）訓異義同。如釋詁「俶」始也。「俶」作也一釋始一釋作。不同。作亦釋始。詩駉傳及廣雅。並曰「作」始也。義仍同也。「烝」君也。「烝」衆也一釋君一釋衆。不同。君亦釋衆。白虎通及廣雅。並曰「君」羣也。羣卽衆也。義仍同也。「介」大也。「介」善也一釋大一釋善。不同。善亦釋大。詩柔桑箋。善猶大也。義仍同也。「豫」「康」樂也。「豫」「康」安也一釋樂一釋安不同。安亦釋樂。淮南子氾論訓。而百姓安之。注「安」樂也。義仍同也。

（五）相反爲訓。如「哉」始也。「在」終也。在卽哉。始終相反爲義。「落」始也。「落」死也。生死相反爲義。「愉」樂也。「愉」勞也。勞苦與快樂相反爲義。「豫」厭也。「豫」樂也。厭惡與愛樂相反爲例。「繇」憂也。「繇」喜也。憂與喜相反爲義。「鞠」盈也。「鞠」窮也。窮盡與盈滿相反爲義。「康」靜也。「康」安也。「康」苛也。苛擾與安靜相反爲義。郭璞云。以徂爲存。猶以亂爲治。以故爲今。此皆訓詁義有反覆旁通。美惡不嫌同名也。

（六）同字爲訓。如釋詁。「于」於也。段玉裁云。凡詩書用于字。論語作於字。「于」「於」古今字。釋詁以今字釋古字也。以此推之。「迺」乃也。列子釋文。迺古乃字。「賡」續也。說文以賡爲古文續字。「遹」述也。釋文。遹古述也。此皆以今字釋古字。所謂以同字爲訓者也。

（七）同聲爲訓。如釋詁。「錫」賜也。卽讀錫爲賜。易師卦王三錫命。釋文錫徐音賜。「係」繼也。卽讀係爲繼。後漢書李固傳。羣下繼望。卽係望。「盡」進也。卽讀盡爲進。列子天瑞篇。終進乎不知也。注進者爲盡。「肅」速也。卽讀肅爲速。特牲饋食禮注。宿或作速。記作肅。以聲爲義。聲同而義卽同矣。

（八）展轉相訓。「遹」「遵」「率」「循」訓自。「遹」「遵」「率」「自」又訓循。郝懿行所謂展轉相訓也。以此例推之。「法」「則」「刑」「範」「矩」「律」訓常。「刑」「範」「律」「矩」「則」「常」又訓法。「允」「亶」「展」「諶」「誠」訓信。「展」「諶」「允」「亶」「信」又訓誠。「永」「悠」「迥」「遐」訓遠。「永」「悠」「迥」「遠」

又訓遐。「克」「肩」「戡」訓勝。「肩」「戡」「勝」又訓克。「肅」「遄」「速」「亟」訓疾。「遄」「亟」「遄」「疾」又訓速。如此展轉相訓。文字之用廣矣。

據上八例而觀。可謂極轉注假借之妙用。文字訓詁不外乎是。此爾雅在訓詁學上之價值也。

（一）逑之訓匹。關雎。君子好逑。逑又作仇。儀之訓匹。柏舟。實爲我儀。特之訓匹。柏舟。實爲我特。甯之訓安。葛覃。歸甯父母。綏之訓安。樛木。福履綏之。靜之訓安。柏舟。靜言思之。慰之訓安。凱風。莫慰母心。宴之訓安。谷風。宴爾新昏。宴又作燕。保之訓安。山有樞。他人是保。遂之訓安。雨無正。飢成不遂。密之訓安。公劉。止旅乃密。柔之訓安。時邁。懷柔百神。康之訓安。民勞。汔可小康。

（二）流之借求。關雎。左右流之。干之借扞。兔罝。公侯干城。干之借崖。十畝之間。置之河之干兮。龍之借和。蓼蕭。爲龍爲光。龍之借寵。長發。何天之寵。攻之借堅。車攻。我車旣攻。

（三）爾雅釋例五卷。清陳玉樹著。玉樹字惕庵。江蘇鹽城人。南京高等師範學校排印本。

爾雅之注本

訓詁之學。始於爾雅。漢晉以還。注者遂多。其書皆佚。惟郭注獨存。然其佚說。亦時時見于他書。如荀子哀公篇楊倞注引郭舍云。「輅」車之大者也。「冢」封之大者也。如史記司馬相如傳司馬貞索隱引樊光注云。「郠」可見之大也。如春秋成十六年孔穎達正義引李巡注云。「祥」福之善也。又周禮天官大宰賈公彥疏引李巡注云。「典」禮之終也。凡此諸注。皆在郭氏之前。郭氏之注。據清陳壽祺所考。皆本于孫樊。可見郭注亦淵源有自。古注未爲郭氏所取。散見於他書所引者。亦極有可珍之價值。清馬國翰采輯犍爲文學注。（一）劉氏注。（二）樊氏注。（三）孫氏注。（四）所得雖不多。研爾雅古注者。當亦取材于是也。

馬氏所輯爾雅古注。未能搜輯古今之全。研究爾雅古注者。略有憑藉而已。清嘉慶時。董桂新以爾雅一書。漢晉唐宋。以注名者。有郭舍人。樊光。劉歆。李巡。孫炎。郭璞。裴諭。鄭樵八家。惟郭璞鄭樵之書。今行于世。舍人諸儒。多在璞前。雖其注已佚。然時見于他書所引。因取陸氏釋文十三經注疏。史記。漢書。水經。文選等書中所引。與前人類部諸書。略及裴氏之注。兼錄郭璞鄭樵之說。爲爾雅古注合存一書。（五）　雖于諸儒之說。互有異同之處。未加按語。然合各古注彙爲一篇。視馬氏之輯佚。又便于應用矣。研究爾雅者。固宜致力于郭注邢疏及清人之著述。而古注實不可忽視。以上諸書。皆爲爾雅古注之薈萃。故首及之。

○訓詁之書。莫先于爾雅。爾雅者所以通古今之異言釋方俗之殊語。漢書藝文志論尙書古文曰古文讀應爾雅。故解古今語而可知也。蓋文字之義展轉遞變。古時之通義至今日異其解說者。不知凡幾。戴氏震云。士生後世。時之相去千百年之久。視天地之相隔千百里之遠。無以異昔之婦孺聞而輒曉者。更經大師轉相講授。而仍留疑義。則時爲之也。所以求古代文字之訓詁。當求之于爾雅。蓋爾雅之訓詁。與六經相表裏。如詩周南。不可休息。爾雅釋言庥蔭也。卽爾雅之庥。卽詩周南之休。如詩小雅。悠悠我里。爾雅釋詁悝憂也。知爾雅之悝。卽詩小雅之里。此卽與六經相表裏者也。爾雅古注今悉亡佚。後人蒐輯之本已略見於上矣。今所存爾雅注之最古。晉郭璞之書也。古注已亡。郭注比較近古。郭注存于今者。以宋蜀大字本。（六）及常熟瞿氏所藏宋本爲古。（七）淸顧千里校刊明吳元恭覆宋本爲善。（八）余嘗以影刊宋蜀大字本與影印校刊本相校。彼此不同者。無慮數十事。

繼郭氏而起者。有宋邢昺爾雅疏。（九）邢氏之疏。淸四庫書目稱其多能引證。如尸子廣澤篇仁意篇皆非今人所及覩。阮氏謂邵晉涵改弦更張。與邢並行一時。且出其上。二者之言皆爲有見。古書多亡。顧時見于他書徵引。淸四庫書目所謂卽于邢疏中可得尸子之佚說也。學問之事。後勝於前。作者難。因者易。阮氏所謂邵疏勝于邢書。亦非阿好之論。惟邢疏早列學官。士所通習。治爾雅者。郭注之外。邢書當比附觀之也。

爾雅爲訓詁最古之書。魏晉以來。學者傳習。多求便俗。徐鼎臣謂爾雅所載草木鳥獸之名。肆意增加。不足復觀。爾雅古義之失。大概造于郭璞之注。郝氏注爾雅。有根據者固屬不少。然譌誤脫漏者。亦所在多有。王氏筠謂爾雅者。小學專書。以此爲古。所收之字。亦視羣經爲多。景純居東晉。傳注誤會。而據譌文。不有說文。何所據以正之。王氏之言。不爲無見。蓋爾雅古注。悉已散佚。後人補苴掇拾。終不能復古人之原。如馬國翰之所輯。董柳江之所鈔。東鱗西爪。雖可窺見一斑。然不過存十一於千百耳。王氏筠主張以說文校爾雅。此論甚善。然未成書。搜輯爾雅古義成書者有二。一胡氏承珙之爾雅古義。(一〇)錢氏坫之爾雅古義。(一一)

胡承珙。字墨莊。安徽涇縣人。深于毛詩之學。精通聲韻訓詁。著述頗多。其著爾雅古義也。謂爾雅爲訓詁之書。而文字多爲後人所亂。草木蟲魚之名。偏旁大半俗增。古文又率改易。其存而可考者希矣。如說文。「諒」事有不善言諒也。引爾雅。「諒」薄也。今爾雅無此文。僅見于廣雅。郭忠恕汗簡有諒字。

云見古爾雅。與說文合。他如壑阬之壑。釋文云。本或作㕡。說文。「㕡」正字。「壑」或字。涼風之涼。釋文云。本或艁字。造舟之造。釋文云。廣雅作艁。又引說文云。「艁」古文造也。秬鬯之秬。釋文引作𪏰。諸字汗簡皆云見古爾雅。此古本之僅存者。於是本此例而廣之。爲爾雅古義一書。凡爾雅古義不見于今書者。皆旁搜博引以證明。如陽之訓予。據鄭注魯詩。及易說卦虞翻注。陽爲自稱之詞。苦之訓息。據周禮注。苦讀爲盬。又據詩王事靡盬。靡盬謂靡有止息也。爾雅之苦。卽詩之盬。皆證據確鑿而不迂曲。此研究爾雅古義之善本也。

錢坫字獻之。江蘇嘉定人。錢氏說文之學甚精。此書搜輯羣籍。爲爾雅古義之證。其書較胡氏古義爲略。然亦有爲胡氏所未及者。如「貢」之訓賜。據子贛名賜。及熹平石經。當作贛。貢乃貢獻字。「如」之訓謀。據詩柏舟不可以茹。臣工來咨來茹。如茹古通用。其書通計不過數十條。然亦可爲研究爾雅古義之參考也。

有清一代。用力爾雅。蔚然成巨帙者有二。一邵晉涵之爾雅正義。（一二）一郝懿行之爾雅義疏。（一三）

邵晉涵。字二雲。浙江餘姚人。精于史學。于經精三傳及爾雅。邵氏以宋邢昺義疏蕪淺。乃據唐石經宋槧本及諸書所徵引者。審定經文。增校郭注。仿唐人正義。別爲爾雅正義一書。其書以郭注爲本。彙采舍人樊劉李孫諸家之說。其郭注未詳者。考諸齊魯韓詩。與馬融鄭康成之詩注易注。以及諸經舊說。確鑿有據者。補所未備。凡三四易稿始定。以爲釋地。九府之梁山。即今衡山。釋草。蘩菟蒵。即今款東。同時學者皆以爲確。按邵氏正義。爲糾正邢氏義疏而作。其援引審。一證於羣籍。一考求於聲韻之遞轉。體制亦頗矜愼。漏略沾滯之處。或不能免。蓋邵氏本精於史學。其書又成於乾隆中葉。當時聲韻訓詁之學尚未極盛。憑藉未宏。斯成業寡色。宋氏翔謂邵氏之書。猶未至於旁皇周浹窮深極遠者此也。

郝懿行。字蘭皋。山東棲霞人。其爾雅義疏成書較後。當時南北學者。皆能以聲韻訓詁。明文字之源。以得古人言語緩急之異。郝氏具此基礎。於古今一字一義之異同。罔不搜羅。分別是非。又能融通轉注假借之例。引端竟委。觸類旁通。其書視邵氏之正義爲善。足與王氏之廣雅疏證同其精博。爲治爾雅者。必須研究之書也。

爾雅郭注。未開未詳者百四十二科。邢疏雖補其十。闕者尚多。有清諸儒。專治爾雅。其著書匯爲巨觀者。如邵氏晉涵。郝氏懿行。已舉於上。其他補正郭邢之闕誤者。雖短書小册。時有精言。如翟灝之爾雅補郭。（一四）周春之爾雅補注。（一五）劉玉麐之爾雅補注。（一六）潘衍桐之爾雅正郭。（一七）

翟灝一字晴江。浙江仁和人。其補郭也。凡郭邢之所闕者。皆一一補之。計一百三十餘條。如「緜」善也。據廣韻。「緜」繕也。詩鄭風箋。繕之言善也。緜釋爲善。乃備始服器之精善者。「如」謀也。據本書釋言。「茹」度也。又據詩小雅獵狁匪茹。周頌來咨來茹。「如」卽茹之省文。其他如「孟」勉也。據班固幽通賦。「戠」開也。據許氏說文。皆徵實不鑿。如「徵」虛者。「蕩」動也。其所補者。雖未免稍欠證據。要其大體。頗爲可觀。葉德輝斥爲淺略。未爲公論也。

周春字芚兮。浙江江海人。其爾雅補注。王氏鳴盛函稱之。謂其書於注不但補缺。又能正其誤。而於邢疏漏略處。稗益尤多。按周氏於爾雅。頗好鄭夾漈之書。是書采及晚近諸家之說。似不立漢宋門戶。惟其隨手扎記。無條例可循。葉德輝謂其雖不如邵邢二義疏之整齊。要勝於翟戴二家補注之淺陋。以周書與翟書相較。葉說非是。

劉玉麐字又麒。江蘇寶應人。其爾雅補注今不傳。所傳者爲殘本。係劉嶽生從先生爾雅邵疏校本錄出者。如「極」至也。據管子形勢篇。山高而不崩則祈羊至。淵深而不涸則沈玉極。謂極爲至也。「徵」虛也。據定公八年左傳陽虎爲政。魯國服焉。速之徵死。死無益於主。謂徵爲虛。其釋徵爲虛。視翟氏補郭爲善。雖非全書。頗有精義也。

潘衍桐。廣東南海人。視學浙江。以爾雅正郭命題。分課詁經精舍諸生。繼乃博訪通人。參考舊說。間亦采取詁經諸生之所作。得二百四十二條。名爾雅正郭。以別翟氏補郭。補者補其略。正者正其失。潘氏之書。比翟氏之範圍爲大也。徵引豐富。體例亦視前之書爲密。而成書亦較後。不僅景純之箴友實治爾雅者之導師也。

以上四書。皆可爲治爾雅者之參考。吾人治爾雅。當以郝書爲主。邵書合而觀之。再以上列諸書。補邵郝之所不及。久之衆義匯通。自孳新解。至於張宗泰之爾雅注疏本正誤。（一八） 其例有四。一正經文之誤。二正注文之誤。三正疏文之誤。四正音釋之誤。極足爲讀爾雅者之助。其他注本頗多。不悉舉焉。

（一）爾雅犍爲文學注三卷。按七錄有犍爲文學爾雅注三卷。漢犍爲郡郭舍注。郭漢武帝待詔。居訖不注錄。久佚。清馬國翰輯刊入玉函山房輯佚中。

（二）爾雅劉氏注一卷。按是書漢劉歆撰。久佚。清馬國翰輯刊入玉函山房輯佚中。

（三）爾雅樊氏注一卷。按是書漢樊光撰。光京兆人。官中散大夫。隋志三卷。唐志六卷。今佚。清馬國翰輯刊入玉函山房輯佚中。

（四）爾雅孫氏注三卷。按是書魏孫炎撰。炎字叔然。受學鄭玄之門。人稱口川大儒。隋志七卷。唐志六卷。經典釋文序錄三卷。今佚。清馬國翰輯刊入玉函山房輯佚之中。

（五）爾雅古注合存二十卷。總考一卷。清董桂新撰。桂新安徽婺源人。稿本。

（六）影宋蜀大字本爾雅三卷。按此書黎氏古逸叢書刊本。

（七）宋本爾雅三卷。音釋一卷。按此書常熟鐵琴銅劍樓藏。商務印書館影印本。

（八）顧千里校刊吳縣宋本爾雅三卷。音釋三卷。按此書前有臧鏞堂宋本爾雅考證。頗足爲讀爾雅之助。古書流通處古書叢刊影印本。

（九）爾雅注疏十一卷。晉郭璞注。宋邢昺疏。注疏古皆分行。後人幷之。郭注單行本。後世尚有之。邢疏單行本。不易見矣。阮氏元校勘記序云。爾雅一書。經注疏三者。皆譌舛日多。俗間多用汲古閣本。近蘇翻板尤劣。元仿搜舊本。於唐石經外。得吳元恭仿宋刻爾雅三卷。元槧雪聰書院爾雅經注三卷。宋槧邢疏未附合經注者十卷。授武進臧鏞。取以證本之失。修其異同。纖悉必備。元後定其是非。爲爾雅注疏校勘記六卷。後之讀是經者。於此不無津梁之益。按此書在阮刻十三經注疏內。又有江西刻本。又有湖南刊本。又有石印本。

（一〇）爾雅古義二卷。清胡承珙著。按是書求是堂遺書原刊本。又刊在國粹學報內。

（一一）爾雅古義一卷。清錢坫著。按是書續清經解本。

（一二）爾雅正義二十卷。清邵晉涵著。按是書清經解本。

（一三）爾雅義疏二十卷。清郝懿行著。按是書清經解本不足。或謂王念孫所刪。或謂殿厚民所刪。傳聞異辭。無由詳辨。嘉興高君得原本。較經解本多四之一。楊□堂刊之未竟。胡心耘續成之。時咸豐六年也。同治五年。關皋之孫聯蓀徽蓀得橋刊足本再印。又商務印書館有排印本。

（一四）爾雅補郭二卷。清翟灝著。按是書咫進齋叢書本。木犀軒叢書本。續清經解本。

(一五)爾雅補注二卷清周春著按是書觀古堂彙刊本

(一六)爾雅補注殘本一卷清劉玉麐著按是書清光緒十四年廣雅書局刻本。

(一七)爾雅正郭三卷清潘衍桐著按是書清光緒十七年刻本。

(一八)爾雅注疏本正誤五卷清張宗泰著按是書積學齋叢書本。

小爾雅

小爾雅之時代及其所作之人

漢書藝文志。有小爾雅一篇。不著作者名氏。晁公武讀書志。陳振孫書錄解題。王應麟玉海。皆云孔鮒著。(一)按史記孔子世家。子思生白字子上。子上生求字子家。子家生箕字子京。子京生穿字子高。子高生子愼。子愼生鮒。爲陳王博士。無有著小爾雅之言。戴氏震云。小雅一卷。大致後人皮傅掇拾而成。非古小學遺書也。如云鵠中者謂之正。則正鵠之分未考矣。四尺謂之仞。則築宮仞有三尺。而爲及肩之牆矣。澮深二仞。無異洫深八尺矣。故漢世大儒不取以說經。獨王肅杜預及東晉梅賾奏上之古文尚書孔傳。頗涉乎此。（中略。）或曰小爾雅者。後人采王肅杜預之說爲之也。（二）淸四庫全書提要亦云。漢儒說經。皆不援及。迨杜預注左傳。始稍見徵引。明是書漢末晚出。至晉始行。非漢志所傳之舊本。戴氏震及四庫全書提要。皆以爲漢末人掇拾之書。其所據者。以漢儒說經。皆不援及。夫小爾雅之訓詁。與經傳不同者。固亦有之。或是掇拾之書。或是孔鮒所著。皆無確據。若謂漢儒說經。援引不及。則爲未深考之言也。漢唐諸儒釋經。凡引小爾雅之文。多通稱爾雅。或稱小雅。如許叔重說文解字引爾雅云。涼薄也。今爾雅無此文。明明在小爾雅矣。又正鵠之解。鄭衆馬融皆依小爾雅以鵠中爲正。賈逵謂鵠居正中。鄭玄謂采侯爲正。皮侯爲鵠。漢人訓詁。各有師承。不必盡同。不得以鄭玄之說而遂謂小爾雅一書。出於後人之掇拾而遂無足輕重也。今考其書。如廣詁。「淵」「懿」「邃」「賾」深也。「淵」之訓深。詩邶燕燕云。其心塞淵。衛風定之方中云。秉心塞淵。毛傳鄭箋並云。「淵」深也。「懿」之訓深。詩豳風七月云。女執懿筐。毛傳云。懿筐深筐也。「邃」之訓深。說文解字云。「邃」深遠也。邃通作隧。考工記輿人。參分車廣以爲隧。鄭司農云。隧謂速與深也。鄭玄云。隧讀如邃字之邃。「賾」之訓深。易繫辭云。聖人有以見天之至賾。正義云。賾爲幽深難見。觀此一條。小爾雅之訓詁。未始達於漢儒。胡氏承珙云。毛公傳詩。鄭仲師馬季長注禮。亦往往與小爾雅合者。特以不著書名。後人疑其未經引及。又云。唐以後人。取爲孔叢子弟十一篇。世遂以孔叢子之僞而并僞之。而酈氏之注水經。李氏之注文選。陸氏之音義。孔賈之義疏。小司馬之注史。釋玄應之譯經。其所徵引。核之今本。粲然具存。此可見孔叢本多剌取古籍。而所取之小爾雅。猶係完書。未必多所竄亂也。（三） 據胡氏言。孔叢子是僞書。小爾雅則不僞。戴氏震所云後人采王肅杜預之說爲之之言不足信。四庫全書提要所非漢志所稱之舊本之說亦不足定也。按小爾雅一書。必謂是孔鮒所著。固無的鑿之證據。即謂今之小爾雅。確係漢志所稱之舊本。亦嫌證據不充分。若謂如戴氏震所云。後人采王肅杜預之說爲之。則確乎其非。小爾雅之訓詁。與毛鄭賈馬相同者頗多。卽曰掇拾羣書而成。必不是采取王肅杜預之說。至遲亦在許叔重之前。以說文所引之⿰足京字知之。小爾雅所作之人。雖不能確定其時。則在爾雅之後。許叔重說文之前也。

（一） 隋書經籍志。小爾雅一卷。宋軌解略。無作者名氏。舊唐書經籍志。小爾雅一卷。李軌撰。唐書藝文志。李軌解小爾雅一卷。宋史藝文云。孔鮒小爾雅一卷。則是題名孔鮒。宋以前無有也。

（二）見戴東原集第三卷。

（三）見胡承珙小爾雅證義序。

小爾雅之內容及其價值

小爾雅者。廣爾雅之所未備。爾雅之羽翼也。爾雅十九篇。小爾雅十三篇。茲記其每篇之內容于下。

廣詁弟一

「深」「大」「布」「覆」「叢」「具」「治」「潔」「無」「高」「近」「美」「多」
「法」「易」「進」「取」「達」「文」「益」「明」「因」「界」「次」「止」「冥」
「要」「竟」「汝」「引」「佐」「用」「成」「疾」「適」「拾」「餘」「開」「塞」
「滿」「勸」「力」「過」「隙」「更」「滅」「黑」「白」「赤」「沒」「專」

廣言弟二

「陽」「晚」「數」「老」「同」「報」「展」「舉」「求」「何」「居」「市」「備」
「陳」「與」「置」「淩」「斂」「錄」「主」「屬」「思」「行」「合」「當」「道」

「長」「交」「白」「正」「末」「散」「終」「別」「薄」「還」「送」「我」「子」
「和」「覺」「恨」「止」「忿」「犯」「亂」「抽」「及」「本」「極」「視」「突」
「縛」「遂」「棄」「草」「曬」「晞」「乾」「蹈」「廣」「長」「擔」「再」「肆」
「官」「考」「殞」「陸」「殘」「截」「除」「患」「責」「非」「退」「禦」「取」
「戲」「狹」「忌」「疑」「損」「壞」「散」「斷」「俱」「罰」「傷」「害」「閉」
「細」「使」「臨」「試」「羸」「乃」「發」「聲」「爲」「救」「償」「價」「足」
「偶」「兩」「數」「快」「遠」「且」「可」「解」「善」「重」「升」「勉」「顯」
「是」「莊」「才」「息」「善」「謹」「豐」「盛」「厚」「緩」「逐」「基」「教」
「願」「強」「迫」「炊」「取」「信」「饋」「依」「借」「接」「限」「寄」「集」
「倅」「怪」「慚」「空」「故」「此」「往」「惜」「伏」「望」「任」「侍」「填」
「擇」「示」

廣訓弟三

「乎」「焉」「於何」「烏乎」「吁嗟」「念」「寧」「顯」「承」「不似」「譽之」「明旦」「壽考」「大美聲稱遠」「韡韡」「勞事獨多」「語其大」「語其衆」「錯雜」「龕」「繪」「哤」

廣義第四

「煢嫠」「嫠婦」「幸」「讓」「淫」「烝」「報」「通」「[illegible]」「[illegible]」「恧」「逡」

廣名第五

「大行」「蘇」「阽」「請天子命」「請諸侯命」「請大夫命」「櫬」「柩」「賵」「襚」「綠」「池」「纚」「窆」「封」「冢」「塋」「殤」

廣服第六

「織」「布」「纊」「縞」「素」「絺」「綌」「元服」「弁髦」「頭」「額」「印」「綬」「童容」「藍褸」「褻」「衻」「厲」「冪」「幄」「牀笫」「褺」「椸」「篇」「奕」「履」

廣器弟七

「侯」「鴟」「正」「槃」「戟」「斧」「盾」「子戟」「鞞」「弢」「艇」「艀」·「舳」

「艫」「橈」「鞴」「輣」「枕」「幹」「輗」「烏啄」「繘」「索」「繩」「繂」「紲」

「垌」「陴」「太原」「池」「汭」「衍」

廣物弟八

「芻」「粒」「蔬」「穎」「銍」「揠」「擢」「秉」「筥」「稷」「稾」「葚」「橡」

廣鳥弟九

「陽鳥」「慈烏」「鵶烏」「燕烏」

廣獸弟十

「豬」「豚」「豣」「貗」「巢」「窠」「橧」

廣度弟十一

「跬」「步」「仞」「尋」「常」「墨」「丈」「端」「兩」「匹」「束」

廣量弟十二

「溢」「掬」「豆」「區」「釜」「籔」「缶」「鍾」「秉」

廣衡弟十三

「兩」「捷」「舉」「鍰」「斤」「衡」「稱」「鈞」「石」「鼓」

小爾雅所釋詁訓及名物。共計三百七十四事。所釋雖不多。頗足補爾雅之所未備。「廣詁」「廣言」「廣訓」三篇。其篇目與爾雅同。廣詁共計五十一條。「大」「治」「高」「近」「美」「多」「法」「易」「進」「久」「因」「止」「疾」「餘」「事」十五條。爾雅所有。餘三十六條。皆不見於爾雅。即此見於爾雅之十五條。其所訓之文。亦非爾雅所有。如大字一條。爾雅共有三十九文。小爾雅所廣之「封」「巨」「莫」「莽」「艾」「祁」六文。爾雅皆不收。詩周頌烈文云。無封靡於爾邦。毛傳。「封」大也。孟子。爲巨室則必使工司求大木。左莊公二十八年傳。狄之廣莫。莊子逍遙遊。廣莫之野。呂氏春秋知接篇。戎人見瀑布者而請曰。何以謂之莽莽也。高注。莽莽長大貌。禮祀曲禮。五十曰艾。艾老也。老大義通。詩小雅吉日。其祁孔有。毛傳。「祁」大也。此悉周秦之訓詁。

而爲爾雅之所略。不有小爾雅以廣之。則爾雅之所未備者多矣。治字一條。爾雅爲治亂之治。小爾雅爲攻治之治。攻治義較治亂爲朔也。易字一條。爾雅爲易直之易。小爾雅爲交易之易。交易義較易直爲朔也。「廣言」「廣訓」皆係廣爾雅之釋言釋訓而作。凡爾雅所載。悉不復出。偶有重見者。或爲後人所竄入。四「廣義」五「廣名」義古作誼。事之宜也。名自命也。義以制事。名以辨物。斟酌人事以正名也。爾雅釋親一篇。只釋名分之名。不釋事義之名。故以此二篇廣之也。六「廣服」七「廣器」。爾雅釋器一篇。閒釋物之名稱。不過「裞」「襮」「純」「褮」「襟」「裾」「袸」「褑」「袺」「襭」「襜」「褵」「纀」十餘事而已。廣服於爾雅十餘事而外。凡「織」「布」「纊」「縞」「素」「絺」「綌」之類。計二十有六。皆釋之無餘。廣器一篇。亦是廣爾雅之所未備。高平謂之太原。澤之廣謂之衍。是兼釋地而廣之也。八「廣物」。兼爾雅釋草釋木而廣之。九「廣鳥」十「廣獸」。兼爾雅釋鳥釋獸釋畜釋魚蟲而廣之。爾雅獸畜分爲二。小爾雅則不分。且無魚蟲。惟爾雅只釋草木鳥獸魚蟲之名。小爾雅則及于事。如拔心曰揠。拔根曰擢。鳥之所乳謂之巢。雞雉所乳謂之窠。魚之所息謂之橧之類是。十一「廣度」十二「廣量」十三「廣衡」。此則爾雅所

廣量弟十二

「溢」「掬」「豆」「區」「釜」「籔」「缶」「鍾」「秉」

廣衡弟十三

「兩」「捷」「舉」「鍰」「斤」「衡」「稱」「鈞」「石」「鼓」

小爾雅所釋詁訓及名物。共計三百七十四事。所釋雖不多。頗足補爾雅之所未備。「廣詁」「廣言」「廣訓」三篇。其篇目與爾雅同。廣詁共計五十一條。「大」「治」「高」「近」「美」「多」「法」「易」「進」「久」「因」「止」「疾」「餘」「事」十五條。爾雅所有。餘三十六條。皆不見於爾雅。即此見於爾雅之十五條。其所訓之文。亦非爾雅所有。如大字一條。爾雅共有三十九文。小爾雅所廣之「封」「巨」「莫」「莽」「艾」「祁」六文。爾雅皆不收。詩周頌烈文云。無封靡於爾邦。毛傳。「封」大也。孟子。爲巨室。則必使工司求大木。左莊公二十八年傳。狄之廣莫。莊子逍遙遊。廣莫之野。呂氏春秋知接篇。戎人見瀑布者而請曰。何以謂之莽莽也。高注。莽莽長大貌。禮記曲禮。五十曰艾。艾老也。老大義通。詩小雅吉日。其祁孔有。毛傳。「祁」大也。此悉周秦之訓詁。

而爲爾雅之所略。不有小爾雅以廣之。則爾雅之所未備者多矣。治字一條。爾雅爲治亂之治。小爾雅爲攻治之治。攻治義較治亂爲朔也。易字一條。爾雅爲易直之易。小爾雅爲交易之易。交易義較易直爲朔也。「廣言」「廣訓」皆係廣爾雅之釋言釋訓而作。凡爾雅所載。悉不復出。偶有重見者。或爲後人所竄入。四「廣義」五「廣名」義古作誼。事之宜也。名自命也。義以制事。名以辨物。斟酌人事以正名也。爾雅釋親一篇。只釋名分之名。不釋事義之名。故以此二篇廣之也。六「廣服」七「廣器」。爾雅釋器一篇。間釋物之名稱。不過「裞」「襮」「純」「袋」「襟」「裾」「袸」「襚」「袺」「襭」「襘」「裐」「纀」十餘事而已。廣服於爾雅十餘事而外。凡「織」「布」「纊」「縞」「素」「絺」「綌」之類。計二十有六。皆釋之無餘。廣器一篇。亦是廣爾雅之所未備。高平謂之太原。澤之廣謂之衍。是兼釋地而廣之也。八「廣物」兼爾雅釋草釋木而廣之。九「廣鳥」十「廣獸」兼爾雅釋鳥釋獸釋畜釋魚蟲而廣之。爾雅獸畜分爲二。小爾雅則不分。且無魚蟲。惟爾雅只釋草木鳥獸魚蟲之名。小爾雅則及于事。如拔心曰揠。拔根曰擢。鳥之所乳謂之巢。雞雉所乳謂之窠。魚之所息謂之橬之類是。十一「廣度」十二「廣量」十三「廣衡」。此則爾雅所無。小爾雅廣之者也。

小爾雅既所以廣爾雅。當與爾雅有並存之價值。小爾雅之訓詁。求之詩毛傳鄭箋。頗多同者。如「敷」布也。商頌長發敷政優優。左成二年昭二十年傳引。俱作布政優優。「蠲」潔也。詩小雅天保吉蠲爲饎。毛傳。「蠲」絜也。絜卽潔字。「屑」潔也。詩邶風谷風。不我屑以。毛傳「屑」潔也。「微」無也。詩邶風式微微君之故。小雅伐木微我弗顧。毛傳並云。無也。「優」多也。詩小雅信南山既優既渥。釋文云。說文作瀀。澤多也。「愈」益也。詩小雅小明政事愈蹙。鄭箋。愈猶益也。「赫」明也。詩衞風淇澳赫兮咺兮。毛傳赫有明德。赫赫然爗者。「疆」竟也。詩豳風七月萬壽無疆。毛傳。疆竟也。「涼」佐也。詩大雅大明涼彼武王。毛傳涼佐也。韓詩作亮。亮相也。相佐同。「由」用也。詩王風君子陽陽右招我由房。毛傳由用也。「肆」疾也。詩大雅大明肆伐大商。皇矣是伐是肆。毛傳並云肆疾也。「掇」拾也。詩周南芣苢薄言掇之。毛傳掇拾也。「實」「牣」滿也。詩小雅節南山有實其猗。毛傳實滿也。詩大雅靈臺於牣魚躍。毛傳牣滿也。「縞」白也。詩鄭風東門縞衣綦巾。毛傳縞衣白色男服。「功」事也。詩豳風七月載纘武功。毛傳功事也。「麗」數也。詩大雅文王商之孫子其麗不億。毛傳麗數也。「戢」斂也。詩小雅鴛鴦。鴛鴦在梁。戢其左翼。毛傳。戢斂也。「卬」我也。詩邶風匏有苦葉。人涉卬否。毛傳。卬我也。「讀」抽也。鄘風牆有茨。不可讀也。毛傳。讀抽也。抽爲籀之借也。籀讀書也。「苞」本也。詩衞風下泉。侵彼苞稂。鄭箋。苞本也。「烯」乾也。詩秦風。白露未晞。晞乾也。晞卽烯字。「泮」散也。詩鄘風匏有苦葉。迨冰未泮。毛傳。泮散也。「姑」且也。詩周南卷耳。我姑酌彼金罍。毛傳。姑且也。「赫」顯也。詩大雅生民。以赫厥靈。毛傳。赫顯也。「塈」息也。詩大雅嘉樂。民之攸塈。毛傳。塈息也。「話」善也。詩大雅抑。告之話言。毛傳。話言古之善言也。「丰」豐也。詩鄭風子之丰兮。毛傳。丰豐滿也。「都」盛也。詩鄭風有女同居。洵美且都。毛傳。都閑也。閑有盛義。廣雅。閑閑盛也。「競」逐也。詩大雅桑柔。執競用力。鄭箋。競逐也。「紀」基也。詩秦風終南。有紀有堂。毛傳。紀基也。「徨」往也。詩小雅楚茨。先祖是皇。鄭箋。皇暀也。信南山。先祖是皇。鄭箋。皇之爲言暀也。皇卽徨字。暀卽往字。「何」任也。詩商頌烈祖。百祿是何。毛傳。何任也。「殿」塡也。詩小雅采菽。殿天子之邦。毛傳。殿鎭也。鎭塡字同。漢書五行志。塡星卽鎭星。蕭何傳。塡撫。杜欽傳作鎭撫。此皆毛傳鄭箋之訓詁。見之于小爾雅者。雖卬之訓我。已見于爾雅。在小爾雅爲重出者。亦頗有之。然足以廣爾雅之所未備者。其數極多。爾雅與小爾雅。同爲掇拾之書。安得崇彼而黜此。其他如「夷」傷也。見于易序卦傳。「頒」布也。見于周禮太宰鄭司農注。「敷」布也。見于鄭注尚書。「隆」高也。見于荀子。「賢」多也。見于呂覽。「爰」易也。見于左傳。至若李善文選注等。引小爾雅者尤多。雖則唐人之著作。亦可以知小爾雅在訓詁學上之價値也。

小爾雅之注本

小爾雅注之最古者。爲李軌注本。（一）其書今已佚。小爾雅之學。至清始精。戴氏震雖駁難小爾雅。而嘉道以來之注者。皆能證明小爾雅在訓詁學上之價値。爲爾雅之羽翼。六藝之緒餘。胡氏承珙有小爾雅義證。（二）其自序有曰。東原戴氏。橫施駁難。僅有四科。（三）予旣援引古義。一一釋之。是戴氏之駁難者。胡氏皆辨釋之矣。王氏煦有小爾雅義疏。（四）其言曰。今按爾雅本文。證以漢魏諸儒傳注之義。則知東原之說非也。篇中如釋公孫碩膚。鄂不韡韡。並與毛傳合。可知當日經師授實出一原。（五）自餘諸訓。亦無不斟酌蒼雅。與漢魏諸儒相發明。安所見皮傅掇拾乎。是戴氏之所駁難者。王氏亦辨釋之矣。余謂訓詁書之所以可貴者。不僅在于上合于古。而能在于廣前書之所未備。小爾雅所以不可廢者。卽小爾雅之所釋。多不見于爾雅也。胡氏王氏之書。皆感戴氏之駁難而起。故其搜集證據。極爲周密。而胡氏之書尤詳。采輯經傳疏選注。計千數百條。胡氏自謂「略存舊帙之彷彿。間執後儒之訾議。」可見其精心注意之作也。

與胡氏承珙同爲小爾雅之學。又有胡氏世琦。世琦與承珙同族同時。所著之書。亦名小爾雅義證。（六） 著書之時。承珙在京。世琦在里。各不相謀。其書與世琦之書。互有異同。如廣詁「掠」取也。承珙引說文。「掠」奪取也。此字乃新附。非許書之舊。不得竟據爲說文。世琦謂掠字說文所無。掠卽倞之或體。說文「倞」彊也。倞取猶言彊取。古聲同也。「撫」拾也。承珙引說文徐鍇云。「撫」安也。一曰摋也。世琦謂此繫傳語。玉篇廣韵引說文俱無「一曰摋也」四字。不得爲許本。又引廣雅「撫」持也。持拾一聲之轉。持猶拾也。凡此皆糾承珙之違。

當時常州宋翔鳳。亦爲小爾雅之學。著小爾雅訓纂（七） 宋氏之書。成于黔中。與二胡亦不相謀。其書字體。多準說文。然亦有違誤者。如「屣」具也。屣不得訓具。屣當爲展。周禮鄭司農注「展」具也。「諙」治也。「諙」蓋詁之誤字。左傳杜注。「詁」治也。「眥」因也。眥蓋階之壞字。李善文選注。「因」小爾雅曰階因也。凡此皆宋書之違誤者。然宋書亦儘多精義。如「禋」潔也。引書禋於六宗。

馬融云。「瀝」精意以享也。精潔義同。而爲胡氏承珙之書所未引。比而觀之。各有疏密。此外葛其仁有小爾雅疏證。（八）亦可以與以上諸注。參互稽考。又有朱駿聲小爾雅約注。（九）其書取陶宗儀說郛。何鏜漢魏叢書。丁氏綿眇閣本。郎奎金堂策檻本。陳趙鵠聽鹿堂本。顧元慶文房本。鉤稽異同。審愼裁補爲之。雖不及諸書豐富。亦略可觀也。

（一）李軌。字洪範。東晉時人。其書著錄于隋書經籍志。今已佚。

（二）小爾雅義證十三卷。補遺一卷。清胡承珙著。承珙字景孟。號墨莊。安徽涇縣人。嘉慶十年進士。墨莊遺書本。又聚學軒叢書本。

（三）戴氏駁難小爾雅有四科。見於戴東原集三卷。書小爾雅後。

（四）小爾雅疏八卷。清王煦著。煦浙江上虞人。邵武徐氏叢書本。

（五）小爾雅之訓詁。與毛傳合者極多。已見於上。

（六）胡世琦。字玉樵。安徽涇縣人。清嘉慶十九年進士。所著之小爾雅義證未刻。稿已佚。朱珔有序一篇。言之極詳。在小萬卷文序中。劉聚卿刻聚學軒叢書。取朱序附刊在胡承珙小爾雅義證後。

（七）小爾雅訓纂六卷。清宋翔鳳著。翔鳳字于庭。江蘇長洲人。嘉慶五年舉人。清經解本。

（八）小爾雅疏證五卷。清葛其仁著。其仁江蘇嘉定人。咫進齋叢書本。

（九）小爾雅約注一卷。清朱駿聲著。駿聲字芑豐。江蘇吳縣人。自刊本。

廣雅

張揖之歷略與其著廣雅之動機

廣雅魏張揖著。張揖不見於魏書及南北史。魏書江式傳。式上表曰。魏初博士清河張揖。著埤倉廣雅古今字詁。顏師古漢書敍例曰。張揖字稚讓。清河人。一云河間人。太和中爲博士。揖之姓名籍貫時代。可考者如是。揖或从木作楫。然證稚讓之字。則爲揖讓之揖審矣。（一）揖行事雖不多見。除籍貫稍有異說外。其姓名籍貫時代初無異說也。揖所著書今存者僅廣雅。埤蒼古今字詁。皆已亡佚。近人王獻唐。意張揖以廣雅續爾雅。埤蒼補三蒼。古今字詁繼說文。（二）證以張揖上廣雅表。其言頗爲可信。揖上表曰。（上略）夫爾雅之爲書也。文約而義固。其敶道也。精研而無誤。眞七經之檢度。學問之階路。儒林之楷素也。若其包羅天地。綱紀人事。權揆制度。發百家之訓詁。未能悉備也。臣揖體質蒙蔽。學淺詞頑。言無足取。竊以所識。擇撢羣義。文同義異。音轉失讀。庶物易名。不在爾雅者。詳錄品覈。以著于篇。（下略）則是張揖之廣雅。確爲繼續爾雅而作。是以陳振孫書錄解題曰。凡不在爾雅者著於篇。仍用爾雅舊目。錢曾敏求記亦曰。張揖采蒼雅遺文。不在爾雅者。爲書名曰廣雅。皆言廣爾雅之作。所以續爾雅也。而江式古今文字表云。究諸埤廣。掇拾遺漏。增長事類。抑以於爲益者。然其字詁。方之許篇。古今體用。或得或失。（三）據江式表。字詁不足以繼說文。埤蒼可以補三蒼。廣雅可以續爾雅也。廣雅又稱博雅。（四）以隋曹憲爲之音釋。避煬帝諱。改名博廣雅。至今二名並稱。其實是一書也。

（一）見四庫全書提要。

（二）許印林古今字詁疏證序。

（三）見魏書江式傳。

（四）漢魏叢書題名博雅。

廣雅之內容及其條例

廣雅一書。所以廣爾雅而作。分別部居。一依乎爾雅。凡爾雅所不載者。悉著於篇。自易書詩三禮三傳經師之訓。論語孟子鴻烈法言之注。楚辭漢賦之解。倉頡訓纂滂喜方言說文之說。靡不兼收。蓋周秦兩漢古義之存者。可據以證其得失。其散逸不傳者。可藉以闚其端緒。則其書之爲功於詁訓大矣。茲內記其每篇之內容于下。

釋詁第一

「始」「君」「大」「有」「至」「往」「善」「樂」「從」「順」「漓」「常」「老」
「誠」「方」「正」「滿」「遠」「安」「列」「通」「敬」「棄」「張」「行」「乖」
「病」「創」「弋」「養」「積」「發」「哀」「取」「極」「憂」「分」「壞」「刺」
「斷」「疾」「美」「聾」「憋」「信」「瘉」「勸」「臣」「好」「末」「驚」「解」
「履」「強」「危」「濤」「生」「盈」「度」「遽」「陋」「語」「翳」「愚」「勞」
「沒」「賣」「視」「曲」「剔」「緁」「上」「隔」「誘」「喜」「膂」「望」「雜」
「禣」「急」「擇」「舉」「下」「益」「淫」「動」「折」「慧」「笑」「殺」「使」

「姡」「婬」「及」「堅」「出」「盡」「引」「弱」「欲」「貪」「力」「問」「任」

「渡」「呼」「鳴」「吟」「爚」「進」「廣」「乾」「曝」「加」「裂」「禿」「隶」

「怒」「痛」「息」「爇」「偏」「尻」「緩」「助」「飾」「抒」「厺」「裁」「插」

「盜」「小」「長」「健」「載」「績」「獾」「腫」「理」「色」「讓」「說」「洒」

「割」「遮」「借」「稅」「縫」「絣」「緣」「濾」「減」「係」「義」「歸」「偝」

「覆」「懼」「蔑」「拭」「利」「搔」「食」「嬾」「障」「合」「瀆」「跳」「逗」

「習」「待」「恖」「醜」「諟」「椎」「失」「陳」「嬈」「泄」「吃」「傷」「快」

「箴」「盜」「短」「固」「猝」「褻」「欺」「備」「枏」「俠」「勇」「蹋」「忘」

「論」「識」「墮」「亦」「志」「詮」「搏」「文」「逃」「竟」「就」「屠」「飛」

「穿」「投」「熾」「悵」「說」「輕」「塞」「磨」「挈」「戲」「擽」「罵」「擠」

「[illegible]」「齗」「埸」「躍」「獨」「亂」「擾」「蹇」「賷」「買」「類」「癡」「直」

「熛」「代」「盛」「汚」「七」「攣」「猛」「寄」「何」「勉」「遺」「削」「見」

「深」「少」「疏」「著」「圓」「塵」「告」「當」「聲」「束」「照」「謂」「施」
「晚」「擊」「濁」「伏」「道」「可」「鈍」「悲」「落」「敗」「具」「佷」「寬」
「近」「推」「厚」「和」「軵」「辱」「潔」「賊」「害」「展」「止」「多」「聚」
「守」「皆」「治」「縮」「得」「傷」「本」「求」「除」「踞」「與」「空」「敫」
「衆」「質」「主」「迫」「畱」「界」「拔」「布」「按」「成」「少」「難」「皐」
「收」「食」「覗」「諧」「盲」「數」「且」「持」「嘗」「捽」「名」「量」「效」
「事」「跂」「泥」「入」「爲」「比」「恃」「親」「過」「更」「避」「離」「久」
「惡」「誤」「平」「開」「死」「道」「巧」「迹」「逐」「重」「索」「散」「置」
「轉」「業」「定」「飢」「傷」「擿」「民」「調」「絞」「貂」「貨」「禁」「詘」
「重」「明」「蹇」「謀」「循」「表」「窮」「盈」「非」「祖」「藏」「數」「論」
「結」「材」「二」「送」「舒」「擬」「擾」「怯」「婢」「連」「同」「訖」「私」
「聽」「孺」「恥」「傳」「言」「諫」「教」「僵」「狂」「議」「不」「盜」「恐」

「變」「棄」「仁」「遲」「夜」「冥」「覺」「立」「恨」「齊」「祿」「苦」「強」
「罰」「懂」「勤」「謝」「聲」「風」「補」「依」「徵」「醫」「鎰」「象」「獪」
「半」「詞」「已」「滅」「靜」「巫」「銳」「輔」「春」「高」「耦」「國」「提」
「到」「殉」「俘」「譽」「容」「隱」「差」「畫」「終」「脫」「隱」「官」「實」
「累」「繼」「絕」「護」「柔」「穧」「伐」「還」「發」「挾」「荆」「饒」「會」
「舍」「示」「伸」「縣」「褒」「揚」「書」「長」「截」「甲」「究」「完」「因」
「充」「犯」「聳」「敕」「厠」「博」「方」「揆」「貧」「炧」「熘」「吐」「陷」
「用」「愁」「豐」「式」「負」「蘊」「低」「客」「驛」「中」「起」「返」「獻」
「閣」「覩」「天」「來」「致」「述」「擩」「序」「侵」「鬐」「稚」「眑」「搖」
「再」「撫」「瘠」「試」「亟」「無」「斫」「飪」「瀉」「食」「犄」「奕」「測」
「剝」「彰」「鬷」「茂」「救」「淺」「鬬」「角」「棲」「咸」「異」「安」「損」
「燒」「煩」「謟」「搏」「忝」「凡」「困」「移」「貢」「治」「礎」「遺」「齊」

「淳」「此」「師」「澌」「寵」「譁」「淚」「匐」「諛」「疑」「霖」「嘉」「如」
「反」「壞」「墮」「復」「志」「顧」「蛘」「虘」「幷」「狎」「害」「之」「俱」
「饙」「納」「蹕」「欬」「刈」「呵」「賦」「斢」「校」「怨」「撞」「早」「拘」
「賴」「謹」「亡」「屬」「殊」「節」「促」「考」「乳」「福」「馳」「相」「任」
「倒」「執」「要」「觸」「厭」「裝」「瑞」「邊」「及」「橫」「靜」「癮」「痦」
「穀」「痂」「造」「條」「審」「嚏」「竝」「麗」「賢」「紀」「薦」「負」「乃」
「卿」「章」「間」「非」「誑」「總」「載」「吹」「何」「放」「演」「巡」「賤」
「賒」「賭」「鎮」「徑」「挂」「喻」「誹」「顛」「設」「壁」「登」「惑」「赦」
「三」「伶」「擘」「暮」「臥」「談」「邦」「宜」「滲」「仌」「割」「蠹」「會」
「豎」「醜」「統」「裹」「第」「茲」「今」「懷」「振」「捋」「操」「流」「留」
「澤」「叉」「括」「封」「懲」「氣」「僞」「防」「剛」「搯」「耐」「禪」「娠」
「純」「擅」「驚」「挼」「仰」「漂」「卜」「淩」「退」「踶」「蹶」「悴」「鏤」

「遂」「育」「體」「的」「訊」「振」「擘」「長」「抵」「畣」「气」「挌」「鹹」
「益」「陞」「擾」「滓」「德」「莫」「保」「倗」「遷」「培」「惕」「憚」「際」
「漱」「畜」「償」「恑」「美」「祀」「嶢」「威」「若」「受」「足」「撫」「惛」
「衙」「聖」「仞」「汝」「諧」「侮」「且」「請」「帥」「禮」「捐」「疌」「唵」
「歃」「賈」「潰」「倒」「漠」「怕」「駿」「坑」「鈔」「咎」「頞」「祜」「觀」
「慼」「豫」「游」「符」「爤」「僂」「於」「于」「瞻」「旋」「噬」「隱」「�」「倭」
「軀」「地」「賀」「適」「黨」「饌」「啫」「嘹」「礙」「央」「違」「穿」「倭」
「誕」

釋言第二

「令」「隤」「濷」「虧」「制」「指」「巳」「據」「杖」「均」「似」「注」「媒」
「漫」「跌」「爐」「嫪」「程」「脂」「寫」「抗」「穌」「逡」「曾」「操」「糾」
「叩」「和」「營」「㖸」「養」「射」「侯」「莅」「踧」「約」「竄」「刟」「侍」

「距」「閔」「閉」「鑿」「準」「蹀」「夭」「等」「桯」「等」「切」「膾」「罬」

「閡」「挽」「利」「創」「是」「犖」「繕」「優」「斤」「譖」「如」「暴」「轢」

「譎」「衰」「剖」「盈」「判」「嘰」「經」「功」「踦」「尾」「恐」「記」「拑」

「陭」「託」「悟」「略」「燥」「基」「渥」「疑」「貫」「繇」「持」「拼」「亡」

「債」「恭」「尊」「卑」「缺」「敷」「掎」「度」「浮」「肥」「廓」「闇」「蹈」

「扶」「兼」「豐」「卽」「庳」「縚」「跔」「娉」「磔」「法」「誓」「均」「過」

「聊」「企」「撥」「火」「離」「游」「澼」「刻」「削」「倍」「剢」「掬」「諑」

「卒」「與」「埀」「蹯」「漱」「潠」「喁」「牒」「懆」「辟」「甾」「蕭」「泆」

「漏」「陋」「支」「特」「譈」「牴」「兒」「汙」「然」「盩」「戰」「枝」「掘」

「禍」「術」「部」「掠」「愼」「遇」「率」「情」「析」「葆」「詘」「毒」「是」

「摘」「譌」「樊」「佳」「晢」「鮮」「緊」「時」「包」「云」「世」「是」「比」

「脊」「譴」「膮」「挩」「蹲」「颺」「稱」「押」「軋」「炳」「揆」「孳」「紐」

「演」「振」「目」「作」「咮」「荄」「休」「克」「引」「態」「承」「戒」「交」
「踣」「旁」「想」「遣」「疣」「疏」「衙」「局」「逢」「帀」「匿」「寐」「瘳」
「衙」「趾」「品」「挾」「苛」「嬻」「烴」「鉆」「榷」「闈」「固」「那」「勴」
「頓」「窺」「伺」「忽」「賃」「搏」「窕」「垢」「宣」「蘳」「咄」「蠹」「瑕」
「奎」「刓」「附」「蓄」「揚」「闋」「劵」「扶」「擬」「光」「誉」「覺」「癡」
「式」「若」「茹」「訢」「般」「罄」「歐」「掊」「挈」「辛」「綴」「共」「孔」
「癘」「耗」「初」「挹」「沓」「瘞」「賜」「癄」「謂」「彼」「柄」「駘」「餔」
「偃」「繹」「錯」「變」「抵」「儉」「唯」「渫」「驗」「角」「攻」「慘」「隅」
「縮」「喁」「摳」「子」「殀」「笄」「律」「邐」「別」「肬」「暉」「襐」「蹻」
「瘴」「熅」「咽」「鶩」「烗」「長」「稚」「久」「鄉」「喜」「憂」「淸」「泥」
「抓」「瓷」「概」「稠」「敵」「液」「敫」「刮」「絜」「侮」「鏤」「請」「頤」
「箬」「蒙」「試」「抑」「暫」「發」「猥」「釋」「疑」「能」「庶」「異」「罰」

「則」「稍」「異」「極」「嘶」「聲」「所」「學」「讀」「道」「駕」「詛」「拘」
「闇」「瘢」「詖」「膽」

釋訓第三

「著」「敬」「危」「懼」「武」「視」「緩」「喜」「笑」「和」「憂」「高」「雪」
「雨」「風」「露」「平」「大」「弱」「小」「明」「語」「悲」「白」「淡」「長」
「疲」「不安」「劇」「進」「愛」「誠」「飛」「光」「暗」「容」「走」「香」
「行」「來」「肥」「流」「浮」「堅」「茂」「盛」「衆」「遠」「鳴」「聲」「轉」
「元氣」「亂」「舞」「動」「切切」「更更」「健」「難」「跳」「好」「號」「盡」
「比」「虛」「采」「仁」「孝」「疾」「反」「浴」「思」「善」「用」「憭」「不善」「傾倒」「不平」「詰誳」「小惡」「夭撟」「障蔽」「溟冥」「無常」「征伀」
「懷憂」「儴佯」、「徙倚」「惶劇」「便旋」「翳薈」「牽引」「猶豫」「跢跦」「浮游」
「舉動」「畏敬」「不進」「不解」「不帶」「轉戾」「參差」「乖刺」「垢濁」「卓異」

「雄傑」「汙濊」「不平」「霜雪」「難行」「琦玩」「搖捎」「掁釽」「謹敬」「窊衺」
「恐懼」「浩盪」「展極」「忼慨」「戲蕩」「八疾」「反側」「怖懅」「啓呇」「譩譆」
「欺慢」「啁欺」「鄐跧」「無賴」「褚卒」「纏緜」「直視」「都凡」「盤姍」「失足」
「卻退」「驅馳」

釋親第四

「父」「母」「姊」「妹」「社」「先後」「桀」「牧」「兄」「弟」「子」「孫」「子」
「男」「威」「嫗」「姑」「杳」「嫂」「末」「夫」「妻」「婦」「妾」「壻」「父姼」「母姼」「小君」「丈夫」「婦人」「孀」「倩」「膏」「脂」「胎」「胞」「筋」
「骨」「成」「動」「躁」「生」「胎」「身」「頭」「頟」「髑髏」「眼」「眸」
「項」「頰」「頷」「頤」「口」「吻」「齔」「舌」「咽」「戚」「匈」「膂」「腋」
「脅」「肋」「肺」「心」「肝」「脾」「腎」「肚」「脬」「腸」「腹」「腴」「背」
「脢」「臀」「脽」「腨」「脛」「脚」「臂」「䏡」

釋宮第五

「舍」「壂」「塝」「庵」「巢」「閣」「竈」「陘」「埮」「窯」「梠」「椽」「棟」

「甗」「枅」「欒」「笮」「柱」「礩」「隯」「階」「除」「窟」「倉」「宮」「甎」

「甓」「牢」「門」「扉」「闕」「丞」「砌」「柴」「屏」「闟」「廚」「衖」「里」

「垣」「女牆」「杝」「棚」「塗」「杙」「道」「犇」「隄」「隁」「獨梁」「徛」

「廟」「五帝廟」「獄」「梏」「桎」「廁」

釋器第六

「盆」「缶」「甂」「甗」「甖」「瓶」「釜」「銚」「銼」「鍽」「樢」「槃」「椑」

「盂」「杯」「爵」「卮」「瓢」「桮落」「箸筩」「匕」「箸」「杓」「椀」「煝」

「簇」「箕」「畚」「簞」「筅」「笥」「匵」「椷」「耨」「钁」「銛」「鉈」「罦」

「箄」「椁」「罟」「罔」「率」「兔罟」「欚」「輗」「版」「鐏」「絹」「緋」

「素」「絲」「紬」「綃」「練」「絖」「絛」「綵」「衣」「冠」「幘」「髻」「帨」

「幓」「巾」「被巾」「覆」「𢅤」「幧頭」「襌衣」「襜褕」「褗」「幆」「長襦」

「襶」「裨」「襏」「裀」「袹腹」「帔羣」「蔽膝」「縪」「帶」「裎」「袖」「褐」

「袂」「袩」「褸」「袜膝」「被」「絝」「襱」「幝」「褑」「褓」「交衣」「褫」

「袺」「幞」「帳」「㡘」「髮」「鬄」「履」「無緣」「綦屐」「屩」「編」「絞」

「纑」「衰」「笠」「獨」「幰」「翳」「幡」「袠」「絺」「囊」「纓」「鏡」「櫛」

「鑪」「帟」「索」「綆」「絡」「車」「鈁」「鹿車」「輂」「軿」「軥」「靳」

「箱」「軾」「幪」「輑」「辟」「伏兔」「輪」「軝」「輞」「軸」「釭」「轉」

「錯」「鞥」「笑」「鞥帶」「緧」「鎣」「勒」「繮」「綏」「脅」「鞶」「鞈」

「鞘」「絆」「枸」「櫪」「囊」「骨」「血」「膜」「肉」「鏤」「蘊」「臠」「肱」

「鬻」「脯」「臛」「脆」「胵」「胘」「脂」「黔」「蕡」「鮺」「鮑」「麯」「糒」

「饊」「糈」「麫」「餕」「饕」「餌」「餳」「餽」「饘」「乳」「酒」「漿」「酢」

「酘」「鹹」「幽」「麴」「鹽」「齏」「菹」「甘」「糠」「瀾」「滫」「澱」「臭」

「香」「鼎」「翿」「毛」「翰」「羽」「翼」「鬭」「鐵」「鋈」「錫」「澒」「磘」
「鏈」「鋋」「斧」「斨」「鈹」「鏨」「刊」「鐮」「銃」「鐶」「鉤」「鏢」「鑯」
「釘」「鍼」「鍇」「銓」「權」「鑽」「錐」「鏤」「鋁」「礪」「鎔」「鉏」「錠」
「楇」「鞘」「扇」「簪」「刷」「約」「樛」「縧」「植」「篗」「欙」「杓」「籥」
「斛」「桶」「箒」「紵」「籠」「牆居」「筐」「簾」「槌」「笛」「箍」「程」
「籍」「篩」「柄」「椹」「椎」「杖」「築」「笪」「桂距」「榔」「輿」「臿」
「鑿」「杵」「杷」「枷」「桊」「筕篖」「席」「籧篨」「笭箵」「棠」「棫」「丹」
「彈」「弦」「彄」「韘」「髀」「弓藏」「矢藏」「箭」「鏑」「劍衣」「劍削」
「鐔」「刀削」「劍」「刀」「矛」「穳」「鈹戟」「戣」「雄戟」「鐏」「盾」「鎧」
「胄」「鏂銗」「牙」「鈴」「印」「鈕」「綬」「笏」「篰」「几」「牀」「柖」
「簣」「杠」「榻枰」「柎」「蓐」「箷」「鞋」「炬」「龠」「合」「升」「榼」
「區」「釜」「鍾」「斞」「秉」「筥」「稯」「秅」「爵」「觚」「觶」「角」「散」

「絹」「紅」「絳」「皁」「靑」「赤」「黃」「白」「黑」「棺」「緅」「餅」「弓」
「弩」

釋樂第七

「樂名」「鼓名」「琴名」「瑟」「柷」「敔」「鍾」「磬」「塤」「鐃」「簫」「笙」
「竽」「笛」「管」「佾」「歌」

釋天第八

「年紀」「九天」「天度」「宿度」「八風」「祥氣」「祆氣」「常氣」「災」「五帝
號」「月行九道」「月衜」「七燿行道」「異祥」「日」「月」「天漢」「雷」「雲」
「雨」「景」「風師」「雨師」「雲師」「日御」「月御」「太歲」「榦」「枝」「甲乙
剛柔」「榦支配疆域」「星」「祀處」「祭祀」「隸兵」「旗幟」「熱」

釋地第九

「四海九州」「池」「玉」「珠」「石之次玉」「五方異物」「家」「鄰」「朋」「里」

「邑」「都」「師」「州」「土」「耕」「種」「大原」

釋邱第十

「秘丘」「邱」「昌」「陵」「京」「阿」「𠂤」「壙」「冢」「葬地」「險」「阪」

「厓」「隈」「椒丘」

釋山第十一

「泰山」「霍山」「太華」「恒山」「嵩高」「衡山」「嶓山」「開山」「幵頭」「山」

「石」「嶽」「出銅之山」「出鐵之山」「崐崘虛」「谷」

釋水第十二

「湑泉」「州」「陼」「沚」「瀦」「海」「江」「河」「淮」「濟」「伊」「洛」

「瀵」「澗」「漢」「渭」「汝」「涇」「湍」「磯」「坑」「淵」「水」「波」「船」

「舟」「筏」「舥」「艑」「浮梁」「崐崘虛所出之水」「梟」「派」

釋草第十三

「白蒿」「蘩」「菩」「蕡」「蕺」「蒻」「地楡」「麋蒿」「蘭」「蕭」「蔆」「青蒿」「苦枸」「苦菜」「澤翻」「羊蹏」「牛鄰」「馬莧」「菖蒲」「芍藥」「馬辛」「魚薺」「葶藶」「雚」「五味」「當歸」「東根」「丹蓼」「木禾」「欒實」「黃連」「遠志」「大黃」「黃芩」「馬先」「蚍䖵」「莠」「葥藍」「羊桃」「澤蘭」「續斷」「地黃」「蕙草」「茯蘦」「蘧麥」「松蘿」「甘遂」「馬飯」「茦」「蔏」「兔絲」「枸杞」「莎隋」「甘草」「款冬」「黃精」「細辛」「狗脊」「薢茩」「羊角」「枲耳」「哺公」「英光」「藋」「藜」「寄生」「桔梗」「牡丹」「龍鬚」「澤柰」「女木」「龍膽」「元蔘」「人蔘」「沙蔘」「青莎」「杜蘅」「烏芋」「麻黃」「枲耳」「女菀」「雲實」「蓱」「竹」「篋」「笨」「桃支」「篘」「菌」「蕖」「梟葵」「莧」「莪」「茚」「苞」「薔茵」「盧茹」「菝葀」「蕎子」「藁本」「貫衆」「蔄目」「烏蔿」「巴豆」「蔹」「燕薁」「茈草」「雞頭」「升麻」「芴」「王瓜」「署預」「蜀桼」「藤」「石衣」「蘖」「槖」「䅟」「稈」「䅉」「狗骨」「白芷」「蘇」

「秈」「秫」「穄」「麻」「𪎰」「尗」「荅」「蹯豆」「胡豆」「麰」「麩」「蕁」
「箭」「蕉」「華」「根」「蒂」「蘖」「草」「薄」「薔」「益母」「茅」「禾」
「莢」「蘿」「蒻」「芙蓉」「菁」「木稷」「蔥」「薹」「蕑」「菰」「馬蓼」「蔍」
「蒡葧」「蘆菔」「蕪菁」「瓠」「蓏」「水芝」「瓜屬」「胡麻」「水蘇」「馬舄」
「朝菌」「鬼督郵」「蓪草」「鬼箭」「莓」「海藻」「地葵」「狼毒」「藺蒚」「鉤吻」「烏韭」「蕩」「藻」「蘘荷」「鹿藿」「射干」「狐桃」「葍」「白芷」「馬帚」
「葱」「矜禽」

釋木第十四

「荊」「曼荊」「楮」「栢」「松」「檡」「椶」「柰」「橬」「櫻桃」「山李」「茱萸」「楪」「梡」「枚」「柴」「薪」「枝」「莖」「榦」「柟」「㮈」「落」「榛」
「梨」「栗」「橡」「柚」「雨師」「柘」「杜仲」「厚朴」「桂欄」「龍眼」「山榆」
「柘榆」「梔子」「宛童」「秀」「樺樕」

釋蟲第十五

「蟬」「蠦」「馬蜩」「蚻」「蟪蛄」「蜉蟻」「蛾」「青蟜」「蠍」「蟒」「蟦螬」「蚰蜒」「蠩蜍」「蛺蜨」「蜻蛚」「螻蛄」「馬蚿」「蜂」「蠦」「尺蠖」「蠮螉」「螗蜋」「螵蛸」「蚮」「螢蝑」「蝍蛆」「馬蝬」「蜻蛉」「蛛蝥」「蝱」「蟁」「朝蟧」「蜎」「蝗」「蚯蚓」「負蠜」「飛蟻」「蝟」「沙蝨」「蟯蜋」「白魚」「土蛹」「樗雞」「妟青」「蛻」「青蚨」

釋魚第十六

「魺」「魹」「鮎」「鮦」「鮒」「鱮」「鯤」「鱎」「鯉」「鮹」「鰺」「鯢」「鯙」「鯛」「魟」「鯚」「鰌」「鯪」「蜇蜴」「虺」「龍」「爪龜」「長股」「蝦蟆」「蟹」「蒲盧」「螔蝓」「鯈」「蜮」「魾」

釋鳥第十七

「燕」「子鳩」「布穀」「雕」「怪鴟」「鵂鶹」「老鵵」「雚雀」「鷽」「鶉」「鵠」

「鳩」「鴿鳩」「鷂」「鶬」「戴勝」「雀」「鶡鴠」「鵝」「烏」「雛」「鵲」「雉」

「蚮蟔」「飛鸓」「鴟鵂」「鵙鳥」「鳳皇」「鳳皇屬」「怪鳥屬」「鷯」「鷯托」

「鴞」「鵰」「鷹」

釋獸第十八

「虎」「貓」「貍」「貛」「獼猴」「貁」「狖」「豨」「蜼」「豭豭」「豕牝」「圈」

「麋」「麢」「兔子」「狼」「獺」「足」「雄」「雌」「犗」「麈」「鼠屬」「獸」

「豹」

釋嘼第十九

「馬屬」「牛屬」「羊屬」「豕屬」「犬屬」「雞屬」

廣雅所釋詁訓名物，計二千三百四十三事，雖有多數同于方言，然漢以後之詁訓名物，亦頗有之，可以見社會文化進步之迹。至其條例，就廣雅原書，爲之整理，得二十有二例，記之于下。

（一）以偶名釋奇名例。如「韃」「韔」「櫜」「韜」「韣」弓藏也「掤」「医」「韇」

「䩮」「韇」「鞍」。矢藏也之類。蓋弓藏矢藏為人所易知之名。用以釋奇名之不易知者。

（二）以奇名釋偶名例。如「飛䖘」「熷第」「矢拔」箭也。「平題」「鈀鏵」「鉤腸」「羊頭」「錍鑪」「鎌砮」鏑也。「龍淵」「太阿」「干將」「鏌釾」「莫門」「斷蛇」「魚腸」「醇鈞」「燕支」「蔡倫」「屬鹿」「干隊」「堂谿」「墨陽」「鉅闕」「辟閭」。劍也。「箭」「鏑」「劍」。雖是奇名。而為人人所共知者。用以釋不易知之偶名。

（三）以今名別古名例。如「藝粱」木稷也。今之高粱。古之稷也。秦漢以來。誤以粱為稷。高粱遂名木稷。故加木以別之。

（四）以通語釋異語例。如「翁」「公」「㸙」「爸」「爹」「奢」。父也。「媓」「妣」「毑」「嬭」「媼」「姐」。母也。「娋」「孟」。姊也。「媦」「娣」。妹也之類。異語者或古今異語。或國別異語。通語者無古今國別之分。故以通語釋古今國別異語。

（五）有異名同實。分兩條以釋例。如臀謂之脽。又「臗」「尻」「州」「豚」。臀也。盂謂之槃。

又「盠」「櫨」「案」「盤」「銚」「銳」「柯」「櫂」「梋」「栓」「柍」「盦」「盌」「椀。」盂也。合二條而觀之。則「臆」「尻」「州」「豚。」亦可以謂之脽。「盠」「櫨」「案」「盤」「銚」「銳」「柯」「櫂」「梋」「栓」「柍」「盦」「盌」「椀。」亦可謂之槃。

（六）有異實同名幷一條以釋例。如「廣平」「榻枰」之類。蓋廣平者爲博局之枰。榻枰者爲牀榻之枰。實不同也。幷一條而釋之。

（七）有一物異年齡而異名例。如藨奚毒。附子也。一歲爲萴子。二歲爲烏喙。三歲爲附子。四歲爲烏頭。五歲爲天雄之類。本是一物。因年齡之久暫而異其名也。

（八）有一物異容量而異名例。如一升曰爵。二升曰觚。三升曰觶。四升曰角。五升曰散。本是一物。因容量大小而異其名也。

（九）有大小同實異名不言大小例。如鸊鷉。鶻鷉也。按方言。野鳧其小而好沒水中者。南楚之外。謂之鸊鷉。大者謂之鶻蹏。蹏與鷉通。則鸊鷉小。鶻鷉大。因大小而異名。而不言大小也。

（十）有大小同實異名一明言一不明言例。如鮎鯷也。大鯷謂之鯱之類。以大鯷謂之鯱。即知小鯷謂之鮎。只明言大而不言小也。

（十一）有釋名物性質例。如秈稉也。秫稬也之類。按衆經引義引聲類云。秔不黏稻也。江南呼秔爲秈。九穀考云。稉之爲言硬也。不黏者也。則是稉爲秈之性質。說文云。秫稷之黏者。爾雅釋文引字林云。穤、黏稻也。穤與稬同。是穤爲稷之性質。

（十二）有釋稱謂意義例。如父榘也。母牧也。弟悌也。男任也。女如也。肺費也。心任也。肝榦也。脾裨也之類。按白虎通云。父者矩也。以法度教子也。素問陰陽類論。陰爲母。注母所以育養諸子言滋生也。此即牧之義。段玉裁云。牧者養牛人也。以譬人之乳子是也。白虎通云。兄者況也。況父法也。弟者悌也。心順行篤也。大戴禮云。男者任也。言任天地之道而長萬物之義也。女者如也。言如男子之教而長其義理者也。白虎通云。肺之爲言費也。情動得序。釋名云。肺勃也。言其氣勃鬱也。肺費勃疊韻。白虎通云。心之爲言任也。任於思也。釋名云。肝榦也。於五行屬木。故其體狀有枝榦也。脾裨也。在胃下裨助胃氣主化穀也。凡此皆是釋稱謂之意義也。

（十三）有共名上加一字爲別例。如罔謂之罟。罽罾魚罔也。罝罟兔罟也之類。罔與罟是共名。罽罾是魚罔之專名。罝罟是兔罟之專名。故加魚字兔字以別之。

（十四）有在原名上加一字自成一名詞例。如「裋」「飾」「褻明」「襗」「袍」「襡」長襦也。襦本短衣之名。加一長字自成一名詞。

（十五）有以動詞爲名詞。如棲謂之牀之類。棲本動詞。因所棲者卽謂之棲而爲名詞也。

（十六）有連釋例。如濆泉直泉也。直泉涌泉也之類。以涌泉釋直泉。以直泉釋濆泉而連釋之。

（十七）有同實因所在而異名例。如昔邪烏韭也。在屋曰昔邪。在牆曰垣衣。昔邪與垣衣同實。因在屋在牆而異名。

（十八）有異實：部分同名例。如「粢」「黍」「稻」。其采謂之禾。「韭」「䪥」「蕎」其華謂之菁。「粢」「黍」「稻」異也。而其采之名則相同。「韭」「䪥」「蕎」異也。而其華之名則相同。

（十九）有同實以雌雄而異名例。如鶌鳥。其雄謂之運日。其雌謂之陰諧。「運日」「陰諧」皆鴾鳥也。因雌雄而異名。

（二十）有同實以小部分不同而異名例。如有鱗曰蛟龍。有翼曰應龍。有角曰蘢龍。無角曰虵龍之類。同一龍因有鱗有翼有角無角而異名。

（二十一）有全體同名一部分異名例。如「鑌」「子」「鏝」「胡」「釪」「戛」「戈。」其全體皆戟也。其鋒謂之臧。其子謂之鍛。「鑌」「子」「鏝」「胡」「釪」「戛」「戈」共名爲戟。其鋒其子而異名也。

（二十二）屬例如「鷖鳥」「鸞鳥」「鷫爽」「鵞鷟」「鵾鵏」「鵕鸃」「廣昌」「鷦明」鳳皇屬也之類。各物雖有專名。總與鳳皇爲一類而又非鳳皇。故以屬字該之。

以上二十二例據廣雅全書得其大概如是。惟是古人著書。其條例不甚嚴密。如釋地「玉」「珠」等不入釋器。猶可謂非人造之器也。而「船」「舟」「筏」等。明明是人造之器。不入釋器而入釋水。此則條例之不甚嚴密者也。

廣雅之校注

張揖著廣雅。凡一萬八千一百五十文。分爲上中下。（一）隋書經籍志。亦作三卷。與表所言上中下合。然其注又云梁有四卷。不知所析何篇。館閣書目又云今逸。但存音三卷。曹憲音釋隋志作四卷。唐志作十卷。（二）卷數各參錯不同。蓋揖書本三卷。七錄作四卷者。由後來傳寫析其篇目。憲注四卷。即因梁代之本。後以文句稍繁。析爲十卷。又嫌十卷繁碎。復併爲三卷。觀諸家所引廣雅之文。皆具在今本。無所佚脫。知卷數異而書不異矣。然則館閣書目所謂逸者。乃逸其無注之本。所謂存音三卷者。即憲所注之本。揖原文實附注以存。未嘗逸。亦未嘗闕。惟今本仍爲十卷。則又後人析之。以合唐志耳。（三）是廣雅實爲完全之書。自漢以後。至於北魏。名物詁訓。藉廣雅之記錄。得存於今者矣。惟廣雅亦有脫佚之處。清代治廣雅者三家。一錢大昭。一盧文弨。一王念孫。盧文弨之書未成。錢大昭之書桂馥嘗歎其精審。當與邵晉涵爾雅正義並傳。（四）顧錢氏之書。亦不多見。今通行者惟王念孫之廣雅疏證。（五）據王氏所校。凡字之譌者。五百八十。疏證補正改爲五百七十八。脫者四百九十。疏證補正改爲四百九十一。衍者三十九。先後錯亂者一百二十三。正文誤入音內者十九。音內字誤入正文者五十七。是廣雅一書。得王氏之校。更爲完全也。惟是埤蒼與廣雅。各自爲書。埤蒼已佚。無由知其體例若何。以意度之。凡埤蒼之所收者。當不復再收於廣雅之內。如釋木。「楷榴。柰也。」王補石榴二字作「楷榴石榴。柰也。」注云。楷與若同。若石聲相近。故若榴又謂之石榴。各本脫石榴二字。藝文類聚太平御覽及李善南都賦注。並引廣雅云。若榴石榴也。今據補。王氏之所補。固極有根據矣。而初學二十八引埤蒼云。石榴柰屬。安知張揖已收石榴于埤蒼。故廣雅不復及之。是王氏之所補者。或亦可以不必補矣。然此說亦不能成立。如釋魚「鯆魚。鰨魚也。」而晉書夏統傳何超音義引埤蒼云「鯆魚。鰨魚也。一名江豚。多膏少肉。」釋鳥「戴鵀。戴紝。鵖鴔。澤虞。鶝鶔。尸鳩。戴勝也。」而詩召鵲巢正義引埤蒼云。「鳲鳩。鵲鵴。」爾雅釋鳥邢昺疏引埤蒼云。「方言云戴勝。」可見既收于埤蒼又收于廣雅者。不止一二。未能據此而議王氏所補之不當。王氏之廣雅疏證。其自序云。詁訓之旨。本于聲音。故有聲同字異。聲近義同。雖或類聚羣分。實其同條共貫。譬如振裘必挈其領。舉網必振其綱。故曰本立而道生。知天下之至賾而不可亂也。此之不悟。則有字別爲音。音別爲義。或望文虛造而非古義。或墨守成法而尠會通。簡易之理既失。而大道多歧矣。今則就古音以求古義。引伸觸類。不限形體。苟可發明前訓。斯淩雜之譏。亦所不辭。其或張君誤采。博攷以正其失。先儒誤說。參酌而悟其非。王氏以形聲義互相推求。廣雅一書。更成爲訓詁學上重要之典籍。段玉裁稱其書尤能以古音得經義。足徵王氏廣雅疏證之精也。廣雅疏證刊成後。王氏又補正數百事。（六）如釋詁。業始也。注業猶創也。下補莊子秋水篇云。將忘子之故失子之業。令龍君也。注令君也。下補韓子初見秦篇云。立社稷主置宗廟令。聆從也。注古通作令。下補商子算地篇云。故國有不服之民。主有不令之臣。孺生也。注李頤云孚乳而生也。下補大荒東經云。東海之外大壑少昊孺帝顓頊于此。共計五百有一則。得此補正。而其疏證愈精密也。淸嘉慶時劉燦有續廣雅三卷。（七）列目一照廣雅。采取頗豐富。未瞭所自。乾嘉以後人著書。似不應如是。惟亦有不必續者。如釋詁。「載」「道」「迺」「經」「端」「正」「自」「幼」「倡」「兆」「易」「開」「甫」「肁」「祝」「統」「樞」「律」「適」「產」「生」「甲」「迨」「朝」「立」「乍」「聿」「新」「發」「艸創」始也。肁之訓始。已見於爾雅。肇卽肁之借字。不必復出。又如釋親。父生曰父。死曰考。母生曰母。死曰妣。男子先生曰伯兄。後生曰季弟。亦已見於爾雅。不必復出。要其續廣雅之處甚多。使有好事爲之作注。亦訓詁學有用之一書也。王氏疏證。注未詳者頗多。卽未注未詳而不疏證者。亦頗有之。如訓大之「朌」「敞」「䵷」訓至之「望」「緊」訓順之「猷」訓善之「毖」皆不疏證。似此者頗多。其普通如訓始之「古」「昔」「先」「創」。其不疏證者。或亦可以不必疏證也。而「匯」「㔙」「勵」「奲」訓大。「望」「緊」訓至。「猷」訓順。「毖」訓善。此必不可不疏證者。而王氏不疏證。則誠有所未及也。

清光緒時俞樾有廣雅釋詁疏證拾遺四卷。（八）凡王疏證所闕者。則拾遺而疏證之。惜未成書。僅成釋詁一篇。計補疏證「匯」「㔙」「勵」「奲」「望」「毖」「長」「言」「猷」「危」「集」「穌」「祖」「𢗋」「征」「毒」「幹」「焉」「萅」「疏」「亭」「杭」「充」「虓」「棄」「高」「旅」「震」「欶」「刻」「劉」「劋」「剬」「蹂」「彫」「隸」「突」「竄」「娘」「𢓭」「屬」「鬢」「淊」「叢」「揥」「娥」「爽」「戠」「睍」「喊」「潛」「營」「福」「移」「捏」「虞」「句」「潼」「操」「罰」「噬」「嘹」「嬌」「翩」「急」「撙」「幧」「䭲」「敕」「慮」「悖」「喤」「荒」「圹」「養」「颰」「滅」「滂」「肆」「隋」「蹳」「婄」「訽」「侹」「俺」「剔」「義」「戲」「攻」「魯」「效」「躋」「拊」「藪」「陶」「風」「梁」「贅」「奠」「都」「犢」

一三二

「心」「恩」「標」「隱」「堪」共一百六字。如匯訓爲器之大。據說文匯訓器。匯從匚淮聲。據釋名淮訓圍。圍繞有大義。「犿」「𨺅」即「抃」「䧂」。釋言「抃」兼也。兼之則大。毛傳「䧂」厚也。墨子經篇。厚有所大也。「綢」玉篇大也。字亦從大作奝。頗詳覈而不穿鑿。嗣後又王樹枏廣雅補疏四卷。（九）雖非專補王氏疏證所不及。而亦可以補王者。如釋詁。「聆」「聽」「自」「言」「仍」從也。王氏「聽」「自」「言」皆不疏證。「聽」「自」訓從。義殊普通。「言」訓從應有疏證以顯之。王樹枏云。書洪範。言曰從。春秋繁露。五行五事篇。言曰從。從者可從。又如「猷」訓順。王氏不疏證。王樹枏補疏云。猷與猶古字通。（按猷即猶字。）詩小星。實命不猶。毛傳猶若也。爾雅釋言作猷。若也。郭璞注引詩作猷。猶命不順也。爾雅。若順也。亦通作由。詩箋。由從也。從亦順意。亦通作游。漢書注引服虔云。游流也。爾雅順流而下曰泝游。按俞書言訓從。僅引洪範。未引春秋繁露。猷訓順。僅引爾雅與詩傳。未引通作由游。是王補疏。又可補俞氏之所未及。要之皆可以補王氏疏證者也。設以王氏自補者與俞王兩書。直補于王氏疏證之內。而更補俞王之所不及。使王氏之廣雅疏證。毫無缺陷。則亦可貴者也。

（一）見江式古今文字表。

（二）廣雅音隋志四卷。唐志十卷。鼂公武讀書志云。隋曹憲撰。魏張揖嘗采蒼雅遺文爲書。名曰廣雅。憲因揖之說。附以音解。避煬帝諱。更謂博雅云。按唐志作博雅音義。

（三）見四庫書目提要。

（四）清史列傳。錢大昭字晦之。江蘇嘉定人。太學生。大昕弟也。著廣雅義疏二十卷。

（五）廣雅疏證十卷。清王念孫著。念孫字懷祖。江蘇高郵人。乾隆四十年進士。官至永定河道。道光十二年卒。年八十九。是書刊入學海堂清經解內。淮南書局單行本。前有段玉裁序。

（六）廣雅疏證補正一卷。清王念孫注。羅振玉據手稿本移錄。民國十八年印。在殷禮在斯堂叢書中。

（七）續廣雅三卷。清劉燦著。燦字星若。浙江鎮海人。與黃式三同學。嘉慶優貢生。其書嘉慶二十四年刊。

（八）廣雅釋詁疏證拾遺四卷。清俞樾著。樾字蔭甫。學者稱爲曲園先生。著有春在堂全書。是書在春在堂全書中俞樓雜纂內。

（九）廣雅補疏四卷。清王樹枏著。樹枏清直隸新城人。入民國尚存。其書刊在文莫堂叢書內。

廣雅以後之羣雅

自爾雅以後有小爾雅。自小爾雅以後有廣雅。悉已述之于上矣。小爾雅與廣雅。皆所以廣爾雅之所未備。小爾雅之分目。與爾雅略有出入廣雅分目。一準爾雅。而搜輯尤多。則廣雅爲爾雅後之一巨大著作。惟是名物訓詁之散見於羣籍者。終不能搜輯以盡。況庶業棊繁。名物訓詁之隨時增多者。更不可勝數。所以廣雅以後。其業日增。有專搜輯名物之一種者。有專搜輯訓詁之一種者。有專搜輯語詞之一種者。有專搜輯一書中之名物訓詁者。有專搜輯駢字疊字與同聲假借者。更有專搜輯爾雅廣雅已釋未詳與爾雅廣雅所遺釋者。凡此羣雅。皆是廣雅以後之書。而爲爾雅之一派。以著者目之所及。略計之。一十有五。一、陸佃之埤雅。二、羅願之爾雅翼。三、董桂新之埤雅異物記言。四、朱謀瑋之駢雅五、田寶臣之駢支六方以智之通雅。七、吳玉搢之別雅。八、許印林之別雅訂。九、陳奐之毛詩傳義類。十、朱駿聲之說雅。十一、程先甲之選雅。十二、洪亮吉之比雅。十三、夏味堂之拾雅。十四、史夢蘭之疊雅。十五、劉燦之支雅。此外尚有未經寓目或其書已佚者有十。一、劉杳之要雅。（一）二、劉伯莊之續爾雅。（二）三、徐常吉之六經類雅。（三）四、牛衷之埤雅廣要。（四）五、程端蒙之大爾雅。（五）六、董夢程之大爾雅通釋。（六）七、沈毅齋之增廣大爾雅。（七）八、羅日褧之雅餘。（八）九、張萱之彙雅。（九）十、張萱之彙雅後篇。其先爾雅。番爾雅。石藥爾雅。本草爾雅不與焉。而又有短篇小記。如王念孫之釋大。莊綬甲之釋書名。程瑤田之釋宮。九穀考。釋草。釋蟲。果蓏轉語等。成蓉鏡之釋飯。釋餅餌。釋名等。孫星衍之釋人。以及葉德輝釋人疏證。雖不標雅名。要亦是爾雅之一派。而單字之釋不與焉。茲除未經寓目或其書已佚者外。次第記之于後。

（一）梁書文學傳。劉杳字士深。平原人也。少好學。博綜羣書。沈約任昉以下每有遺忘。皆訪問焉。譔要雅五卷。按要雅已佚。惟王應麟玉海曰。周禮疏。劉杳要約。亦以宜成爲酒名。

（二）唐書儒學傳。劉伯莊。徐州彭人也。又高似孫緯略。劉伯莊又有續爾雅。按續爾雅一卷。見於唐志。已佚。

（三）徐常吉明人。履略無考。六經類雅五卷。不見著錄。近中國書店有此書。余知之已爲他人購去矣。

（四）牛衷明蜀府護千戶。據其自序。蜀王以爾雅埤雅未善。命衷補之。衷因佃之舊文二十卷。增摭羣書所載。復成二十卷。

（五）程端蒙字正思。宋德興人。一作鄱陽人。朱子門人。經義考作五卷。新安文獻志作小學字訓。一作理學字訓。

（六）董夢程字萬里。號介軒。宋德興人。黃榦弟子。陳櫟云。端蒙大爾雅。同邑董介軒嘗爲注釋。（見經義考）

（七）陳櫟云。沈毅齋以爾雅訓未備、增廣之。（見經義攷。）

（八）雅餘八卷、見明志。

（九）張萱。字孟奇、明博羅人。萬曆舉人。萱好大言。其自題彙雅云。非十年不敢出。然一出當令古今字書皆廢。萱與趙宧光同時。

（十）明志二十卷、四庫全書作續編二十八卷。四庫全書提要云。此書每篇皆列爾雅、次以小爾雅廣雅方言之屬。下載注疏。附以萱所自釋、亦頗有發明。然如釋詁肅延誘薦餤晉寅藎進也。郭注賓未詳、萱於他注義未詳者無所證據。而晉之爲進人皆解者。乃反詳之。殊失體要。又若釋詁祪祖也。萱釋之曰、祪遠祖也。親在高祖之上。危矣。此義尤未安、蓋明人不尚考據、而好作新論、其流弊往往如此也、續編二十八卷、則皆割裂陸佃埤雅與羅願爾雅翼、合爲一集、每條以佃願之名別之、

陸佃之埤雅

埤雅。宋陸佃著。（一）其子宰爲之序。所以爲爾雅之輔。但埤雅不釋訓詁。專釋名物。或者爲未成之書與。（二）其釋名物也。大抵略于形狀。而詳于名義。尋究偏旁。比附形聲。求其得名之所以然。此種方法極是考證名物之一助。但陸氏用之不愼。未免多穿鑿附會之說。蓋陸氏之學。出于王安石。故其

中多引王安石字說。間亦引說文解字之說。王安石字說。已不可靠。陸氏自己之說。更是不求證據。說以私意。蓋宋人訓詁之學。大率如是。如釋鱒云。鱒好獨行。制字從尊。殆以此也。釋貝云。貝背也。從目從八。言貝目之所背也。釋麐云。不踐生草。不食生物。而有愛吝之意。故麐從吝。釋麢云。麢麢也。麢如小鹿而美。故從章也。章美也。麞性善聚善散。故從囷。囷聚也。亦散也。釋豹云。狼貪豹廉。有所程度而食。其字從勺。當爲是也。釋貍云。今貍脊間。有黑理一道如界。或曰。字從理省以此。與鯉之制字同義。鯉三十六鱗。雖無變而有理焉。理者里也。可以數度者也。釋狼云。豺祭狼卜。又善逐獸。皆有才智者。故豺從才。狼从良作也。釋貓云。鼠善害苗。貓能捕鼠。去苗之害。故貓字从苗。釋麋云。麋之文從鹿从米。則以麋性善迷故也。釋貘云。皮辟溫濕。以爲坐毯臥縟。則消膜外之氣。字從膜省。蓋以此也。釋猨云。猨猴屬。長臂善嘯。便攀援。故其字从援省。釋狗云。蠅營狗苟。故从苟也。釋雍云。雍从疾省。隹之疾捷者。故从疾省也。隨人所指蹤。故從人。釋鳲鳩云。禽經曰。九鳥曰鳩。其字从九。以此故歟。釋隼云。準從水从隼。今鷹之搏噬。不能無失。獨隼爲有準。故其每發必中。而古之制字者以此。釋蠅云。蠅好交其前足。有絞繩之狀。故蠅之爲字。从繩省。釋螢云。夜飛。腹下有火。故字从熒省。熒小火也。釋蠁云。蠁蓋蟲之知聲者也。字从響省。

或曰鑾善令人不迷。故从嚮也。釋蓬云。蓬雖轉徙無常。其相遇往往而有也。故其制字从逢。釋蕭云。蕭可以祭。故其字從肅。釋雹云。雷從回。雹從申。陰陽以回薄而成雷。以申洩而爲雹故也。此種望文生義之釋。雖不能謂其毫無理由。而律以嚴格之訓詁。則絕不宜如是。其釋蠅釋隼展轉以求其說之合。釋鑾且游移其詞。皆非訓詁學家應有之態度。

又其繁文蕪詞。有乖訓詁之體例。王愼中駁之云。釋翬雉而釋后服。釋馬而釋車。釋騏而釋服。釋龍而釋占。釋蓍而釋重卦。皆非其著書本旨。釋竹而釋武公之德。已去之遠。而又及于明器。釋倉庚摘引月令可耳。而全錄其文。釋艾則因五十曰艾之文。而錄禮文全篇。螽斯甘棠。既不當釋詩。而復旁引莊子華封之祝。劉歆宗廟之義。余讀埤雅一書。如釋龍云。曾公亮得龍之脊。王安石得龍之睛。誠如王愼中之所駁而爲贅詞矣。王愼中又駁其謬誤之處云。白華之爲菅。菅其名。白華其詞也。乃立白華一名而釋之。由箋有白華於野之文而誤。不思毛傳已明也。蒲盧之爲野蜂。則不當爲草。乃兩立其名而兩引中庸之文。羊之始生曰達。小曰羔。未成羊曰羜。既成曰羊。則羔與羜乃羊之小與未成之通名。不當各立以爲名也。木之自斃者曰檔。蓋斃木之通名。而非一木之名。豕、豬之通名。豝其牝。豚其牡。牡之去勢曰豚。而其牡者曰豭。今乃釋豕與釋豚爲不明也。豝豵豜。並見於詩。毛鄭皆以爲小豕。惟毛以歲紀數。鄭以生紀數爲異。要之皆野豬也。若爲豢獸。則豈狩獵之所能射。且虞人致獸。亦不當驅家畜以待田。雖有一歲豵。二歲豝。三歲特。四歲豜。與豕生三豵。二師。一特之異釋。知其當爲野獸者。以詩之文義推之當然也。今乃釋豝而遺其他。而與豕聯釋。疑其爲豢畜歟。大抵所識者多。而所取者博。固不能無失歟。至于釋貓引畫譜。小言釋芍藥全錄花譜。此無異兒童之識。農師之學。不宜陋至此。或其家子弟或他人誤增入之也。按埤雅一書。殊爲蕪雜。如八月斷壺之壺。即瓠之借字。而十卷釋草。壺爲一條。瓠爲一條。壺瓠分而爲二。已乖其實。而壺一條又泛及壺尊之類。幾不別其爲釋草爲釋器與。惟王愼中之駁埤雅。亦有太過之處。經義攷補正已辨之。（三） 要之埤雅亦有可取之處。頗多異物異言。其所援引。亦有今日未見之書。四庫全書提要曰。其推闡名理。亦往往精鑿。謂之駁雜則可。要不能不謂之博奥也。斯眞持平之論矣。

明有千戶牛衷者。就陸氏原書二十卷。增摭羣書所載。復成二十卷。爲四十卷。其書尙存。余未經寓目。

淸董桂著埤雅物異記言八卷。（四） 其書本埤雅所引成說。而有關乎物性者。錄爲一編。復取本書與他書之足相發明者。旁注其下。此書可謂能得埤雅之精。足爲讀埤雅者之一助。

（一）陸佃字農師、事具宋史本傳、史稱其精於禮家名數之學。

（二）四庫全書提要云。凡釋魚二卷、釋獸三卷、釋鳥四卷、釋蟲二卷、釋馬一卷、釋木二卷、釋草四卷、釋天二卷。刊本釋天之末。注後闕字。然則併此書亦有佚脫。非完本也。

（三）經義攷補正曰、王愼中曰、白華之菅。菅其名。而白華其詞也、乃立白華一名而釋之、由箋有白華於野之文而誤、不思毛傳已明也、丁杰以爲白華卽菅之名。陸氏不誤、王氏駁之非是、又曰、蒲盧之爲野蜂。則不當爲草、乃兩立其名而兩引中庸之文、又以埤雅釋草本謂蜂名蒲盧、蒲盧名果蠃、象於蜂。其兩引中庸皆指蜂言、王氏駁之失其語意。又爾雅豕在釋獸不在釋畜。埤雅但有釋獸無釋畜。豝豕豚三物聯釋不誤、王氏駁之亦非是、

（四）埤雅物異記言八卷。清蕭桂薪著。桂薪字柳江、安徽婺源人。嘉慶時翰林、其書未刊行、其稿本予得之其後裔。

羅願之爾雅翼

爾雅翼宋羅願著。（一）其書釋草一百二十名。釋木六十名。釋鳥五十八名。釋獸七十四名。釋蟲四十名。釋魚五十五名。通爲四百七名。而附見者不與焉。謂之翼者。以言爲爾雅之翼也。爾雅之釋於詩

爲多。今羅氏此翼。明詩之義者一百二十章。明三禮之義一百四十章。易象春秋傳。亦頗有之。羅氏此書。專爲名物之辨。一枝之木。一莖之草。一飛走之鳥獸。一游泳之蟲魚。靡不別於疑似。究其歸宿。雖未必皆確鑿不移。而極可爲名物研究之助。如詩卭有旨鷊。旨鷊小草五色似綬。故名綬草。羅氏以詩之旨鷊爲鳥。與上防有鵲巢爲偶。謂鵲善相地而後累巢。巢者有驚懼則不累也。鷊善相天而後吐綬。若有戕賊之疑則不吐也。又寧爲雞口。無爲牛後。今本國策史記皆同。惟爾雅翼釋雞篇。寧爲雞尸。無爲牛從。尸主也。一羣之主。所以將衆者。從、從物者。從隨羣而往。制不在我矣。左傳季邱之雞鬥。季氏介其雞。爾雅翼作芥其羽。謂以芥菜之芥播其羽也。凡此所載。皆與自來之說不合。羅氏其別有所據與。抑出于臆說與。惟自宋以來諸儒。詳于性理之談。略于名物之辨。鄭樵之昆蟲草木略。陸佃之埤雅。羅願之爾雅翼。皆是有宋一代名物學之著作。鄭非專書。如以蘭蕙爲一物。疏漏時有。陸多比附王安石字說。而羅書爲善。四庫書目稱其書考據精博。體例謹嚴。在陸佃埤雅之上。後有陳氏櫟議其書。謂爾雅翼。好處可以廣人之識見者儘多。可恨處牽引失其精當者不少。內引三百篇之詩處多不是。乃刪削其書。別爲節本。節本今不傳。未知刪削者果若何。要之羅氏之書。在名物上自有相當之價值。洵可爲爾雅之翼也。

（一）羅願。字端良。徽州歙縣人。知鄂州。淳熙乙巳卒。高雅精鍊。朱熹特重之。著爾雅翼三十二卷。學津討原本。

朱謀㙔之駢雅

駢雅。明朱謀㙔著。（一）謂之駢者。駢之爲言并也聯也。字與說俱耦。其自序所謂聯二爲一。駢異而同者也。其目曰釋詁釋訓。釋名稱釋宮釋服食。釋器釋天。釋地釋草釋木釋蟲魚。釋鳥釋獸。其分目略仿爾雅而少其七。其文字專收聯語。括殊號於同條。標微言於兩字。非字之訓詁。是辭之訓詁也。四庫全書提要謂藻井乃屋上方井。刻爲藻文。西京賦注引風俗通義甚明。而謀㙔以爲刻屝之屬。改易舊文。殊爲未確。又謂都御史爲大司憲。詹事爲端尹。乃流俗之稱。亦乏典據。按提要所言二則。實不足以駁謀㙔。藻井異義。見御覽一百八十八引風俗通。刻屝之說。見演繁露。說並與文選注異。至以都御史爲大司憲。詹事爲端尹。考馬端臨通考卷五十三及卷六十。所載二名。皆龍朔二年改。非俗稱也。惟駢雅亦有可議者四事。一以方言廣雅一字一義者。駢語。如廣雅「纏」「縷」「綶」「緌」「絯」「緒」「紹」「綷」「綒」「綾」「紌」。多也。並以一字爲一義。非駢語。而駢雅釋詁。以「綷綒」

爲衆多二以三字上下互易作駢語。如廣雅。「媓」「妣」「毑」「㜸」「嬭」「媪」「姐」。母也。而駢雅釋名稱以「㜸嬭」「毑㜸」爲母。三、不立釋言一目將爾雅廣雅中重言分收釋詁釋訓中。如「佌佌」「瑣瑣」細碎也。在釋詁。「仇仇」「敖敖」。傲慢也。在釋訓。四、釋詁中蹇產兩見。衆多重出。並無異義。釋服食中「襆襥」即「䙭褸」。「襌衣」即「單衣」。不應先後錯見。又卷二之「絣辛」「辮絣」。本取廣雅釋詁語。而「絣辛」下。間以「綷委」「輪豳」「絯結」。方接「辮絣」。卷五之「瑭璑」「璑珸」。本取廣雅釋地語。而「璑珸」下。間以「嬰垣」「瑪瑺」「塗黃」方接「瑭璑」。其他各條排次。亦有故爲儳互處。（二）余讀其書。有分之極細而排列失其序次之弊。如釋「茂盛」爲一條。又有「盛滿」「盛多」「盛長」「炎盛」「隱盛」及「茂美」等條。其排列不在一處。「深」一條。又有「深廣」「深平」「深遠」「深空」「深微」「深極」「曲深」「緜深」「幽深」。其排列或在一處或不在一處。惟「狹小」「短小」「猥瑣」「微末」「細碎」「短促」「短陋」「末」。以及「敝裂」「敝敗」「墳裂」「傷壞」「敝殺」等條。性質相同者。以次排列。此則古人編書。其體不如近人之謹嚴也。又釋詁「不安」分爲二條。如第二條所收者悉是不平之訓。而非不安之訓。說文「鍡鑸」不平也。漢書司馬相如傳注。「崴魁」不平也。玉篇。「輆軩」不平。文選魯靈光殿賦注。「縉綾」不平貌。集韻。「磟磙」石地不平。文選吳都賦注。「崴𡾋」不平也。又江賦注。「潎㶅」不平之貌。謀瑋皆以不安釋之。或則安爲平誤字。未可知也。至于釋詁長也一條。「䠷䟔」爲長短之長。「𨍽熙」爲長大之長。「餑餛」爲消長之長。義不相同。并一條釋之。此則同聲假借而不可議其雜也。要之謀瑋此書。引徵詳博。在明人著作中。與方以智之通雅。同爲不可多得之書也。

謀瑋駢雅。不自作注。讀者殊不爲便。清道光時。固始祝慶蕃屬陽湖董方立作箋。僅成釋詁一篇。魏茂林乃取謀瑋之書爲之訓纂。成十六卷。（三）推原本始。頗爲詳盡。間亦加以補正。其同聲假借之誼。不能上比于王念孫之廣雅疏證。而就文作注。其搜輯之功。頗不可沒。其校正埤雅之誤字者。如釋詁。「櫖𨘴」舒展也。據方言。「攎遨」張也。廣雅。「遨」張也。玉篇。「攎」張也。「櫨」當作攎。「𨘴」當作遨。「翁薆」隱蔽也。據漢書司馬相如傳下。觀衆樹之蓊薆兮注。「蓊薆」隱蔽貌。「翁」當作蓊。「𦐄辛」「綶委」衆多也。據廣雅釋詁。「[illegible]」「鑌」「綶」「綏」「絯」「綪」「𦐄」

「緈」「綒」「絞」「絖」多也。「辛」當作辡。「委」當作緌。「緐慣」疊積也。據淮南子假眞訓。緐憒未發。注。「緐憒」衆積之貌。「慣」當作憒。如是校正。計七十餘條。

其校正埤雅所據之本。後人已校正。而駢雅尚沿舊本者。如釋詁。「䝼熙」長也。據方言。「䝼巸」長也。疏證各本訛作熙。此尚沿舊本作熙。「僪佹」不安也。據方言。「僪」謂之扤。疏證「僪」各本訛作僪。「扤」訛作佹。玉篇僪字注云。「僪」謂之佹。佹不安也。此「僪」字從玉篇故不誤。「佹」則仍沿舊說也。「趫頳」「倢朓」疾速也。據廣雅。「徇」「儳」「趫」「頳」「儵」「儋」「倢」「朓」疾也。疏證「頳」各本訛作頹。此從永作頹並誤。疏證「朓」各本訛作眺。漢書五行志。晦而見月西方謂之朓。劉向以爲朓者疾也。此尚沿舊本作眺。「鈵董」錮也。據方言。「絧董」固也。注。謂堅固也。疏證「固」各本訛作錮。廣雅。「炳董」固也。玉篇於炳字董字。並云固也。此尚沿舊本作錮。

如是校正。計四十餘條。

其駢雅之訓詁。本出于羣書。往往字書類書所引。爲今本原書所無者。如釋詁。「匾㔸」薄也。正字通匚部引方言。物之薄者曰匾㔸。今方言無此文。釋訓。「痕瘵」瘢也。集韻平聲三引廣雅。「痕瘵」瘢也。今廣雅無此文。釋宮。「㞕㞕」門門也。古樂苑三十琴曲歌辭引百里奚炊㞕㞕事。原注風俗通。今風俗通無此文。「藻井」刻屏也。御覽一百八十八居處部藻井引風俗通。殿堂象東井形。刻作荷蔆水物。以厭火災。解與薛綜注異。今風俗通無此文。如是者計二十餘條。

其有魏茂林訓纂所未詳者。如釋詁。「郤𦛨」大也。「郤𦛨」未詳。「儵悅」疾速也。「儵悅」未詳。「嶒屹」幽邃也。「嶒屹」未詳。「猗㜷」短促也。「猗㜷」未詳。如是者計三十餘條。

其有訓纂所徵引之書。而與駢雅之訓略異者。如釋詁。「聊浪」廣大也。文選羽獵賦。聊浪乎宇內。注。「聊浪」放蕩也。「磊珂」衆多也。文選上林賦。水玉磊珂。呂向注。「磊珂」相委積貌。魯靈光殿賦。萬楹叢倚。磊砢相扶。注、「磊珂」參差不奇貌。「攄遨」舒展也。方言「攄遨」張也。「岭嶙」高峻也。揚雄蜀都賦。卬巖岭嶙。注、謂其聲岭嶙然。不作高峻解。如是者計七十餘條。

其他之音未詳者。如釋詁之「𤥽」。釋天之「㚗」。釋天之「㬇」。釋地之「衠」。釋地之「瑖」。釋蟲魚之「鯡」。釋鳥之「鷉」。釋鳥之「㚾」。釋鳥之「𥑮」等。予意謀墇原書。必有許多誤字。或所引原書之誤。或本書經傳寫之誤。魏氏雖用力極勤。未能一一洗淨。故尚有許多未詳之處。如釋詁。

「猗犤」短促貌云。「猗犤」未詳。按說文犬部。「猈」薄蟹切。短脛犬。段玉裁云。「猈」之言卑也。言犤猪也。廣韻「犤」薄蟹切。「猪」苦駭切。揚子方言。桂林人謂短爲猗猪。竊意「猗犤」即「犤猪」之訛。「猪」訛猗而又顚倒耳。其諸未詳之處。設能一一細勘。當能得其致誤之由。是駢雅一書。雖有魏茂林之訓纂。而猶有待後人之補苴也。

魏茂林之弟子田寶臣。參與校駢雅訓纂之事。博采經籍得駢語一百五十三條。釐成八卷。名小學駢支。其名駢支者。言駢雅之支也。冠以小學者。以四庫全書駢雅隸于小學類也。自爲文而自注之。略可以補駢雅之所不及。（四）

（一）駢雅七卷。明朱謀㙔著。謀㙔字鬱儀。明宗室。事蹟詳明史本傳。謀㙔博聞強識。其所著書。據冷賞所記。凡一百十二種之多。與楊升庵並富。駢雅卽其一也。四庫所錄稿本多誤字。昭文張氏借月山房本略佳。

（二）見駢雅訓纂識語。

（三）駢雅訓纂十六卷。清魏茂林著。茂林字笛生。龍巖人。根據二百六十種書（見徵引書目）爲之作訓纂。以駢雅十三目爲十三卷。分釋詁釋訓釋器爲上下二卷。共爲十六卷。又載序跋傳評論識語徵引書目等於卷首。道光二十八年刊。光緒二十年有石印本。

（四）小學駢支六卷清田寶臣著。寶臣字少泉泰州人書成於咸豐三年民國九年石印有韓國鈞跋爲海陵叢刻之第六種。

方以智之通雅

通雅。明方以智著。（一）謂之通者。猶之鄭樵之爲通志馬端臨之爲通考以言乎無所不該也（二）其書雖名爲雅。決非補爾雅之所不及。而其範圍已軼出於爾雅之外矣。（三）其卷首卷一卷二與卷五十卷五十一卷五十二。皆非爾雅體例之所有。其自第三卷起至四十九止。略同於爾雅而大爲加廣。要之皆訓詁名物事言之考證。雖不能謂無所不該。而亦庶乎博洽者矣。其略同于爾雅而大爲加廣者曰釋詁。分「綴集」「古雋」「謰語」「重言」四子目。曰天文。分「釋天」「曆測」「陰陽」「月令」「農時」五子目。曰地輿。分「方域」「水注」「地名異音」「九州建都考」「釋地」五子目。曰身體。曰稱謂。曰姓名。分「姓氏」「人名」「同姓名」「鬼神」四子目。曰官制。分「仕進」「爵祿」「文職」「武職」「兵政」五子目。曰事制。分「田賦」「貨賄」「刑法」三子目。曰禮儀。曰樂曲。樂器附。曰器用。分「書札」「碑帖」「金石」「書法」「裝瀆」「紙墨筆硯」「印章」「古器」「雜用諸器」「鹵簿」「戎器」「車類戲具」十三子目。曰衣服分「彩物」「佩飾」「布帛」「彩色」四子目。曰宮室。曰飲食。曰算數。曰植物。分「草」「竹葦」「木」「穀蔬」四子目。曰動物。分「鳥」「獸」「蟲魚」三子目。曰金石。曰諺原。其分目較爾雅廣雅為細。惟既分子目「紙墨筆硯」合而為一。不如分而為四。「竹葦」「穀蔬」「蟲魚」合而為一。不如分而為二。又釋器中金石一目。是金石之文字。總目之金石一目。是礦物。二者不同。同一金石之標目。似乎嫌渾。又釋詁之「綴集」「古雋」二目。亦不甚明瞭。明之中葉。以博洽著者。稱楊愼陳耀文。然愼好僞說以集欺。耀文好蔓引以求勝。次則焦竑。亦喜考證。輒牽綴佛書。傷於蕪雜。惟以智崛起以求勝。攷據精核。迥出其上。（四）據其自述。與方技遊。卽欲通其藝也。遇物欲知其名也。物理無可疑者疑之。而必欲深求其故也。以至于頽牆敗壁之上。有一字吾未之經見。則必詳其音義。攷其原本。既悉矣。然後釋然於吾心。故吾三十年間。吾目之所觸。耳之所感。無不足以恣其探索而供載記。吾蓋樂此不知疲也。（五）則是通雅一書。其三十年心力之所萃也。

余讀其書。頗可為多識之助。考訂之資。如執禮乃藝禮。可備論語之異解。（六）三商卽三刻。可得儀禮之確詁。（七）勞田卽及時摩勞可以訂歐文榮田之誤。（八）遷方卽西方。可以證漢時之音讀。（九）雲漢爲細星之光。（十）兩戒爲荒唐之說。（十一）基于天文學而闢相傳之神話九蒼九重九闕九乾九霝九閡九陔九位之說。詳于釋天河東河西河南河北河內淮北淮西江北江南山東陝西之辨。詳于方域。（十二）謰語之「逶迤」「逶蛇」「逶迱」「遻迆」「逶徥」「委蛇」「委佗」「委它」「委移」「委陀」「委維」「委𧓍」「委也」「委迆」「蝼蛇」「倭遲」「倭夷」「倭他」「遺蛇」「威夷」「威遲」「郁夷」「禕隋」「禕它」「𨒌迆」「隋倚」「蝸𧓍」「蜮𧓍」「踒跜」「歸邪」「靡匜」之各自爲呼重言之「悠悠」「遙遙」「攸攸」「繇繇」「愵愵」「滶滶」「嶷嶷」「就就」之通作爲訓。（十三）或則得同條共貫之理。或則一名一釋。引經據典以求之。頗少懸揣之空談。千慮一失。雖不能免而窮源溯委。詞必有徵。在明攷據中頗不多見。四庫書目提要推爲開顧炎武閻若璩朱彝尊之先聲。亦有以也。

（一）方以智字密之。號鹿起。孔炤子。安徽桐城人。明季四公子之一。崇禎進士。官檢討。入清爲僧。名弘智。字無可。人稱藥地和尚。精考據。所著通雅一書。論者謂在楊愼陳耀文焦竑之上。其書五十二卷。其初盱江何印厖徐仲光爲刊十之二。康熙五年。

龍眠姚文燮爲之刊。竟光緒六年桐城方氏重刊。

（一）見錢澄之通雅序。此序方氏重刊本無。

（三）卷首音義雜論、讀書類略、小學大略、詩說文章薪火。卷一卷二之疑始。卷五十切韻聲原。卷五十一之脈考。卷五十二之古方解皆非爾雅範圍矣。

（四）見四庫全書提要子部雜家類。

（五）見錢澄之通雅序轉述方密之之言

（六）論語述而篇、子所雅言詩書執禮皆雅言也。鄭注以下。皆以執爲執守之解。通雅以執即埶字。埶爲藝。可備一解。

（七）士昏禮、日入三商爲昏。公彥曰商謂商量言之未析通雅引詩東方未明疏云尚書緯謂刻爲商其解較確。

（八）說文耰、摩田器。今人亦名勞曰摩。歐陽公逐進上書云。久廢之地、其利倍於勞田本六韜勞地之勞諸本誤作榮田。得此可以較之。

（九）前漢志。少陰者遷方。白虎通、西者遷方也。萬物遷落也。則知漢時西讀爲遷。

（十）夏小正七月漢案戶言天河直戶也。埤雅曰河精上爲天漢。楊物理論曰水氣發而升。精華浮上。西學以窺天鏡窺之。皆係至細之星。如郎位旋頭而微。望之則若河耳。

（十一）星土分野。隋書志爲詳。然自西法圖成。則兩戒之說荒矣。兩戒即兩界也。

（十二）釋天在天文類卷十一。方域在地輿類卷十三。

（十三）續言卷六。昌言卷九。

吳玉搢之別雅

別雅。清吳玉搢輯。（一）謂之別者。同音而別字者也。原名別字。王家賁以體似爾雅釋訓釋詁。因爲易其名曰別雅。（二）經籍史傳中字形錯互。音義各別。間見於釋文注疏及諸字書韻書中者。率略而不詳。是書取字體之假借通用者。依韻編之。各注所出。而爲之辨證。由此可以通知古今文字分合異同之由。如「空同」「空桐」「崆峒」也。「從頌」「從容」也。「須麋」「須眉」也。「效郵」「效尤」也。凡同聲假借轉韻變異字別義同之故。皆可以聲韻得之。惟其書挂漏殊多。第以東冬二韻覈之。若大戴禮一室而有四戶八牕。牕即窗。楚辭九歎登逢龍而下隕兮注古本逢作蓬。荀子榮辱篇引詩下國駿蒙注今詩作駿厖。莊子盜跖篇士皆蓬頭突鬢注蓬本作鏠。吳越春秋吳王壽夢傳史公子蓋餘燭傭。注左傳傭作庸。史記秦始皇本紀。秦王爲人蜂準。徐廣曰蜂一作隆。龜策傳。雄渠蠭門。注新序有熊渠子。漢書古今人表。鬼臾區。師古云卽鬼容區。陳豐。師古云卽陳鋒。衞靑傳。靑至籠城。師古注云。籠讀爲龍。皆佚而不載。推之儀禮之古文。周禮之故書。及漢人箋注某讀作漢之類。一一攷之。所漏多矣。（三）按同聲相通之字。在中國書中。俯拾卽是。別雅中東冬二韻。佚而不載。如上所舉者外。略舉之。如越絕書之馮同。史記吳越世家作逢同。吳越春秋作扶同。初學記樂部作之空中。廣雅釋樂作宮中。後漢書馬融傳之豐肜。文選嵇康琴賦作豐融。竹書紀元周康王元年之豐宮。左傳昭公四年作酆宮。左傳昭公十四年之貧窮。後漢書虞延傳注作貧空。爾雅釋天穹隆。古文苑中山王文木賦作穹窿。淮南子兵略之衝隆。泰族訓作衝降。易蒙卦之童蒙。國語魯語作僮蒙。後漢書蔡邕傳曈矇。後漢書張融傳作朣朦。抱扑子作重蒙。淮南子之籠蒙。荀子富國篇作逢蒙。賈誼新書勸學作風蝱。易林咸之夬作聾瞢。詩商頌之駿厖。荀子榮辱篇引詩作駿蒙。家語弟子行作駿龐。莊子在宥篇之鴻蒙。淮南子俶眞訓作鴻濛。精神訓作澒濛。漢書揚雄傳之嵱嵷。司馬相如傳作巃嵷。文選司馬相如子虛賦作隆崇。後漢書文苑禰衡傳之蒙衝。釋名釋船作艨衝。玉篇舟部作艨艟。方言一之妦容。後漢書章德竇。皇后紀作風容南何奴傳作豐容。沈約詩作丰容。文選宋玉神女賦作豐盈。戰國策楚策之劃腦。史記賈誼傳作衡何。刺客荊軻傳作揕胷。漢書賈誼傳之衡胸。左傳文公十八年之尨降。潛夫論五德氏姓篇作龍降。路史後記龎江。皆爲別雅東冬韻內所不收。其他如重言融融卽肜肜。忩忩卽悤悤。儚儚夢夢瞢瞢懵懵卽蒙蒙。懞懞懜懜蛩蛩充充恍恍卽忡忡。蓬蓬䗦䗦卽逢逢。蟲蟲烔烔卽爞爞。凶凶恟恟恟恟卽兇兇。邕邕噰噰卽雝雝。似此之倫。多不勝舉。而三傳四詩之同音異字者。更不可勝極矣。別雅一書。雖足以通籍之異同。實則不過太倉之一粟。四庫書目提要推爲小學之資糧。藝林津筏。未免太過。要亦足以爲後參考之助也。許瀚有別雅訂一書。（四）其所訂亦有益于原書。惟其委蛇一條。許云委蛇變體。先生所著金石存僅二十事。此則三十餘事。實則此三十餘事。卽方以智通雅之三十餘事。吳玉搢在通雅以外。並未多收一條。而褘隋與褘隋隋卽隋字。不當重出。通雅重之。別雅仍而不刪。許瀚亦未訂正。此不能不謂其疏略者也。

（一）別雅五卷。淸吳玉搢著。玉搢字山夫。江蘇小陽人。康熙時廩貢生。官鳳陽府訓導。四庫全書著本。小蓬萊館重刊。益雅堂叢書本。

（二）見王家賁別雅敍。

（三）見四庫書目提要。

（四）別雅訂五卷，清許瀚著。瀚字印林。山東日照人。道光時舉人。官嶧縣教諭。其書刊在滂喜齋叢書第三函內。

陳奐之毛詩傳義類

毛詩傳義類，陳奐輯。（一）謂之傳義類者，將毛傳之義，本爾雅十九篇之例而類記之。實則可謂之毛傳雅。大毛公生當六國。去周初未遠。其傳義是訓詁之最古者。如北山傳曰，賢勞也。不作賢才解。論語憲問篇賜也賢乎哉。夫我則不暇。賢訓勞。言賜勞而我無暇也。陽貨篇不有博奕者乎。為之猶賢乎已。賢訓勞。言博奕猶勞其心也。小宛傳曰。齊正也。不作齊莊解。里仁篇見賢思齊焉。齊訓正。言見賢而思就正也。今義日昌。古義遂晦。而見之于詩毛傳者猶可考如是也。世傳爾雅為釋詩而作。而毛傳之義。不盡具于爾雅。如善字一條。爾雅共十六字。毛詩傳義類共十二字。其相同者「淑」「臧」「穀」「祥」「類」「价」「儀」七字。爾雅有傳義類無者。「若」「鮮」「省」「嘉」「令」「綝」「穀」「攻」「徽」九字。傳義類有爾雅無者。「吉」「良」「時」「義」「慶」五字。大字一條。爾雅共三十九字。毛詩傳義類共五十字相同者「弘」「廓」「溥」「介」「純」「夏」「幠」「墳」「嘏」「誕」「戎」「濯」「訏」「駿」「假」「京」「碩」「淫」「路」「甫」「廢」「壯」「冢」「簡」「昄」「將」「席」「景」二十八字。爾雅有傳義類無者。「宏」「厖」「丕」「奕」「洪」「宇」「穹」「壬」「箌」「晊」「業」十一字。傳義類有爾雅無者「任」「荒」「阜」「廣」「膚」「元」「祁」「空」「芋」「項」「皇」「王」「倬」「光」「奄」「張」「汾」「封」「豐」「佛」「供」「桓」二十二字。安字一條。爾雅共五字。毛詩傳義類共十一字。相同者「寧」「綏」「康」「柔」四字。爾雅有傳義類無者。「豫」一字。傳義類有爾雅無者「靜」「慰」「宴」「燕」「保」「遂」「密」七字。長字一條。爾雅共六字。毛詩傳義類共十五字。相同者「永」「引」「融」「駿」四字。爾雅有傳義類無者。「羕」「延」二字。傳義類有爾雅無者。「育」「條」「正」「脩」「猗」「伯」「覃」「褎」「肆」「修」「曼」十一字。據此四條而觀。爾雅不足盡詩傳義。再爾雅釋詁共計一百九十條。毛詩傳義類釋詁共計一百二十條。雖少六十七條。而毛詩傳義類有爾雅無者。「求」「列」

「升」「就」「往」「辭」「滿」「平」「去」「擊」「居」「行」「正」「出」「度」「怒」「過」「深」「順」「逮」「傷」「俱」「極」「遺」「之」「窮」「用」「無」「除」「加」「急」「終」「積」「生」「爲」「盛」「齊」「遂」「助」「曲」「老」「持」「本」「明」「開」「反」「惡」「滅」「來」「配」「廣」「任」五十二條。以此類推。毛傳之訓詁。爾雅斷不足以該之也。

（一）毛詩傳義類十九篇。清陳奐著。奐字碩甫。長洲人。其書在詩毛氏傳疏內。

朱駿聲之說雅

說雅。朱駿聲輯。（一）謂之說者。說卽說文解字之說。以說文解字九千三百五十三字。循爾雅之條例。分爲十九篇而類記之。故謂之說雅也。體例一同爾雅。訓詁稍與爾雅不同。「初」「俶」「元」爾雅統曰始也。說雅。「元」「俶」始也。「初」裁衣之始也。「始」女之初也。則有分別。「帝」「王」。爾雅統曰君也。說雅。「帝」王天下之號也。「王」天下所歸往也。則有分別。始字一條。三十九字。爾雅統曰大也。說雅。「丕」「皇」「壯」「戴」「奃」「奆」「㚈」「乔」「奔」「奄」

「奕」「昄」「絰」「塹」「壙」「單」「誧」「俁」「俟」「俺」「嚭」「恢」「溥」「奐」「懬」大也。「奯」「穵」空大也。「奰」壯大也。「隆」豐大也。「倬」箸大也。「奄」大有餘也。「奘」駔大也。「孃」肥大也。「𡗝」瞋大也。「奭」稍前大也。「㚃」「伴」「侗」大皃。分析更細。蓋爾雅以義近者為共同之訓詁。說文解字。則各有其字之本義。所謂以一條言之為轉注。以一字言之為假借也。如大字一條。「皇」大君也。（二）「壯」大士也。「戴」秩秩然之大也。「𡘙」窊下之大也。「奅」虛張之大也。「夽」樞物之大也。「奃」根柢之大也。「乔」分畫之大也。「𡘧」矯拂之大也。「奄」敦厚之大也。（三）昄士宇之大也。（四）「絰」心之大也。（五）「塹」阬之大也。（六）「壙」穴之大也。（七）「單」言之大也。（八）「誧」亦言之大也。（九）「俁」容貌之大也。（十）「嚭」喜樂之大也。（十一）「恢」亦心之大也。（十二）「溥」水之大也。（十三）「懬」心之寬大也。（十四）「奐」不訓大。其訓大者。為渙之假借。水之流散而大也。求其本義。雖同訓為大。而各有其大之性質狀況不同。「丕」「奕」「俟」「俺」四字。雖不能分析言之義。求其朔。當自有說。「俟」「俺」皆从人得義。則亦可以尋其故矣。

（一）說雅十九篇。清朱駿聲著、駿聲字芑豐、清江蘇吳縣人。精文字學、著說文通訓定聲等書。說雅即在其內。

（二）說文「皇」大也從自王。自始也、始皇者三皇、大君也。

（三）壯戴奈奔奈奃奔奮奄九字之訓。本段玉裁說。

（四）繫傳云「昄」訓爲大。「昄」是版之借字。按「昄」土字之大也。詩大雅、爾土宇昄章

（五）段玉裁朱駿聲皆云。「㷔」與恢音義同。說文恢大也、從心灰聲、當是心之大。

（六）說文。「壍」阬也。一曰大也。爾雅。阬虛也。按虛有大義、當是阬之大者。

（七）說文。「壙」壍穴也。一曰大也。當是穴之大者。

（八）說文。「單」大也。從吅𠀆。吅亦聲。朱駿聲云大言也。

（九）說文。「誧」大也。从言甫聲。當是言之大。

（十）詩簡兮。碩人俁俁、傳俁俁容貌大。

（十一）說文。「嚭」大也。從喜否聲、喜樂也。當是喜樂之大。

（十二）說文。「溥」大也。从水尃聲、當是水之大。

（十三）說文「懬」闊也。一曰廣也大也。一曰寬也從心廣廣亦聲。當是心之寬大，

（十四）朱駿聲云詩卷阿泮奐爾游矣傳、廣大有文章也。蓋以廣大訓泮，以文章訓奐。自縱弛之貌，箋得之。說文「奐」一曰大也。蓋本毛傳而誤矣。按奐訓大，是渙之借字。說文渙散流也。从水奐聲。詩溱洧方渙渙兮，傳、渙盛也。盛有大義。

程先甲之選雅

選雅。程先甲輯。謂之選者，選即文選之選。用爾雅十九篇之體例，搜輯文選之李注。依類記之。故謂之選雅也。李善之注文選也，所采用之書，自經史以下，以及諸子百家。都凡千有餘種。求之馬氏經籍考。存者已不過十之二三。至今日則所亡又多矣。李善之文選注。網羅極富，唐以前之訓詁。大率存于是焉。俞氏樾有言。「文選一書。不過總集之權輿。詞章之輨轄。而李則包羅羣籍。羽翼六藝。言經學者取焉言小學者取焉」。有清一代段玉裁之說文解字注。王念孫之廣雅疏證。郝懿行之爾雅義疏。皆采取李注。以資佐證。而明朱謀㙔之駢雅。清洪亮吉之比雅。夏味堂之拾雅。以及杭世駿之續方言。張金吾之補釋名。從李注中搜輯者尤多。則李注之有裨于訓詁可知。特未成爲專著。以供學者之檢閱。程氏此書。分類比附。皆有條例。可爲李注之總匯也。余讀其書。覺可以補諸書所未及者甚多。如安字一

條。爾雅「豫」「寧」「綏」「康」「柔」五字。廣雅「虞」「宴」「鎮」「撫」「懕」「懅」「懕」「憲」「宓」「毒」「嗼」「湛」「抑」「倓」「便」「療」「眯」「侎」「艅」「焉」「媞」「尼」「竫」「澹」「隱」「集」「息」二十七字。毛詩傳義類「寧」「綏」「靜」「慰」「宴」「燕」「保」「遂」「密」「柔」「康」十一字。拾雅「禔」「枕」「隤」「保」「靜」「懷」「燕」「遂」「密」「那」「億」「據」「宿」「艾」「擾」「委」「酳」「處」「晏」「固」「阜」「鳩」「樂」「恬」「宜」「妥」「攝」「恤」「截」「諜」「魁」「濡」「弭」「逸」「俞」「居」「匡」「便」「錯」三十九字。又「惡」「烏」二字。選雅雖僅「康」「焉」「撫」「懷」「柔」「烏」「澹」「弭」「䎸」「慰」「委」「燕」「攝」「禔」「宴」「靜」「保」「厭」十八字。而爲爾雅廣雅毛詩傳義類拾雅諸書所無者。「䎸」「委」「厭」三字。拾雅本以拾爾雅廣雅之遺者。而猶遺「䎸」「委」「厭」三字。以此類推。則選雅一書所存之古義實多也。

（一）選雅二十卷。清稽先甲著。先甲字一夔。江蘇江寧人。其書光緒二十八年刊。

洪亮吉之比雅

比雅。洪亮吉輯。（一）謂之比者。徵引經史及漢魏疏注屬辭比事。本爾雅之體例。因名比雅也。（二）其書之訓詁。多兩兩相比。如贏長也。縮短也。涸亂也。濁貪也。洸洸武也。潰潰怒也。戰戰恐也。兢兢戒也。傷良爲讒。害良爲賊。雜比曰音。單出曰聲。椹天道也。輿地道也。天地四方曰宇。古往今來曰宙。穀地曰田。麻地曰疇。壟上曰畝。壟中曰畎。南口曰墼。北口曰斜。小曰丘。大曰壟。有水曰澤。無水曰藪。畜小水謂之潢。水不洩謂之汙。萬人爲英。百人爲豪。陽之精氣曰神。陰之精氣曰靈。背曰負。荷曰擔。見形爲容。象體爲貌。弔生曰唁。弔死曰弔。行曰商。止曰賈。無穀曰饑。無菜曰饉。蓑所以禦暑。笠所以禦雨。宮其外。室其內。有牆曰苑。無牆曰囿。穀藏曰倉。米藏曰廩。方曰筐。圓曰筥。有足曰錡。無足曰釜。金曰雕。玉曰琢。八寸爲咫。十寸爲尺。小曰舟。大曰船。沈者曰蘋。浮者曰藻。未秀曰蘆。已秀曰葦。樵取薪也。蘇取草也。枝曰條。幹曰枚。叢木曰林。草木交錯曰薄。有足謂之蟲。無足謂之豸。小曰蛟。大曰龍。大曰鴻。小曰雁。雄曰鳳。雌曰凰。騁馬曰磬。止馬曰控。草養曰芻。穀養曰豢。養之曰畜。用之曰牲。似此之類。凡聯綿字渾爲一解者。皆可分別而得其訓詁。此等訓詁。由于言語之習慣。而非盡基于文字之本義。故有同一事物。而所釋各有不同者。如毛傳小曰橐。大曰囊。史記索隱引廣倉。高誘注國策。無底曰囊。有底曰橐。則不同也。玉篇大曰倉。小曰庾。史記集解引胡廣。在邑曰倉。在野曰庾。則不同也。鄭玄周禮注。養牛羊曰芻。養犬豕曰豢。高誘淮南注。草養曰芻。穀養曰豢。則不同也。晉灼漢書注。南北爲經。東西爲緯。高誘呂覽注。子午爲經。卯酉爲緯。則不同也。實則此等不過因言語之不同。其意義仍然相同。牛羊食草。犬豕食穀。子午爲南北線。卯酉爲東西線。芻豢經緯之釋一則。據此以推。安知不是小而無底者爲橐。大而有底者爲囊。小而在野者爲庾。大而在邑者爲倉乎。惟各書訓詁。確有相反者。如釋名釋山。石戴土曰岨。土戴石曰崔嵬。詩毛詩說文皆與此同。爾雅則與此正相反。詩毛傳山無草木曰岵。山有草木曰屺。說文則與此正相反。亦有雖不相反而訓詁不同。如爾雅。邑外謂之郊。郊外謂之牧。牧外謂之野。野外謂之林。林外謂之坰。說文無郊外謂之牧一語。則野林坰之距離。小于爾雅也。此皆由于言語之習慣。此書類比記之。殊便于學者也。但其書是洪氏隨手輯錄。未加整理。稿旋遭火。首尾焦爛。付刊時仍照原稿。頗多誤入之處。釋木誤入釋詁。釋鳥誤入釋詁等極多。（三）此則後人所應當整理者也。有與比雅相同而不以雅名者。則爲駢字分箋。（四）其書搜輯駢字計七百五十餘條。與比雅同者頗多。而亦有比雅所未及收者。如西京雜記雷其相擊之聲也。電其相擊之光也。淮南天文訓天之偏氣怒者爲風，地之含氣和者爲雨等。若將比雅加以整理。而以駢字分箋爲比雅所未收者附益之。則比雅一書在訓詁學上更爲有用矣。

（一）比雅。清洪亮吉著。亮吉字稚存，江蘇陽湖人。粵雅堂叢書本十九卷。益雅堂叢書本十九卷。授經堂遺書本十卷

（二）見授經堂遺書亮吉曾孫用懃比雅跋。

（三）見粵雅堂叢書伍崇曜比雅跋

（四）駢字分箋不分卷。清程際盛著。際盛字東冶，江蘇長洲人。其書刊在昭代叢書內癸集，

夏味堂之拾雅

拾雅。夏味堂輯。其弟紀堂爲之作注。（一）謂之拾者。所以拾爾雅廣雅之遺也。爾雅一書。綜攝都凡。綱挈目布。包含萬有。自漢以後。事物日多。文字日廣。張稚讓作廣雅。依爾雅部居。羅羣籍以補所未逮。惟甄錄尚有挂漏。且間收僻字。其用未宏。夏氏廣爲輯錄。仍依爾雅部居。以專摭補。故名曰拾雅也。分爲三部。一曰拾雅。釋凡爾雅已釋而未詳。拾爾雅已釋之所未備也。如爾雅「初」「哉」「首」

「基」「肇」「祖」「元」「胎」「俶」「落」「權輿」始也。拾雅「載」「殆」「徂」「兆」「統」「生」「迺」「開」「正」「春」「幼」「父」「且」「昉」「素」「端」「經」「新」「樞」「鼎」始也。則始字一條。於爾雅之外更拾得二十字。爾雅「般」「齊」中也。拾雅「黃」「準」「衷」「陸」「宮」「內」「當」「間」「沖」「督」「亥」「皇」「正」中也。則中字一條。於爾雅之外更拾得十三字。此部篇目。一照爾雅十九之數。一曰拾廣釋。凡廣雅已釋而未詳。拾廣雅已釋之所未備也。廣雅「軫」「㦸」「集」「隊」「厓」「厲」方也。拾雅「鄉」「道」「章」「鼎」「觚」「句」「斷」「倨」「比」「隅」「正」方也。則方字一條。於廣雅之外更拾得十一字。廣雅「昶」「達」「聖」「明」「泰」「蒿」「疏」「亨」「徹」通也。拾雅「隓」「濬」「道」「宣」「逞」「汩」「開」「至」「暢」「貫」「辟」「闢」「棣」「桐」「洞」「空」「傳」「簡」「路」「洽」「誦」「行」「迴」「大」「紀」「濟」「浹」「竅」「遂」「理」「公」「融」通也。則通字一條。於廣雅之外更拾得三十二字。此部篇目。只有釋詁釋言兩篇。凡字已見于爾雅者。亦不復出也。一曰拾遺釋。凡爾雅廣雅所遺釋。拾爾雅廣雅之遺也。如釋詁之「蒙」「公」「崇」「雄」等。釋言之「蹤」「雙」「詗」「供」等。釋訓之「重」「同」「豐」「通」等。此部篇目。一、照爾雅十九篇之數。此書雖專以拾爾雅廣雅之遺。其所不錄者。亦有六焉。一經傳所已釋之字。如刑侀也。富福也。春惷也。秋愁也。以及易象傳序雜卦之類。二、官名詳于周禮。樂名詳于本草。各有專書之類。三、「初始」「之往」「天帝」「帝后」。前雅已反覆互訓之類。四、「屆艘」「載勸」。古體字之類。五、「蠶萃」「緷類」。不爲經史羣籍所采用字之類。六、已見於小爾雅釋名者。亦不復出。雖所釋不無稍有遺漏。如「珥」「委」「厭」訓安之類。要其大致。可謂紛紜散漫。咸網羅於中也。

（一）拾雅二十卷。清夏味堂著。味堂字灊人。江蘇高郵人。其弟紀堂爲之注。嘉慶廿五年刊。

史夢蘭之疊雅

疊雅。史夢蘭輯。（一）謂之疊者。以經典羣籍中之重言。依爾雅之例。不復顯分門類。略依類記之。故名曰疊雅也。疊字之訓詁。爾雅釋訓中。已有七十六條。廣雅釋計中。亦有七十五條。似未備也。楊愼有古音複字。（二）以韻部分目。雖便檢查。不能同條共貫。論者議其有未免臆造之嫌。（三）惟是升雁撰古音複字。在謫居滇南以後。攜書不多。或有誤記。並非有意臆造。（四）然其書固不足重也。方以智通雅釋詁篇中之重言。搜輯二百八條。比爾雅廣雅富矣。惟方氏之意。只以明通轉之義。如「覨覸」猶「睽睽」也。或作「瞲瞲」。轉作「睆睆」「暉暉」。是搜輯疊字。爲通轉之詁。不是搜輯疊字。爲同條共貫。如爾雅之釋訓也。史氏此書。專搜輯疊字。蔚然自成一巨著。凡諸雅所已載者。旁搜以參其異同。諸雅所未載者。博采以考其源委。字異而義同。則彙歸一部。文異而解異。則別爲一條。此其例之大概也。如第一條「高」字。而搜輯「巖巖」「峩峩」「隗隗」「嶄嶄」「巉巉」「嵬嵬」「岌岌」「崇崇」「潼潼」「揭揭」「嶷嶷」「蘧蘧」「亭亭」「苕苕」「嶢嶢」「堯堯」「翹翹」「鍔鍔」「烈烈」「律律」「業業」「從從」「子子」「樅樅」「首首」「頯頯」「峻峻」「將將」「卓卓」「繹繹」「磴磴」「雌雌」「磈磈」「礅礅」「頷頷」「屹屹」「孱孱」「顏顏」「峭峭」「顛顛」「卬卬」「藏藏」「嶟嶟」「落落」「崚崚」「峛峛」「崖崖」「巇巇」「礸礸」「危危」「掀掀」「岑岑」「崟崟」「巕巕」「嶔嶔」「垄垄」「坻坻」五十七疊字。其至多者。盛字一條。則搜輯七十六疊字。行字一條。則搜輯七十疊字。其他每一條。搜輯疊字在三十以上者頗多。共計四百六十條。可謂集疊字之大成矣。凡託達意。全在於詞。詞之中形容詞之用尤廣。形容詞中重言形容詞之用尤妙。疊雅一書。關于聲之形容詞。所收尤富。聲之形容詞九。此總言之也。析言之。衆聲之形容詞十七。大聲之形容詞十七。小聲之形容詞九。和聲之形容詞八。塞聲之形容詞十。堅聲之形容詞二。裂聲之形容詞一。破聲之形容詞一。叫聲之形容詞二。嗁聲之形容詞一。喊聲之形容詞一。呼聲之形容詞二。訶聲之形容詞一。病聲之形容詞一。食聲之形容詞三。鳴聲之形容詞二十九。激聲之形容詞四。擊聲之形容詞二十五。驚怪聲之形容詞六。歎息聲之形容詞二。口吃聲之形容詞二。催促聲之形容詞三。相應聲之形容詞二。忍寒聲之形容詞五。小兒聲之形容詞六。拊兒聲之形容詞一。鬼聲之形容詞一。車聲之形容詞十四。鼓聲之形容詞十二。鉦聲之形容詞三。篴聲之形容詞一。漏聲之形容詞一。杵聲之形容詞一。衣聲之形容詞二。石聲之形容詞三。草聲之形容詞一。竹聲之形容詞一。叩門聲之形容詞二。伐木聲之形容詞一。送舟聲之形容詞一。打麥聲之形容詞二。鑿冰聲之形容詞一。啄木聲之形容詞二。刈禾聲之形容詞二。淅米聲之形容詞一。罟入水聲之形容詞一。呼猪聲之形容詞二。呼犬聲之形容詞三。呼雞聲之形容詞三。商聲之形容詞二。角聲之形容詞二。徵聲之形容詞二。羽聲之形容詞二。雞聲之形容詞五。獸聲之形容詞一。蛙聲之形容詞一。蟲聲之形容詞一。凡聲之類五十七。計二百三十七疊韻形容詞。託詞達意之應用可以左右弋取矣。雖尚有未收者。如發發形容魚掉尾之聲。肅肅形容羽飛之聲。登登形容築土之聲。啍啍形容大車之聲。雖毛傳不作聲解。其實皆是聲之形容詞。而疊雅未收。是有賴于後之補也。王筠有毛詩重言三篇。（五）上篇爲正。或同字而其迴別。或字異音同而義則比附。凡二百二十一重言。中篇或取引申之義。凡一百三十二重言。下篇單字之重言。如淒其以風。淒卽淒淒。晊其矣矣。晊卽晊晊。嚶其鳴矣。嚶卽嚶嚶。敦彼獨宿。敦卽敦敦。凡五百六十一言。以其與疊雅同類。附記于此。

（一）疊雅十三卷。清史夢蘭著。夢蘭字香厓。樂亭人。道光舉人。同治間曾國藩李鴻章聘之。皆辭不就。其書同治六年刊。書封面誤題丁丑。丁丑是光緒三年。同治六年是丁卯。

（二）古音複字五卷。明楊愼著。愼字升菴。成都人。函海本。

（三）通雅。升庵云憴憴戒也。說文引抑詩。今說文無此字。而爾雅有兢兢憴憴戒也。邢昺曰。抑篇子孫繩繩。小心戒也。

（四）見李調元古音複字敘。

(五)毛詩重言三篇。清王筠著。筠字菉友。山東安邱人。其書道光三十年刻。

劉燦之支雅

支雅。劉燦輯。(二)謂之支者。照爾雅之體例。而不用其篇目。其所釋者爲爾雅之支也。其書分目。「釋詞」「釋人」「釋官」「釋學」「釋禮」「釋兵」「釋舟」「釋車」「釋歲」「釋物」十目。爾雅。「粵」「于」「爰」日也。「爰」「粵」于也。「爰」「粵」「于」「那」「都」「繇」於也。已見釋詁中。此則爲釋詞一篇。分爲「發詞」「頓詞」「疑詞」「急詞」「緩詞」「設詞」「斷詞」「僅詞」「幾詞」「專詞」「別詞」「概詞」「繼詞」「承詞」「轉詞」「單詞」「總詞」「歎詞」「餘詞」「極詞」「或詞」「原詞」「複詞」「信詞」「戒詞」「願詞」「擬詞」「問詞」「應詞」「反詞」「到詞」「互詞」「省詞」「增詞」「進詞」「竟詞」三十六類。每類搜輯四字至八字不等。三十六類詞之分。雖無所師承。然亦可爲語詞參考之資。「釋人」「釋舟」「釋車」三篇。搜輯亦富。頗有統緒。「釋官」「釋學」「釋禮」「釋兵」「釋歲」五篇。略似彙書。不足重矣。「釋物」一篇。分子目廿二。一通論鳥獸草木、二鳥、三獸、四草、五木、六化生、七牝牡、八孕育、九靈知、十形異、十一形似、十二形奇、十三山中物名、十四性各異、十五性相制、十六移易人性、十七禽蟲稱虎、十八修短數、十九穀、二十竹、二十一果、二十二異果。頗有異聞無關訓詁。埤雅之流也。劉氏自未作注。所引出于何書。殊難稽。後亦無有爲之作注者。其書在羣雅中最不重要也。又有彬雅一書。（二）雖以雅名。實非雅體。茲不復述。

（一）支雅二卷。清劉燦著。燦有續廣雅。履略見前。支雅道光六年刊。

（二）彬雅八卷。題莊氏撰。其人未詳。以偏旁筆畫多寡分部。似乎文字書。原名爲字林。策莘莘。道光二十六年刊。後刊入益雅堂叢書內。題名彬雅。

類於雅之短篇小記

中國訓詁。託始於爾雅。爾雅以後之羣雅。曾經寓目者。次第記之於上矣。爾雅派之訓詁史。求之以上書中。當能得之。其他短篇小記。釋一名一物。爲爾雅十九篇每篇中之事。亦雅之類也。記之于下。

一、王念孫之釋大

釋大者。專釋一大字之義也。（一）按大之訓詁。爾雅三十九字。自爾雅以下。小爾雅六字。廣雅五十八字。毛詩傳義類五十字，拾雅九十字。可謂備矣，王氏之釋大。搜輯「岡」「公」「康」「廒」「勍」「莙」「眼」「吳」「灟」「繈」「昜」「己」「王」「巟」「宏」等一百七十六字。再由此一百七十六字展轉孳乳。關於大字之釋。如岡山脊也。亢人頸也。二者皆有大義。故山脊謂岡。亦謂之嶺。人頸謂之領。亦謂之亢。彊謂之剛。大繩謂綱。特牛謂之犅。大貝謂之魧。大瓮謂之瓬。其義一也。岡頸勁一聲之轉。故彊謂之剛。亦謂之勁。領謂之頸。亦謂之亢。由「岡」之一字。孳乳爲「亢」「嶺」「領」「綱」「剛」「犅」「魧」「勁」「頸」「瓬」十字。則一百七十六字之孳乳。使牙喉八母之字。得以大備。並由此可知牙喉八母之字。皆有大之義。亦言語學上可以研究之一事也。

二、莊綬甲之釋書名

釋書名者。釋關于書類各稱之稱謂也。（二）八卦結繩而後。書契代興而有文字。自是書名之稱謂日以增多。如書如也、舒也、庶也、箸也、紀也。各明一義。所釋不同。皆能言之成理。莊氏之釋書名。凡「文」「字」「書」「籀」「篆」「隸」「草」「行」「楷」以及「券」「契」

「方」「板」「策」「簡」「札」「牒」「篇」「簿」「筆」「紙」「墨」之類。搜輯羣義。貫穿成文。雖非甚精博。要亦可謂書名小史。

三、程瑤田之「釋宮」「九穀考」「釋草」「釋蟲」「果蠃轉語」

釋宮小記所以補爾雅之釋宮而作也。（三）按爾雅有釋宮一篇。文字簡古。後世不見古時之宮室。不僅制度不詳。卽名稱亦往往移易。程氏博考羣籍。求諸文字聲韻之原。確定棟梁本義。棟宋之半在上者。楣宋之半在下者。梁其楣之層者也。以是知今之所謂棟極之橫材也。今之所謂梁。栟之正材也。以今釋古。極爲有用。其他諸釋。亦皆精確不移。

九穀考。亦所以補爾雅之缺。（四）按爾雅釋草。九穀俱載。獨于麥不載來麰。而載雀麥燕麥。程氏于麥。釋來爲小麥。麰爲大麥。雖尙有缺略。以待後人。（寶應劉寶楠有釋穀四卷。本程氏之說。于豆麥麻三者。徵引尤富。）已足補爾雅之缺。其辨別禾黍稷三穀。最爲詳實。餘姚邵晉涵著爾雅正義。猶沿舊說。以粢稷衆秫。爲今之小米。以秬黑黍。爲今之高粱。程氏嘗致書論之。邵氏不從。是邵氏不以程氏之說爲然。然程氏之釋禾黍稷之穀。劉寶楠則認爲最精確者也。

釋草小記。亦爾雅釋草之餘。其實驗則爲近世注疏家所不及。（五） 植物之學。在于目驗。釋草小記計十餘篇。大抵皆取證于目驗。如黎取證山西農人之說。識一種葉小無定形。或橢或圓或收或闕者爲落黎。一種高八九尺。有紅心或白心者爲灰藋。又取證奚童之說。識細葉爲落黎之別一種。釋荼取證野人之說。識苦蕒即月令之苦菜。雖非自己目驗。亦猶之目驗也。至于釋芸。乃蒔一本于盆盎中。觀其枝葉之變化。後人求之山徑間。驗其拆甲與未拆甲之花胎。以正夏小正之言。與今日采標本爲植物之研究者。同一方法。其他名詞之考證。亦皆匯萃衆說。互求其是。

釋蟲小記。亦爾雅釋蟲之餘。（六） 釋蟲小記共五篇。其螟蛉蜾蠃異聞記一篇。辨釋極析。不僅以聲音訓詁相推求。而尤注重于目驗。其言曰。陳言相因。不如目驗。物類感化。誠亦有然。以目驗知螟蛉果蠃非一物。鸕鷀吐雛辨一篇。取證漁人之言。知鸕鷀亦能生卵。吐雛之說不可信。事事物物。取證于目驗。程氏之學所以精也。

果蠃轉語。釋雙聲疊韻之轉。亦雅之類也。（七） 凡草木鳥獸魚蟲之名。絕代別國之異語方言。由經典之所載。以至俚巷之歌謠。苟爲雙聲疊韻之轉者。無不觸類旁通。王石臞稱果蠃轉語。爲訓詁家未嘗有之書。亦不可無之書。其推崇至矣。

四、成蓉鏡之「釋飯鬻」「釋餅餌」「釋祭名」

釋飯鬻者。釋飯鬻之類及異名也。（八）飯之類。有「饔飯」「麥飯」「雜飯」「乾飯」及「水澆飯」等。同一乾飯。而有「糒」「糗」「麵」「糈」「糨」「糒」「糗」「餱」「臬」「麮」「麵」「粉」「糁」「餱」「餥」之異名。鬻之類有「麥甘粥」「寒粥」「薄粥」「厚粥」等。同一厚粥。而有「饘」「糜」「餬」「糏」「糓」「鬻」「粰」「糜」之異名。成氏博收羣籍。比類記之。雖僅飯鬻一事。而頗可觀也。

釋餅餌者。釋餅餌之異名也。（九）近世餅餌不分。實則溲米屑蒸之曰餌。溲麥屑蒸之曰餅。餅餌之異名。有「餻」「餈」「餄」「餣」「餢」「餚」等。餅之異名。有「飥」「餦餭」「餛飩」等。成氏博收羣籍。比類記之。雖餅餌一事。而亦頗可觀也。

釋祭名者。釋祭之異名也。（十）凡祭之名。有「郊」「享」「旅」「類」「宜」「造」「有事」「燔柴」「瘞埋」「庪縣」「浮沈」「布」「磔」「朝」「夕」「雩」

「禁」「社」「望」「禘」「祫」「祠」「礿」「嘗」「蒸」「釋奠」「釋菜」「蜡」「臘」「禡」「伯」「禱」「鼓」「奠」「虞」「卒哭」「成事」「祔」「小祥」「大祥」「禫」「繹」「肜」「復昨」「祓」等。同一奠而有「始死奠」「小斂奠」「大斂奠」「朝夕奠」「設祖奠」「大遣奠」之異。是等祭名。雖不用于現代。然頗可以考古時制度也。

五、孫星衍之釋人及葉德輝之釋人疏證

釋人者。釋人自胚胎以至手足鬚髮也。（十一）挈六書之菁華。得醫經之綱領。葉德輝爲之疏證。（十二）則凡人之一身可由此而得其稱謂之所由也。

（一）釋大八篇。清王念孫著。念孫字石臞。江蘇高郵人。此釋大手稿。王國維得之。以鉛字排印。

（二）釋書名一篇。清莊綬甲著。綬甲字卿珊。江蘇武進人。光緒十五年刊爲拾遺補藝齋遺書之二。

（三）釋宮小記一篇。清程瑤田著。瑤田字易疇。安徽歙縣人。此篇爲通藝錄之一。安徽叢書第二集。

（四）九穀考四卷。清程瑤田著。通藝錄之一。安徽叢書第二集。

(五)釋草小記一篇。清程瑤田著。通藝錄之一。安徽叢書第二集。

(六)釋蟲小記一篇。清程瑤田著，通藝錄之一安徽叢書第二集。

(七)果臝轉語記。清程瑤田著。解字小記載其目而無書。尹石公得稿本于北平。寄程演生。演生囑陳懷登方景略校之。洪澤丞復加校勘，合方陳二校語作一札記。安徽叢書第二集。

(八)釋飯粥一篇。清成蓉鏡著。蓉鏡字芙卿，江蘇寶應人。在心巢文錄中。南菁書院叢書本。

(九)釋餅餌一篇。清成蓉鏡著。在心巢文錄中。南菁書院叢書本。

(十)釋祭名一篇。清成蓉鏡著。在心巢文錄中。南菁書院叢書本。

(十一)釋人一篇。清孫星衍著。星衍字淵如，江蘇陽湖人。此篇在問字堂集中。平津館叢書本。商務印書館景印四部叢刊初編本。

(十二)釋人疏證兩卷。清葉德輝著。德輝字煥彬，湖南長沙人。觀古堂彙刊本。

第二章　傳注派之訓詁

毛傳鄭箋

毛鄭之歷略

漢書藝文志。毛詩二十九卷。毛詩故訓傳三十卷。但稱毛公。不著其名。後漢書儒林傳。始云趙人毛長傳詩。是爲毛詩。其字不从草作萇。隋書經籍志。載毛詩三十卷。漢河間太守毛萇傳鄭氏箋。於是詩傳始稱毛萇。然鄭玄詩譜云。魯人大毛公爲訓詁傳於其家。河間獻王得而獻之。以小毛公爲博士。所謂大毛公。毛亨也。小毛公。毛萇也。陸璣毛詩草木蟲魚疏云。孔子删詩授卜商。商爲之序。以授魯人曾申。申授魏人里克。克授魯人孟仲子。仲子授根牟子。根牟子授趙人荀卿。荀卿授魯國毛亨。毛亨作訓詁傳。以授趙人毛萇。據二書而觀。作傳者毛亨。非毛萇。隋志所云。殊爲錯誤。孔穎達正義云。大毛公爲其傳。由小毛公而題毛。是一種斡旋之說。或者如是。朱彝尊經義考。乃以毛詩二十九卷。題毛亨撰。注曰佚。毛詩訓故傳三十卷。題毛萇撰。注曰存。此種調停之說。殊無謂矣。鄭玄。字康成。北海密人。遊於馬融之門。其所注。有周易、尚書、毛詩、儀禮、禮記、論語、孝經、尚書大傳、中候乾象歷、天文七政論、魯禮禘祫義、六藝論、毛詩譜、駁許慎異義、答臨存周禮難。鄭氏發明毛義。自命曰箋。按說文云。箋表識書也。言於毛傳有發明。表識於上也。其六藝論云。注詩宗毛爲主。毛義若隱略。則更表明。如有不同。卽下己意。使可識別。據是以論。鄭氏箋毛。因毛傳而表識其傍。如今人之箋記。積而成帙。故謂之箋。不必如張華博物志所云。毛公嘗爲北海郡守。康成爲北海人。推公府用記郡將用箋之意。致敬毛公而用箋也。三家詩並行於兩漢之世。鄭氏兼習三家。其箋毛也。亦不廢三家之說。然自鄭箋既行。三家原書。皆次第悉廢矣。鄭學盛行。魏太常王肅獨反對之。鄭箋與毛傳稍有異同。王乃述毛而攻鄭。其攻鄭之著作。有毛詩注、毛詩駁議、毛詩奏事、毛詩問難。今其書皆佚。是非得失。無由判斷。宋歐陽修引其釋衛風擊鼓。鄭不如王。(歐陽修云。擊鼓五章。自爰居而下三章。王肅以爲衛人從軍者與室家訣別之辭。而鄭氏以爲軍中士伍相約誓之言。夫衛人暫出從軍。其辛伍豈宜相約偕老於軍中。此非人情也。當以王肅爲是。)而當時魏荊州刺史王基。反對王肅。著毛詩駁。以駁王而申鄭。今其書亦佚。是非得失。亦無由判斷。宋王應麟引其說芣苢一詩。謂王不如鄭。（王應麟云王肅引周書芣苢如李。出於西戎王基駁云。遠國異物非周婦人所采。）僅此二條。未能據爲定論。要之王肅難鄭。王基難王。大概門戶之見未必能得學術之眞。自此以後習毛詩者。大概沿鄭王是非之習。豫州刺史孫毓著毛詩異同評。以申王說。徐州從事陳統著難孫氏毛詩評。以明鄭義。祖分左右。互相攻擊。至唐孔穎達奉敕作詩義疏。用鄭氏毛詩箋。守疏不破注之例。而各家之說悉廢。至宋以後。始有異說。已非訓詁之範圍矣。

傳箋之例

康成箋詩。多與毛異字。如關雎首章。君子好逑。傳逑匹也。箋怨耦曰仇。改逑爲仇也。雄雉首章自詒伊阻。傳伊維也。箋伊當作緊。緊猶是也。改伊爲緊也。氓六章。隰則有泮。傳泮陂也。箋泮讀爲畔。畔涯也。改泮爲畔也。大叔于田二章。叔善射忌。傳忌辭也。箋忌讀如彼己之子之己。改忌爲己也。鳲鳩二章。其弁伊騏。傳騏騏文也。箋騏當作璂。以玉爲之。改騏爲璂也。下泉首章。浸彼苞稂。傳稂童粱。箋稂當作涼。涼草蕭蓍之屬。改稂爲涼也。車攻二章。東有甫草。傳甫大也。箋甫草圃田之草也。鄭有圃田。改甫爲圃也。鴛鴦三章。摧之秣之。傳摧挫也。箋摧今莝字也。改摧爲莝也。菀柳首章。上帝甚蹈。傳蹈動也。箋蹈讀曰悼。改蹈爲悼也。板七章。价人惟藩。傳价善也。箋价甲也。被甲之人。謂卿士掌軍事者。改价爲甲也。抑四章。用逷蠻方傳逷遠也。箋逷當作剔。剔治也。改逷爲剔也。桑柔四章。孔棘我圉。傳圉垂也。箋圉當作禦。改圉爲禦也。雲漢三章。先祖是摧。傳摧至也。箋摧當作嗺。嗺嗟也。改摧爲嗺也。韓奕首章。虔共爾位。傳共執也。箋共古之恭字。改共爲恭也。江漢四章。來旬來宣。傳旬徧也。箋旬當作營。女勤勞于經勞四方。改旬爲營也。召旻四章。草不潰茂。傳潰遂也。箋潰茂之潰當作彙。彙茂貌。改潰爲彙也。學者多以毛傳無破字例。而以鄭箋改字爲疑。朱氏珔作毛傳鄭箋破字不破字辨。其說極精。茲本其說而得其例。有二十一。

（一）有毛既易字而鄭卽如其意爲說者。如小弁譬彼壞木傳云壞瘣也。謂病傷也。明已易壞爲瘣。故爾雅釋木。瘣木符婁。某氏引詩作譬彼瘣木。而鄭祇云。猶內傷病之木。不云壞當爲瘣也。此類甚多。不獨采蘋之湘。載馳之蝱。萬不能作本字解也。

（二）有鄭改字而不甚異于毛者。如泮之隰則有泮。傳云泮陂也。泮本不訓陂。箋云讀爲畔。畔涯也。泮陂雙聲字。泮畔疊韻字。正義謂鄭實以申毛也。

（三）有鄭改字與毛異仍可通者。如苑柳上帝甚蹈。傳云蹈動也。箋云蹈讀曰悼。釋爲心中悼病。然檜風傳亦曰悼動也。則知蹈悼音義同。段以爲鄭仍申毛非易毛也。此與鼓鐘憂心且妯。傳云妯動也。箋云妯之言悼也。正同。

（四）有相傳之本異者。如終風願言則嚏。傳云嚏給也。箋云。嚏當讀爲不敢嚏咳之嚏。今俗人嚏云人道我。此古之遺語也。段謂經之嚏本不从口。故傳訓給。嚏不得訓給明矣。然安知非毛如他處借字之例。以嚏爲疐之假借。而鄭从本訓。若謂旣云讀爲。卽宜疐讀爲嚏。不得上下俱作嚏。則鄭禮注中引他經以爲例。或證其音。或證其義。而上下只一字者。蓋不一處。說文亦多。固不容以此相難。否則疐當讀爲嚏。不必引內則語。鄭於他改字。尠似此也。況狼跋載疐其尾。鄭何嘗不从毛訓給耶。

（五）有鄭已易義而不易其字者。如芄蘭容兮遂兮。傳云容儀可觀。佩玉遂遂然。箋云容容刀也。遂瑞也。正義舉大東鞙鞙佩璲爲證。則當遂易爲璲。而鄭仍用遂字也。

（六）有鄭已異義復異字而未嘗易者。如無衣與子同澤。傳云澤潤澤也。箋云襗褻衣近汙垢。正義謂上章言袍。下章言裳。則此亦衣名。故易傳爲襗。說文正作襗。云袴也。然鄭不云澤當襗也。

（七）有毛不定爲易字。鄭申之而始知者。如氓之信誓旦旦。傳但云信誓旦旦然。說文引作悬悬。悬悬猶怛怛也。箋云我其以信相誓旦旦耳。言其懇惻款誠。正與說文合。知非旦明之義。不必云旦當爲悬也。

（八）有不易毛字而似易者。如伐檀不素飧兮。傳云熟食曰飧。箋云飧讀如魚飧之飧。正義謂傳意以飧爲飧饔之飧。客始至之大禮。其食熟致之。箋用公羊傳趙盾食魚飧事。則是飯之別名。方與不素餐相配。故但云讀如也。

（九）有鄭已易毛字而不自謂易者。如車攻東有甫草。傳云甫大也。箋云甫草者甫田之草也。鄭有圃田。釋文云甫毛如字。鄭音補。謂鄭藪。而鄭不云甫當爲圃。以圃甫本通用。故圃田亦稱甫田也。

（十）有毛鄭俱易字而各異者。如采薇小人所腓。說文、腓脛腨也。斷非本義。傳云腓辟也。王肅述毛。以爲避患之義。是破腓爲避。箋云腓當芘。言戎役之所芘倚。芘卽庇字。是又破腓爲庇。避庇音同而字與義俱別也。

（十一）有毛鄭俱不易字。因異義而其字遂各異者。如敬之佛時仔肩。傳云。佛大也。是借佛為廢。爾雅義也。箋云。佛輔也。是又借佛為弼。似不易而實易也。

（十二）有毛易字而鄭轉不易者。如泉水不瑕有害。傳云瑕遠也。是以瑕假借為遐。箋云瑕過也。行無過差。則瑕玷字之本義也。

（十三）有毛鄭俱未易字。但異其義。而後人改之者。如十月之交悠悠我里。釋文里如字。毛病也。鄭居也。本或作痗。後人改也。是毛借里為痗。爾雅義也。鄭乃如字訓之。蓋毛易而鄭不易也。

（十四）有毛借義而鄭易字與之同者。如召旻云。不云自頻。傳云頻厓也。是以頻為瀕之省借。箋云頻當作濱。濱與瀕一也。

（十五）有毛不借字而鄭易之。實即其字者。如那置我鞉鼓。傳以為殷人置鼓。箋云。置讀曰植。書金滕植璧秉珪。注云植古置字。是植即置也。

（十六）有鄭易兩處同一字。而毛各異者。如斯干無相猶也。鼓鐘其德不猶。箋俱云猶當作瘉。瘉病也。觀角弓交相爲瘉。相瘉卽相猶。經正作瘉。是其證也。而傳於斯干云。猶道也。是借猶爲由。於鼓鐘則曰猶若也。若亦病也。卽鄭義也。

（十七）有毛不借字實借義。鄭始易其字者。如都人士垂帶而厲。傳云厲帶之垂者。說文厲旱石也。斷非本訓。帶之垂者。言帶之餘也。段以傳意謂厲卽烈之假借。烈餘也。箋云厲字當作裂。蓋裂餘也。烈又裂之轉借也。

（十八）有毛無文。鄭亦不直易其字者。如北風。其虛其邪。傳不釋邪。箋云邪讀如徐。曰讀如。不曰讀爲。然爾雅釋詩正作徐。是邪當爲徐也。

（十九）有鄭易毛而其字可通者。如大東。舟人之子。熊羆是裘。傳云舟人舟檝之人。熊羆是裘言富也。箋云舟當作周。裘當作求。聲相近故也。周人之子。謂周世臣之子孫。退在賤官。使搏熊羆。在冥氏穴氏之職。正義謂周人私人。卽東人西人。則無緣忽及舟檝之人。似箋較勝。然周舟本通字。說文裘皮也。求古文裘。求卽裘字。非有異也。

（二十）有鄭疑當易字而稍異其辭者。如甘棠。勿翦勿拜。拜不得用本義。箋乃云拜之言拔。不直云拜當爲拔也。

（二十一）有鄭但舉其誤不爲改字者。如靜女說懌女美。箋云懌當作釋。說文無懌字。懌祗作釋。君子偕老。其之展也。傳云禮有展衣。箋云展衣字誤。禮記作襢衣。則此二處俱非改其字也。本此例以求傳箋全部。必能愈知其異同之所以然矣。又有陳氏啓源有鄭箋破字異同辨。其說與朱氏有出入。其言曰康成釋詩。多改經字以就己說。說詩者譏之。然其閒得失懸殊。不能無辨。有自據當時讀本未嘗改者。如素衣朱繡。繡爲綃。（魯詩作綃。見士昏禮注。）串夷載路。串爲患。（釋文云。串一本作患。）好是稼穡。稼穡維寶。稼穡皆家嗇。（釋文云。尋鄭本二字皆無禾。）景員維河。河爲何是也。（釋文云。河本作何。）有古時音義本相通者。蘧篨不殄。殄爲腆。（疏引儀禮注云。腆古文作殄。）其魚魴鱮。鱮爲鰱。（疏云。鱮鰱古通用。）烝在栗薪。栗爲烈。公孫碩膚。詁厥孫謀。孫皆爲遜。示我周行。示爲寘。視民不恌。視爲示。抑此皇父。抑爲噫。飲酒溫克。溫爲蘊。既匡既敕。匡爲筐。維其勞矣。勞爲遼。靡人不周。周爲賙。懿厥哲婦。懿爲噫是也。此二者似改字而實非改也。又有改其字而不改其義者。如茅純束。純爲屯是也。有所改之字。義雖小異。而不甚相遠者。如自詒伊阻。所謂伊人。伊可懷也。伊誰之憎。字皆爲綮。出其闉闍。闍爲都。旣敬旣戒。敬爲儆。立我烝民。立爲粒。幅隕旣長。隕爲圓是也。有改之而有補于文義者。如良馬祝之。祝爲屬。齊子豈弟。豈弟爲闓圛。勿罔君子。勿爲末。莫肯下遺。遺爲隨。謂之尹吉。吉爲姞。應田縣鼓。田爲朄是也。有改之而亦無妨于文義者。山有橋松。橋爲槁。其人美且鬈。鬈爲權。有蒲與蕳。蕳爲蓮。攘其左右。攘爲饟。有兔斯首。斯爲鮮。其政不獲。政爲正。實墉實壑。實爲是。何天之龍。龍爲寵是也。又改所不必而文義返迂者。綠兮衣兮。綠爲褖。俟我乎堂乎而。堂爲棖。他人是愉。愉爲偷。不可與明。明爲盟。似續妣祖。似爲巳。（辰巳之巳。）祖先是皇。烝烝皇皇。皇爲暀。無自瘵焉。瘵爲際是也。陳氏條例。雖不如朱氏之縝密。而其有自據當時讀本未嘗改者一條。爲朱氏所未有。要之毛傳鄭箋之例。當合二氏之說而觀之。至於陳氏喬樅毛傳鄭箋改字說。已獨立成書。引證頗詳。設例似未分析。要亦可爲傳箋改字之參考也。

傳箋在訓詁學上之價值

文字有古今方國之殊。訓詁亦有古今方國之異。古人文字義書。存於今者。首推爾雅。詩經傳箋之訓詁。求之爾雅。同者固多。然亦有相違者。說文一書。雖爲文字之匯歸。而不能極假借之變化。而詩經用字。假借爲多。馬氏瑞有毛詩古文多假借考一篇。迻錄于下。以資參證。

毛詩爲古文。其經字類多假借。毛傳釋詩。有知其爲某字之假借。因以所假借之正字釋之者。有不以正字釋之。而卽以所釋正字之義釋之者。說詩者必先通其假借。而經義始明。齊魯韓。用今文。其今文多用正字。經傳引詩。亦多有正字者。正可藉以考證毛詩之假借。如毛詩汝墳惄如輖飢。據韓詩作愵如朝饑。知輖卽朝之假借也。毛詩何彼襛矣。傳襛猶戎戎也。據韓詩作何彼莪矣。知襛卽莪之假借也。毛詩芄蘭。能不我甲。傳甲狎也。據韓詩作能不我狎。知甲卽狎之假借也。毛詩小緡。是用不集。傳集就也。據韓詩作是用不就。知集卽就之假借也。毛詩文王。陳錫哉周。傳哉載也。據春秋傳及國語。皆引作載。知哉卽載之假借也。毛詩大明。俔天之妹。傳俔磬也。據韓詩作磬天之妹。知俔卽磬之假借也。凡此皆毛傳知其爲某字之假借。卽以所假借之正字釋之者也。如毛詩葛覃。害澣害否。傳害何也。據爾雅釋言曷盍也。廣雅。曷盍何也。知害卽曷之假借。傳正以釋曷者釋害也。采蘋于以湘之。傳湘烹也。據韓詩作於鬺之。知湘卽鬺之假借。傳正以釋鬺者釋湘也。毛詩甘棠。勿翦勿拜。傳拜之言拔也。據廣雅引詩作勿翦勿扒。云扒拔也。知拜卽扒之假借。傳正以釋扒者釋拜也。毛詩柏舟。如有隱憂傳隱痛也。據韓詩作如有慇憂。說文慇痛也。知隱卽慇之假借傳正以釋殷者釋隱也。凡此皆傳知爲某之假借而因以所釋正字之義釋之者也。

馬氏此文。論毛詩假借辨矣。然而未備也。蓋馬僅有二例。一以正字釋借字。一不以正字釋借字而以正字之例釋借字。要之馬氏僅論毛傳釋字之例。而未偏及于詩經爾雅字義異同之例。及傳箋假借轉注之例。猶未足以見傳箋在訓詁學上之價値。玆乃約各家之著。明詩經之訓詁於下。

（一）毛詩與爾雅同訓。如左右助也。流求也。悠思也。公事也。此詩傳與爾雅字義悉同者也。又如吁憂也。釋詁作盱。吁盱皆不訓憂。說文忓憂也。知吁盱俱爲忓之借字。任大也。釋詁作壬。郝氏云壬象人褱妊之形。故訓爲大。知任卽壬之借字。殆始也。釋詁作胎。漢書枚乘傳禍生有基福生有胎。服注基胎皆始也。胚胎物之始。知殆卽胎之借字。里病也。釋詁作瘇。說文悝病也。里者悝之借字。瘇者悝之俗字。此詩傳與爾雅。字雖不同而義無異者也。

（二）毛詩與爾雅不同訓。如毛詩寤寐思服。服思之也。爾雅釋詁服事也。服思之服。爲伏思之引申。服事之服。爲艮治之引申。義不同也。（朱駿聲云。服思之者。伏而思之也。說文。艮治也。服事字當用此。經傳皆以服爲之。）毛詩。左右芼之。芼擇也。爾雅釋言。芼搴也。芼擇之爲選擇。芼搴之爲拔取。義不同也。（說文。覒擇也。芼卽覒之借。孫炎云。擇菜是也。）毛詩。野有死麕。郊外曰野。爾雅釋地。郊外謂之牧。牧外謂之野。遠近不同也。（說文。邑外謂之郊。郊外謂之野。與毛同。）毛詩。心焉惕惕。惕惕猶忉忉。爾雅。惕惕愛也。毛以惕爲憂勞。爾雅以惕爲愛悅。不同也。（齊風甫田傳。忉忉憂勞也。惕之訓爲憂勞者。說文。惕敬也。敬者必恭而懼。憂勞之義。與恭懼近。惕無有愛悅訓。郭引韓詩。以爲悅人。故言愛。蓋借惕爲懌也。）以上所舉。皆毛詩之訓詁。與爾雅不同者也。

（三）一字數義。中國文字。有本義。有借義。有展轉相借義。任舉何文字。無有一義者。少則數義。多則十數義而未已。此種一字數義之故。在詩經上尤可考見。凡此一字數義。皆因假借而然。穀本爲百穀之總名。毛詩假爲善也。生也。祿也。時本四時之時。毛詩假爲善也。是也。義本己之威儀之義。毛詩假爲善也。宜也。逑本干逑之逑。毛詩假爲匹也。合也。流本流水之流。毛詩假爲求也。下也。干本干犯之干。毛詩假爲求也。厓也。扞也。澗也。懷本懷思之懷。毛詩旣用本義。又假爲和也。傷也。求也。歸也。康本穀皮之康。毛詩假爲安也。樂也。烈本烈火之烈。毛詩假爲列也。光也。業也。阜本山阜之阜。毛詩假爲大也。盛也。將本將帥之將。毛詩假爲大也。養也。行也。齊也。送也。願也。請也。壯也。側也。荒本荒蕪之荒。毛詩假爲大也。有也。奄也。虛也。空本空竅之空。毛詩假爲大也。窮也。盡也。觀以上所舉。則知一字數義。悉由于假借。而其假借也。其例有二。一由義之引伸而假。一由聲之相近而假。其義之引申而假借者。原于本無其字。依聲託事之假借。其假借也。皆一義之引申。不必別有本字以當之。如阜本山阜之大者。小曰𠂤。大曰阜。阜原有大之義。不必別有一阜以當大義也。其聲之相近而假借者。即鄭康成所謂倉卒無其字是也。其假借也。皆聲韻相近。必別有本字以當之。如將本將帥之將。假爲大爲壯。其本字當爲壯也。假爲行爲養爲送。其本字當爲牂也。假爲側。其本字當爲旁也。明假借之理。一字數義。不煩言已解矣。

（四）數字一義。戴氏東原以互訓釋轉注。段氏懋堂注說文解字本之。建類一首。謂分立其義之數字而一首。同意相受。謂無慮諸字。意指略同。義可互相灌注而爲一首。舉是爲例。則數字一義者。皆轉注之類。毛詩用字。假借爲多。此僅舉一字言之也。若夫觀其匯通。于一字分言之而爲假借者。于數字合言之。即轉注也。如毛詩逑儀特仇。皆訓爲匹也。於是知逑儀特仇。雖各有本義。若夫以匹之訓匯通之逑儀特匹。可以互訓。又如寧綏靜慰宴燕保遂密柔康。皆訓爲安也。于是知寧綏靜慰宴燕保遂柔密康。雖各有本義。若夫以安之訓匯通之甯綏靜慰宴燕保遂密柔康。可以互訓。陳氏奐本爾雅之例。著毛詩義類十九篇。其釋故一篇。皆所以明數字一義之例。如「淑」「吉」「良」「臧」「穀」「時」「義」「祥」「慶」「類」「价」「儀」善也。「虺」「瘨」「瘏」「閔」「痡」「疚」「瘥」「癙」「痒」「瘉」「里」「瘁」「邛」「祇」「痱」「瘼」「疷」「瘵」「癉」「梗」「鋪」「痛」病也。(不悉舉)以上皆數字一義。律以轉注之例。可以觀文字之通也。

毛鄭學各家

清乾隆以後研究詩經學者。多標漢學之名。所謂漢學者毛傳鄭箋也。開其先者。爲陳啓源之毛詩稽古篇。實爲漢學家之先導。訓詁一準爾雅。篇義一準小序。詩旨一準毛鄭。有爾雅毛傳異同鄭箋破字異同康成他注與箋詩異同釋文正義異同集傳用顏注韓詩異同等篇。又有字形字義字音等篇。皆是研究文字訓詁聲音之故。及後李黼平之毛詩紬義。戴震之毛鄭詩考。段玉裁之詩經小學。一宗漢詁。惟是擇言短促。門戶雖立。壁壘未堅也。至馬瑞辰著毛詩傳箋通釋。胡承珙著毛詩後箋。清代漢學家治詩之著作。遂有專書矣。馬氏之書通釋傳箋。時有新說而不繆。如蒹葭之詩。宛在水中央。馬氏謂央旁同意。詩多以中字爲語詞。水中央猶水之旁。與下二章水中坻水中沚同意。此其說新而不繆者也。胡氏之書引徵極爲豐富。斷制亦頗謹嚴。惟時有申毛糾鄭之處。已開舍鄭用毛之先路。如芄蘭之詩。能不我知。能不我甲。胡氏謂雖服成人之佩。而不自謂我知所以爲柔潤溫良而有成人之德。下章能不我甲。亦當云不自謂我已狎習。（中略）此皆正言之以反刺惠公之驕慢。所謂陳美以刺惡。傳用此意釋詩詞旨最爲深妙。若如箋說不如我衆人之所知爲。不如我衆人之所狎習。則淺直少味矣。此其申毛糾鄭者也。

乾嘉時治詩經學者。多以文字聲音訓詁名物。爲研究詩經之方法。鄭氏箋詩。所釋與毛詩或異。如關雎首章。君子好逑。傳逑匹也。箋怨耦曰仇。車攻二章。東有甫草。傳甫大也。箋甫草甫田之草也。板七章价人維藩。傳价善也。箋价甲也。被甲之人。謂卿士長軍事者。長發何天之龍。傳龍和也。箋龍當作寵。寵榮之謂。因之學者多以鄭箋改字爲疑。陳奐作毛詩傳疏。遂舍鄭用毛。謂近代說詩。兼習毛鄭。不分時代。

毛在齊魯韓之前。鄭在毛後四百餘載。不尙專傳毛自謂子夏所傳。鄭則兼用韓魯。陳氏之意。以鄭箋多韓魯之說。不僅文字聲音訓詁名物間有異乎毛已也。所以陳氏專爲毛傳作疏。以毛詩多記古文。信詳前典。或引申。或假借。或互訓。或通釋。或文生上下而無害。或辭生順逆而不違。要明乎世次得失之迹。而吟咏性情。有以合乎詩人之本意。故讀書而不讀序。無本之教也。詩序而不讀傳。失守之學也。文簡而義該。語正而道精。洵乎小學之津梁。羣書之鈐鍵也。陳氏之書確守毛傳。篤信小序。不雜入韓魯之說。其書于傳疏外。更釋毛詩音。以存漢以前之聲音。毛詩傳義類。以存漢以前之訓詁。鄭氏箋考微。以證鄭箋之用韓魯說。而其治詩條例。備于詩說一篇。如字借字同訓說。一義引伸說。一字數義說。一義通訓說。古字說。古義說。毛詩章句例。毛詩淵源通論。毛詩爾雅字異義同說。毛詩爾雅訓異字同說。毛傳不用爾雅說。毛傳用爾雅說。三家詩不如毛詩義優說。宮室圖說等篇。洵足爲治詩經學者研究文字訓詁聲音名物之助。此爲漢學家專宗毛傳之一派也。

當時朱氏珔以近人說詩。率尊毛抑鄭。作毛傳毛鄭破箋不破字辨一篇。意在調和毛鄭。謂古書多用假借字。倘今悉以本義解之。必扞格難通。故鄭不得不破字。不知毛之借。卽鄭之破字。共舉二十餘例。

〈見傳箋之例章。〉頗能舉毛鄭所釋之義而匯其通。惜未成爲專書。此爲漢學家調和毛鄭之一派也。又有江都梅植之專治鄭箋。擬爲鄭箋作疏。書亦未成。此爲漢學家專宗鄭箋之一派也。

陸德明之經典釋文

經典釋文唐德明著。（一）此書爲漢魏至于南北傳注派訓詁之總匯。其書首爲序錄。次周易、古文尚書、毛詩、周禮、儀禮、禮記、春秋左氏、春秋公羊、春秋穀梁、孝經、論語、老子、莊子、爾雅。所采漢魏六朝音切。凡二百三十餘家。又兼載諸儒之訓詁。各本之異同。後之人欲考見唐以前之訓詁者。注疏以外。惟賴此書。尋其條例。約有九。（一）古人音書。止爲譬況之說。孫炎始爲反語。魏朝以降。蔓衍實繁。世變人移。音訛字替。如徐仙民反易爲神石。郭景純反餤爲羽鹽。劉昌宗用承音乘。許叔重讀皿若猛。若斯之儔。今亦存之音內。（二）兩本俱用。二理兼通。今並出之。以明同異。其涇渭相亂。朱紫可分。亦悉書之。隨加刊正。（三）經籍文字。相承已久。如悅字作說。閑字爲閒。智但作知。汝止爲女。若此之類。今並依舊音之。（四）尚書之字。本爲隸古。既是隸寫古文。則不全爲古字。今宋齊舊本。及徐李等音。所有古字。蓋亦無成。穿鑿之徒。務欲立異。依傍字部。改變經文。疑惑後生。不可承用。今皆依舊爲音。其字有別體。則見之音內。然亦兼采說文字詁以示同異。（五）春秋人名字氏族及地名。或前後互出。或經傳更見。如此之類。不可具舉。若國異名同。及假借之字。不容疎略。皆斟酌折衷。務使得宜。（六）爾雅本釋墳典。字讀須逐五經。豈必飛禽卽須安鳥。水族便應著魚。蟲屬要作虫旁。草類皆從兩屮。如此之類。實不可依。今並校量。不從流俗。（七）方言差別。固自不同。河北江南。最爲鉅異。夫質有精粗。謂之好惡。（並如字。）心有愛憎。謂之好惡。（好呼報反惡烏路反。）當體卽云名譽。（音預。）論情則曰毀譽。（音餘。）及夫自敗（敗薄邁反）敗他（敗補邁反）之殊。自壞（壞呼怪反）壞撤（壞音怪）之異。此等或近代始分。或古已爲別。余承師說。皆辨析之。（八）比人言者。多爲一例。「如」「而」靡異。「邪」「也」弗殊。莫辨復（扶又反重也）復（音服反也）。寧論過（古禾反經過）過。（古臥反超過。）如此之儔。恐非爲得。將來君子。幸留心焉。（九）五經字體。乖替者多。如黿鼉從龜。亂辭從舌。席下爲帶。惡上安西。析旁著斤。離邊作禹。如寵（丑隴反）字爲竉（力孔反。）錫（思歷反）爲鍚（音陽。）用攴代文。將无（音無）混旡（音既。）若斯之流。便成兩失。又束旁作力。俗以爲約勑字。說文以爲勞倈之字。水旁作曷。俗以爲飢渴字。字書以爲水竭之字。如此之類。改便驚俗。

止不可不知耳。以上九例。雖有涉于字形字音之處。要之皆與字義有關係。陸氏釋文。集錄諸家。往往不能斷定而兼存之。尋其條例。當以先者爲優。後者爲劣。今攷之亦不盡然。如周禮搏埴之工。釋文兼收團搏二音。依前音宜从專。依後音宜从尃。據鄭氏注。搏之言迫也。迫與博聲相近。則經文當用搏而讀如博矣。爾雅釋山。小山岌大山峘。釋文胡官反。又兼存袁恒二音。依前音字當爲峘。依後音字當爲峘。二字說文皆無之。尋小山岌大山。當取緜亙之義。則讀如恆者爲正矣。釋草蔆蕨攈。釋文兼收忘悲居鄰居羣之音。依前音宜从麋。依後二音宜从麇。說文有攈無攈。則蕨攈爲雙聲。則文當作攈而讀如麋矣。釋草茸小葉。釋文豬葉反。又阻留反。依前音宜从耴。依後音宜从取。說文有菆無茸。亦當以後音爲正。左氏成四年。取氾祭。釋文兼釋凡祀二音。依前音當从㔾。依後音當从巳。杜注成皋縣東有氾水。今士人讀如祀音。則文當作汜而讀如祀矣。文十一年。鍚穴哀十二年戈鍚。釋文並音年。又是歷反。依前音當爲鍚。依後音當爲錫。今從辨之。（二）音讀與訓詁之關係極切。古今異義。每每以音讀之異而致異。假使不明其異讀。則異義幾無由明。陸氏釋文。兼出異音。有助于異義之考證極多也。其可爲讀經典釋文之助者。其書有四。一、盧文弨之經典釋考證。（三）二、沈淑之經典異文輯。三、沈淑之經典異文補。（四）四、馬敍倫之唐寫本經典釋文殘卷校語補正。（五）記之於下。

盧文弨字弨弓淸浙江餘姚人。以經典釋文一書毛居正譏陸氏偏于土音。輒他字以易之。後人信其說。遽以改本書。通志堂經解本雖多所校正。而誤改亦所不免。盧氏校刊經典釋文。別爲考證十卷。附于經典釋文之後。

沈淑字季和淸江蘇常熟人。以經典釋文中文字之異者。錄爲六卷。又以經傳中文字互異者。及注疏史漢說文諸書所引經傳文異者。爲經典異文補六卷。極足爲讀經典釋文之參考。

近人杭縣吳士鑑有經典釋文校語。余未之見。杭縣馬敍倫有唐寫本經典釋文殘卷校語補正。卽補正吳氏之校語也。

（一）經典釋文三十卷。唐陸德明著。此書有通志堂經解本。盧文弨校刊本。崇文書局本。商務印書館四部叢刊初編本。叢刊初編本卽通志堂經解本景印。

（二）見潛研堂文集二十七卷。跋經典釋文。

（三）經典釋文考證十卷。淸盧文弨著。附在經典釋文後。抱經堂叢書本。

（四）陸氏經典異文輯六卷。陸氏經典異文補六卷。清沈淑著。後知不足齋叢書本。

（五）唐寫本經典釋文殘卷校語補正一卷。近人馬敘倫著。民國七年排印本。

孔穎達賈公彥之義疏

漢魏以來之訓詁。萃於經典釋文。但是釋文一書。大概以音讀明訓詁。不如十三經注疏中之訓詁。更爲豐富也。戴氏震云。許氏說文。於古訓未能盡。從友人假十三經注疏讀之。則知一字之義。當貫羣經。本六書。然後爲定。（一）據戴氏言。說文所明者多本字之義。十三經注疏所明者多借字之義。不明本字之義。則不足以識字。不明借字之義。則不能讀經。所以段氏玉裁又云。必就其字之聲類。而後不以經妨字。訓詁必就其原文。而後不以字妨經。（二）十三經注疏中之訓詁。必就其原文。所以訓詁之材料。十三經注疏之中。較說文解字爲多也。戴氏雖合漢人之傳注而言。而唐人之義疏。亦在其內。毛傳鄭箋漢人之訓詁。已另爲一篇記之綦詳。茲篇所記。則爲孔穎達賈公彥之義疏。又以內容過富。不能備記。僅從孔穎達毛詩正義中。摘錄若干條。以見唐人訓詁之一班。上承漢而下啓宋也。

漢人訓詁。極其簡括。而唐人則加析矣。如桃夭之宜其家人。箋。家人猶室家。正義。家猶夫也。人猶婦也。

雄雉序之淫亂不恤國事。箋、淫亂者荒放于妻妾。正義、淫謂色欲過度。亂謂犯悖人倫。言荒放者。荒恣情欲。荒廢政事。北門之終窶且貧。傳、窶者無禮也。貧者困于財。正義、窶爲無財可以爲禮。故言窶者無禮。貧謂無財可以自給。故言貧者困于財。出其東門序之兵革不息。箋、兵謂弓矢干戈之屬。革謂甲胄之屬。以皮爲之。山有樞之弗曳弗婁。弗馳弗驅。傳、婁亦曳也。馳驅。正義、曳者衣裳在身行必曳之。婁與曳連則同爲一事。走馬謂之馳。策馬謂之驅。驅馳俱是乘車之事。則曳婁俱是著衣之事。羔裘之羔裘豹袪。傳、袪袂也。正義、袂是袖之大名。袪是袖頭之小稱。駟驖序之園囿之樂焉。無箋。正義、囿者域養禽獸之處。園者種菜殖果之處。小戎之厹矛鋈錞。傳、錞鐏也。正義、引禮記注。銳底曰鐏。取其鐏地。平底曰鐓。取其鐓地。宛丘序之淫荒昏亂。無箋。正義、淫荒謂耽于女色。昏亂謂廢于政事。衡門序之誘僖公。箋、誘進也。掖扶持。正義、誘謂在前導之。掖謂在傍扶之。丰序之婚姻之道缺。箋、婚姻之道。謂嫁娶之禮。正義、嫁謂女適夫家。娶謂男往娶女。論其男女之身。謂之嫁娶。指其好合之際。謂之婚姻。揚之水之忠臣良士。無箋。正義、言其事君則爲忠臣。指其德行則爲良士。子衿傳、古者教以詩樂。誦之歌之絃之舞之。正義、誦之謂背文闇誦之。歌之謂引聲長詠之。絃之謂以琴瑟播之。舞之謂以手足舞之。凡此皆唐人之訓詁而較析者也。賈公彥之疏。其析更甚。如鄭注。大曰邦。小曰國。邦之所居亦曰國。賈疏、周禮凡言邦國者。皆其諸侯之國。此言大曰邦。小曰國者。只據此文。邦在上。國在下。故爲此解。又云。邦之所居亦曰國。卽據王國而言。鄭注、百官所居曰府。賈疏、言百官所居曰府者。欲以官府爲一事。解與上府史之府別。彼府主藏文書。此府是百官所居處。鄭注、柄所秉執以起事者也。賈疏、柄者若斧斤之柄。人所秉執以起事。故以柄言之也。如是甚多。不悉舉。此所謂訓詁必原其原文也。義疏中之訓詁。其訓詁之資料。多于陸德明之釋文倍蓰。學者多以此爲經之正書。而不以訓詁書視之。特在訓詁學史上。略發凡于此。

（一）見戴東原文集與是仲明書。

（二）見經韻樓文集周禮漢讀考序。

宋理學家之訓詁

宋理學家言義理。不言訓詁。然理學家亦自有理學家之訓詁。如朱熹論語集註。盡己之謂忠。推己之謂恕。又云、中心爲忠。如心爲恕。雖不是訓詁正軌。而亦頗有意義。陳淳有北溪字義一書。（一）則爲集理學家訓詁之大成。茲略記于下。

命猶令也。性卽理也。心者一身之主宰也。情者性之動也。志者心之所之。意者心之所發。仁是愛之理。義是宜之理。禮是敬之理。智是知之理。盡己之謂忠。以實之謂信。無妄之謂誠。主一之謂敬。恭是敬之見于外。敬是恭之存于中。道猶路也。德者得也。萬古通行者道也。萬不易者理也。鬼神者造化之迹也。

此等訓詁。上不承于漢儒。而亦有與漢儒合者。如道路也德得也之類。惟其主觀太過。似乎訓詁必就其原文。實則有望文生義之弊。自宋至于清初。用此等訓詁解釋經傳。頗有相當之歷史。在訓詁學史上不能一概抹殺之。如王昭禹周禮詳解。（二）極多此等訓詁。或謂承王安石字說之遺。要之皆望文生義之類。茲略記于下。

格于上下謂之王。或而圍之謂之國。散其所藏曰匪。以等級之曰頒。圜有衆甫謂之圃。魚之鮮者包以致之。謂之鮑。魚之乾者肅以致之。謂之鱐。物類所聚而通上下者方也。人所立而下覆上承者位也。爲治之所覆有主治者若阜焉。則謂之官。所守在下以聽乎上而無或傷焉。則謂之職。官言其所司之人。職言其所掌之事。陳而飾之謂之設。別而制之謂之分。

全書中此等訓詁。幾及十之三四。而元景星學庸集說啓蒙。（三）每字爲訓。茲亦略記于下。

支流餘裔　支者木之末。流者水之末。餘者食之末。裔者衣之末。

晦盲否塞　晦如月之晦。盲如目之盲。否如气之否。塞如川之塞。晦盲言其不明。否塞言其不行。

發其歸趣　趣言其始。歸言其終。

虛靈不昧　虛者心之寂。靈者心之感。不昧是明。虛則明存于中。靈則明應于外。惟虛故能具衆理。惟靈故能應萬事。

此三者大學之綱領也　綱如網之有綱。領如衣之有領。

壹是　一切也。一切如以刀切物。取其整齊。

苟日新日日新又日新　苟字是志願眞確于其始。又字是工夫不斷于其終。

緝熙　緝連續無間斷之謂。熙是光明無蔽隔之謂。

瑟僩赫喧　瑟嚴密之貌。僩武毅之貌。赫喧宣著盛大之貌。

敖惰　敖只是簡于爲禮。惰只是懶于爲禮。

貪戾　貪則不讓。戾則不仁。

驕泰　驕者不肯下同民之好惡。泰者必至橫斂民之財用。

關于理學家訓詁。除北溪字義以後。只明輯性理大全中略有所錄。然皆不多。若有人能於宋儒所著六經中彙而記之。亦訓詁學史之資料也。

（一）北溪字義二卷、宋淳著。淳字安卿。漳州龍溪人、光緒九年學海堂重刊本。

（二）周禮詳解四十卷。宋王禹昭著。禹昭爵里未詳、大約徽欽時人。商務印書館印四庫全書珍本初編。

（三）學庸集說啓蒙。元景星著。至正時人。繼姓黃名元吉。字子文。通志堂經解本。

阮元之經籍纂詁

清代漢學家。關于訓詁之著述。如段玉裁之周禮漢讀考。陳壽祺之禮記鄭讀考。王引之之經義述聞。經傳釋詞等。其書極多。已採取爲淸代訓詁學方法一章。且亦限于篇幅。故各家之訓詁書皆不詳述。惟阮元之經籍纂詁。則確爲集傳注派之大成。且上及經文之訓詁。因殿于此章之末。

傳注之訓詁。散見于經傳中者。浩如烟海。戴東原朱笥河皆欲纂集傳注。以示學者。未及成編。阮氏撫浙時。自爲體例。命詁經精舍諸生分輯成書。（一）搜集極其豐富。以韻部分目。亦便檢查。其例大者有三。

（一）經傳本文之訓詁。如周書謚法。和會也。勤勞也。國語周語。基始也。命信也。易彖傳。需須也。師衆也。孟子。畜君者好君也。周語。敬文之恭也。忠文之實也。正德之道也。端德之信也。左氏文元年傳。忠德之正也。信德之固也。成十三年傳。禮身之幹也。敬身之基也。襄九年傳。元體之長也。亨嘉之會也。昭九年傳。陳水屬也。火水妃也。昭十二年傳。黃中之色也。裳下之飾也。昭十七年傳。漢水祥也。水火之牡也。公羊桓公八年傳。春曰祠。夏曰礿。穀梁桓四年傳。春曰田、夏曰苗。左氏襄三年傳。師衆以順爲武。昭二十八年傳。經緯千里曰文。魯語。咨才爲諏。左氏襄四年傳。咨親爲詢。宣十二年傳。止戈爲武。昭元年傳。皿蟲爲蠱。大戴記小辨。無患曰樂。樂義曰終。禮記曲禮。約信曰誓。涖信曰變。凡此皆經傳本文之訓詁。爲訓詁之最先者也。

（二）傳注之訓詁。如易乾子夏傳。元始也。豐子夏傳。蔀小也。詩關雎傳。淑善逑匹也。此傳注中某某也之類。書大傳顓者事也。禹者輔也。此傳注中某者某也之類。書大傳堯者高也饒也。受者推也循也。此傳注中某者某也某也之類。周禮天官序官注。體猶分也。佐猶助也。此傳注中某猶某也之類。冢宰注鄭司農云。士謂學士。兩謂兩丞。此傳注中某謂某某之類。詩召南箋。蘋之言賓也。藻之言澡也。此傳注中某之言某也之類。論語鄭注。同門曰朋。同志曰友。此傳注中某某曰某之類。周禮醢人注。鄭大夫杜子春。皆以拍爲膊。謂脅也。此傳注中以某爲某曰某之類。論語鄭注。恂恂恭順貌。便便言辨貌。此傳注中某某某某貌之類。儀禮士冠禮注。吾子相親之辭。子男子之美稱。伯仲叔季長幼之稱。甫是丈夫之美稱。此傳注中某某某某之辭某是某某之稱之類。論語鄭注。純讀爲緇。厲讀爲賴。此傳注中某讀爲某之類。禮記曲禮注。扱讀曰吸。繕讀曰勁。此傳注中某讀曰某之類。呂覽夏季注。飭讀如勅。士容注。胕讀如疛。此傳注中某讀如某之類。考工記注鄭司農云。函讀如國君含垢之含。泐讀如再扐而後卦之扐。此傳注中某讀如某某之某之類。儀禮鄉飲酒禮注。如讀若今之若。聘禮注。藪讀若不數之數。此傳注中某讀若某某之某之類。詩鹿鳴箋。視古示字。禮記曲禮注。或者攘古讓字。此傳注中某古某字之類。周禮外史注。古曰名。今曰字。論語鄭注。古者曰名。今世曰字。此傳注中古曰某今曰某之類。詩東山箋。古者聲栗裂同也。常棣箋。古聲塡窴塵同。此傳注中古聲某某同之類。論語鄭注。古字材哉同耳。周禮外府注。齎資同耳。此傳注中古字某某同之類。周禮天官序官注。嬪故書作賓。典枲注。故書齎作資。此傳注中故書作某之類。儀禮士冠禮注。今文扃爲鉉。古文鼏爲密。古文紒爲結。今文禮作醴。此傳注中古文某爲某今文某爲某之類。周禮小宰注。杜子春云。廉辨或爲廉端。掌金注。杜子春云。棘門或爲材門。此傳注中某某或爲某某之類。大戴記保傳盧注。鼙與鼓聲誤也。夜史爲字誤。此傳注中某誤爲某之類。周禮醢人注。齊當爲齍。內司服注。狄當爲翟。此傳注中某當爲某之類。內司服注。鄭司農云。屈者音聲與闕相似。鱣與展相似。此傳注中某聲近某之類。公羊莊二十八年傳注。伐人者爲客。讀伐長言之。見伐者爲主。讀伐短言之。此傳注中長言短言之類。公羊宣八年傳注。言乃者內而深。言而者外而淺。此傳注中內言外言之類。淮南本經注。騰讀近殆。緩氣言之。墜形注。旄讀近綢繆之繆。急氣言乃得之。凡此皆傳注中之訓詁。而其訓詁皆與聲韻相近者也。

（三）以訓詁代正文。如史記五帝紀引堯典克明俊德。作能明馴德。以能代克。以馴代峻也。慎徽五典。作愼和五典。以和代徽也。夏本紀引禹貢覃懷底績。作覃懷致功。以致功代底績也。九江孔殷。作九江甚中。以甚中代孔殷也。凡此代字。卽是訓詁也。

以上三者。經籍纂詁悉爲采入。其他如碑碣之假借古人名與字之相應。凡含有訓詁之性質者。亦采入無遺。凡傳注中之訓詁。以派別之不同。凡時間相隔。而訓詁各別者。頗多有之。學者生千百年之後。以定較善之訓詁。當網羅衆說而折衷之。王引之云。如易屯六二。女子貞不字。陸績訓字爲愛。已覺未安。至宋耿南仲誤讀女子許嫁笄而字之文。遂以字爲許嫁。更不可通。不如虞翻訓爲妊娠之善也。堯典克諧以孝烝烝乂不格姦。傳訓烝烝乂爲進進以善自治。頗爲不辭。不如蔡邕九疑山碑。讀以孝烝烝爲句。且依廣雅烝烝孝也之訓爲善也。陶臯謨。萬邦作乂。禹貢萊夷作牧。雲土夢作乂。史記夏本紀。皆以爲字代作字。文義未安。不如用詩駉篇傳訓作爲始之善也。禹貢嵎夷旣略。傳謂用功少曰略。乃望文生義。不如訓略爲治之善也。康誥遠乃猷裕乃以寧。傳讀猷字爲句。而訓猷爲謀。不如斷猷裕爲句。而用方言猷裕道也之訓爲善也。詩鄘風定之方中篇。匪直也人。檜風匪風篇。匪風發兮。匪車偈兮。小雅小旻篇。如匪行邁謀。箋並訓匪爲非。不如用左傳杜注訓匪爲彼之善也。王風中谷有蓷篇。暵其溫矣。傳箋並解爲水濕與暵字之義相反。不如讀濕爲隰。用通俗文欲燥曰隰之善也。魏風陟岵篇夙夜無寐。傳以爲寤寐之寐。不如讀寐爲沬。而用楚辭注沬已也之訓爲善也。小雅南有嘉魚篇烝然罩罩。烝然汕汕。傳依爾雅云罩罩籗也。汕汕樔也。不如說文訓爲魚游水貌之善也。菁菁者莪篇我心則休。釋文正義並以休爲美。不如用國語注休喜也之訓爲善也。北山篇我從事獨賢。箋以爲賢才之賢。不如毛賢訓賢爲勞之善也。菀柳篇無自暱焉。傳訓暱爲近。與無自瘵焉之文不類。不如廣雅暱病也之訓爲善也。都人士篇序。序服不貳。從容有常。鄭訓從容爲休燕。不如緇衣正義訓爲舉動之善也。大雅緜篇曰止曰時。箋訓時爲是。與曰止異義。不如訓時爲止之善也。卷阿篇有馮有翼。傳云道可馮依以爲輔翼。不如訓爲馮馮翼翼滿盛之貌爲善也。民勞篇無縱詭隨。傳云。詭人之善隨人之惡以疊韻之字而上下異訓。不如讀隨爲譎而訓詭譎之善也。雲漢篇昊天上帝。則不我虞。箋訓虞爲度。文義未允。不如訓爲有與助之善也。月令養壯佼。正義以佼爲形容佼好。與壯異義。不如訓佼爲健之善也。桓十一年左傳且日虞四邑之至也。昭六年傳始吾有虞于子。杜注並訓爲度。不如訓爲望之善也。宣十二年傳。董澤之蒲。可勝既乎。杜訓既爲盡。不如讀既爲墍。用摽有梅詩傳墍取也之訓爲善也。襄二十

二一〇

五年傳。馮陵我敝邑。不可億逞。杜訓億爲度。逞爲盡。不如訓爲盈滿也之善也。據王氏言。羅列各書訓詁。彼此互參。而較善之訓詁自能發見。經傳纂詁一書。詳列諸義。俾學者擇善而從。後之讀是書者。取古人之傳注。得其聲音之理。以知其所以然。其傳注有不安者。則博考以正之。則此書有裨于訓詁學也大矣。

（一）經籍纂詁并補遺一百六卷。清阮元輯。原刻本。光緒六年淮南書局補刻本。石印本。

第三章　釋名派之訓詁

釋名

釋名之作者與其時代

隋書經籍志。釋名八卷。劉熙撰。今本釋名。題漢徵士北海劉熙成國撰。陳振孫書錄解題。馬端臨文獻通考。皆如是題。按館閣書目云。漢徵士北海劉熙字成國撰。推揆事源釋名號。致意精微。崇文總目云。熙卽物名以釋義。顏之推亦云。劉熙製釋名。熙作熹。釋名作者。原無問題。惟又有劉珍釋名三十篇。劉熙漢書無傳。劉珍見于後漢書文苑傳。珍字秋孫。一名寶。南陽蔡陽人。永初中爲謁者。延光四年拜宗正。明年卒。撰釋名三十篇。以辨萬物之稱號。是珍安帝時人。卒於順帝永建元年。劉珍釋名。後無傳書。且不見著錄。劉熙釋名。歷見著錄。而事略頗少可徵。續博物志有漢博士劉熙書錄解題。館閣書目文獻通考。皆作漢徵士。又隋經籍志大戴禮記十三卷注。梁有謚法三卷。後漢安南太守劉熙注。亡。因之釋名有題爲安南太守劉熙撰者。於是釋名作者。遂有疑問。清四庫書目提要。後漢書劉珍傳稱珍撰釋名三十篇。其書名相同。姓又相同。鄭明選作秕言。頗以爲疑。然歷代相傳無引劉珍釋名者。則珍書久佚。不得以此當之也云云。亦無確實之證據。清畢沅辨之略析。其云三國吳志韋曜傳曜在獄中上辭。有云見劉熙釋名。信多佳者。然物類衆多。難得詳究。故時有得失。而爵位之事。又有非是云云。玩曜之語。則熙之書。吳末乃始流布。是熙之去曜。年代必當不遠。一也。舊本題安南太守劉熙撰。（一）近時校者。以二漢無安南郡。或云當作南安。今考劉昭注續漢書。稱三秦記曰。中平五年。分漢陽置南安郡。元和郡志亦云漢靈帝已立郡。是郡置已在漢末。二也。此書釋州國篇有司州。案魏志及晉地理志。魏以漢司隸所部河東河南河內宏農幷冀州之平陽合五郡置司州。是建安以前。無司州之名。三也。又云西海郡。海在其西。據劉昭注。則西海郡亦獻帝建安末立。其時去魏受禪不遠。四也。釋天等篇於光武列宗之諱均不避。五也。以此而推。則熙爲漢末或魏受禪以後之人無疑。（二）畢沅之辨雖析。尚不能確定劉熙爲何時人。闕於此節。錢大昕考之較確。其云近時校書　以司州之名。曹魏有之。而釋州國篇有司州。疑其爲魏初人。以予考之。殆非也。吳志程秉傳。避亂交州。與劉熙考論大義。遂博通五經。辭綜傳。少依族人。避地交州。從劉熙學。韋曜傳。曜因獄吏上書。見劉熙所作釋名。信多佳者。據此三文推之。則劉君漢末名士。建安中避地交州。故其書行於吳。而韋宏嗣因有辨釋名之作也。交州與魏隔遠。不當有入魏之事。史又不言其曾仕吳。殆遯跡以終者。淸風亮節。亦管寧之流亞歟。（三）錢大昕所考劉熙之時代。視畢沅爲切實。至于司州一事。錢大昕以爲卽司隸。漢司隸領一州。其州屬于司隸校尉。則司隸部亦可云州。左雄傳司冀復有大水。司與冀對舉。此書釋天篇一云豫司兗冀。一云兗豫司冀。與左雄傳文正同。不得以司州單詞。卽以劉熙爲魏初人。畢沅的結論。疑釋名兆於劉珍。踵於劉熙。至韋曜又補職官之缺。錢大昕的結論。范蔚宗以釋名爲劉珍所撰。今據吳志。則爲熙無疑。承祚去成國未遠。較之蔚宗。爲可信矣。兩者相較。自以錢大昕之論爲善。畢沅序作於乾隆五十四年。至五十五年又作一序。程秉傳辭綜傳皆已引及。其云吳之立國方五十二年。而韋曜下獄時。年已七十。則曜少壯時。與劉熙並世而同國。或嘗見熙亦未可知。謂釋名爲劉熙所作審矣。畢沅後序之說。已修改前序之說。而與錢大昕一致矣。統觀畢沅錢大昕之所考。或有兩釋名。劉珍之釋名早佚。劉熙之釋名獨傳。或只有劉熙之釋名。范蔚宗以爲劉珍。皆不可確知。今所傳之釋名。爲劉熙所撰。決無可疑者也。劉珍卒于順帝永建元年。閱九十四年漢亡。又十年吳建國程秉薛綜皆從劉熙遊。則劉珍與劉熙相去至少亦在五十年以上也。

（一）隋書經籍志。有安南太守劉熙注字。册府元龜亦云。後漢安南太守劉熙。因之舊本據以爲題。

（二）見釋名疏證序。此序成於乾隆五十四年。

（三）見潛研堂文集二十七卷釋名跋。

（四）見篆文釋名疏證序。此序成於乾隆五十五年。

釋名之內容及其條例

釋名者釋事物之名而作也。共計二十七篇。其分類略同爾雅。而無爾雅之「釋詁」「釋訓」「釋言」及「釋草」「釋木」「釋蟲」「釋魚」「釋鳥」「釋獸」「釋畜」十篇。由「釋親」廣爲「釋長幼」「釋親屬」。由「釋器」廣爲「釋采帛」「釋首飾」「釋牀帳」「釋用器」「釋兵」「釋車」「釋船」。由「釋地」廣爲「釋地」「釋州國」「釋道」。而「釋天」「釋山」「釋水」「釋丘」「釋宮室」「釋樂器」則如爾雅之舊。「釋形體」「釋姿容」「釋言語」「釋飲食」「釋書契」「釋典藝」「釋疾病」「釋喪制。」則爲爾雅所未有。其內容之大體。已超軼爾雅之外。畢氏沅謂其書參校方俗。考合古今。晰名物之殊。辯典禮之異。洵爲爾雅說文以後不可少之書。（一）其辨晰名物典禮。時出於爾雅說文之外。（二）即同一名物典禮。而稱謂殊異者。亦頗有之。（三）蓋因時代更易。稱謂遂別。亦有稱謂雖同。以聲韻言語之流變。而說解遂別。（四）至于每篇之內容。雖未能纖細具備。其書在爾雅小爾雅後三百餘年。在說文解字後略一百年。當時之名物典禮。頗有可以資參攷者。茲詳記每篇之內容于下。

釋天第一

「天」「日」「月」「光」「景」「晷」「曜」「星」「宿」「氣」「風」「陰」「陽」

「寒」「暑」「熱」「雨」「春」「夏」「秋」「冬」「時」「歲」「年」「載」「祀」

「金」「木」「水」「火」「土」「子」「丑」「寅」「卯」「辰」「巳」「午」「未」

「申」「酉」「戌」「亥」「甲」「乙」「丙」「丁」「戊」「己」「庚」「辛」「壬」

「癸」「霜」「露」「雪」「霰」「霢」「霂」「雲」「雷」「電」「震」「雹」「虹」

「霓」「暈」「曈」·「曀」「珥」「食」「朏」「霸」「晦」「朔」「望」「昏」「晨」
「祲」「氛」「霧」「蒙」「彗星」「孛星」「筆星」「流星」「枉矢」「厲」「疫」
「札」「災」「害」「異」「眚」「慝」「妖」「蠥」

釋地第二

「地」「土」「田」「壤」「原」「陸」「衍」「隰」「澤」「鹵」「黎」「墟」「鼠」
「肝」「湮」「盧」

釋山第三

「山」「阜」「陵」「冢」「陂」「岡」「涌」「崇」「岑」「喬」「巘」「礉」「磬」
「岵」「屺」「埒」「岨」「朝陽」「夕陽」「岄」「林」「麓」「石」「礫」

釋水第四

「瀆」「江」「淮」「河」「濟」「川」「澗」「濫泉」「沃泉」「氿泉」「肥泉」「雍沛」「涌泉」「瀆泉」「掌」「汜」「瀾」「淪」「涇」「湄」「海」「溝」「澮」「洲」

「渚」「沚」「坻」「潏」「島」

釋丘第五

「頓丘」「陶丘」「崑崙丘」「髦丘」「宛丘」「阿丘」「畝丘」「圜丘」「方丘」「融丘」「乘丘」「陼丘」「泥丘」「都丘」「梧丘」「畫丘」「載丘」「昌丘」「阯丘」「阻丘」「沚丘」「營丘」「陽丘」「宗丘」

釋道第六

「道」「路」「歧旁」「劇旁」「衢」「康」「莊」「劇驂」「崇期」「逵」「壕」「蹊」「徑」「亢」「涂」

釋州國第七

「青州」「州」「徐州」「揚州」「荊州」「豫州」「涼州」「雍州」「幷州」「幽州」「冀州」「兗州」「司州」「益州」「營州」「燕」「宋」「鄭」「楚」「周」「秦」「晉」「趙」「魯」、「衞」「齊」「吳」「越」「河南」「河內」「河東」「河西」「上黨」「潁川」「汝南」「汝陰」「東郡」「南郡」「北海」「西海」「南海」「東海」

「濟南」「濟北」「濟陰」「南陽」「邦」「都」「井」「邑」「丘」「甸」「鄙」

「縣」「郡」「伍」「里」「黨」「鄉」

釋形體第八

「人」「體」「軀」「形」「身」「毛」「皮」「膚」「肌」「骨」「服」「肉」「筋」

「膜」「血」「膿」「汁」「津」「汋」「汗」「髓」「髮」「囟」「髦」「會」「頭」

「首」「面」「額」「角」「頞」「目」「眼」「睫」「童子」「鼻」「口」「頰」

「舌」「齒」「牙」「頤」「耳」「脣」「吻」「立人」「髭」「承漿」「鬚」「髯」

「鬢」「距」「項」「頸」「咽」「胡」「胷」「臆」「膺」「腹」「心」「肝」「肺」

「脾」「腎」「胃」「腸」「臍」「脬」「陰」「脊」「肋」「膈」「腋」「肩」「甲」

「臂」「肘」「腕」「掌」「手」「節」「爪」「背」「脊」「尾」「要」「髖」「臀」

「尻」「樞」「髀」「股」「膝」「腳」「脛」「膞」「足」「趾」「蹠」「踝」「跟」

釋姿容第九

「姿」「容」「妍」「蚩」「行」「步」「趨」「走」「奔」「仆」「超」「跳」「立」「騎」「乘」「登」「載」「儋」「負」「駐」「坐」「伏」「偃」「僵」「側」「據」「企」「竦」「視」「聽」「觀」「望」「跪」「跽」「跌」「扶」「攀」「掣」「牽」「引」「掬」「撮」「摣」「捉」「執」「拈」「挟」「蹋」「批」「搏」「挾」「捧」「懷」「抱」「戴」「提」「挈」「持」「操」「攬」「擁」「撫」「拍」「摩娑」「蹙」「踐」「踖」「履」「蹈」「跐」「躡」「匍匐」「偃蹇」「望羊」「沐秃」「卦賣」「倚簁」「窶數」「齧掣」「衇摘」「貸騃」「臥」「寐」「寢」「眠」「覺」「寤」「欠」「嚏」「笑」

釋長幼第十

「嬰兒」「男」「女」「孺子」「悼」「齔」「長」「幼」「童」「弱」「壯」「強」「艾」「耆」「耄」「耋」「鮐背」「期頤」「老」「仙」

釋親第十一

「親」「屬」「父」「母」「祖」「曾祖」「高祖」「兄」「弟」「子」「孫」「曾孫」「玄孫」「來孫」「昆孫」「仍孫」「雲孫」「世父」「伯父」「仲父」「叔父」「季父」「從祖祖父母」「姑」「姊」「妹」「姪」「舅」「姑」「舅」「外舅」「外姑」「外甥」「出」「離孫」「歸孫」「姨」「私」「甥」「女君」「嫂」「叔」「公」「姒」「娣」「稙長」「孰」「亞」「婚」「姻」「后」「夫人」「內子」「命婦」「妻」「妾」「媵」「妃」「匹」「耦」「嫡」「庶」「鰥」「寡」「孤」「獨」

釋言語第十二

「道」「德」「文」「武」「仁」「誼」「禮」「智」「信」「孝」「慈」「恭」「悌」「敬」「慢」「通」「達」「敏」「篤」「厚」「薄」「懿」「良」「言」「語」「說」「序」「抴」「發」「撥」「導」「演」「頌」「讚」「銘」「勒」「紀」「識」「視」「是」「非」「基」「業」「事」「功」「取」「名」「號」「善」「惡」「好」「醜」

「遲」「疾」「緩」「急」「巧」「拙」「燥」「溼」「彊」「弱」「能」「否」「躁」
「靜」「逆」「順」「清」「濁」「貴」「賤」「榮」「辱」「禍」「福」「進」「退」
「羸」「健」「哀」「樂」「委」「曲」「蹤」「跡」「扶」「將」「縛」「束」「覆」
「蓋」「威」「嚴」「政」「教」「侍」「御」「雅」「俗」「艱」「難」「吉」「凶」
「停」「起」「翱」「翔」「出」「入」「候」「望」「狡」「夬」「始」「消」「息」
「姦」「宄」「誰」「往」「來」「麤」「細」「疏」「密」「甘」「苦」「安」「危」
「成」「敗」「亂」「治」「煩」「省」「閒」「劇」「貞」「淫」「沈」「浮」「貪」
「廉」「潔」「汙」「公」「私」「勇」「怯」「斷」「絕」「罵」「詈」「祝」「詛」
「盟」「誓」「佐」「助」「飾」「蕩」「啜」「嗟」「噫」「嗚」「念」「憶」「思」
「克」「慮」

釋飲食第十三

「飲」「食」「啜」「餐」「吮」「嗽」「含」「咀」「嚼」「啄」「齧」「餅」「糝」

「餌」「餈」「饡」「飧」「羹」「膗」「糜」「粥」「漿」「湯」「酪」「齏」「菹」
「䤈」「醢」「醓」「豔」「豉」「麴」「蘗」「鮓」「腊」「脯」「膞」「膾」「炙」
「脯炙」「釜炙」「脂炙」「貊炙」「膾細切」「生脠」「血脂」「膏饡」「兑」「韓
羊」「韓兎」「韓雞」「腝脬」「分乾」「肺腫」「雞纖」「兎纖」「餳」「飴」「餔」「酒」
「緹齊」「盎齊」「汎齊」「沈齊」「醴齊」「醳酒」「事酒」「苦酒」「寒粥」「干
飯」「糗」「餱」「麮」「柰油」「杏油」「桃濫」「柰脯」「鮑魚」「蟹胥」「蟹齏」
「桃諸」「瓠蓄」

釋采色第十四

「青」「赤」「黄」「白」「黑」「絳」「紫」「紅」「緗」「緑」「縹」「碧縹」「天
縹」「骨縹」「緇」「皁」「布」「絹」「縑」「練」「素」「綈」「錦」「綺」「綾」
「繡」「羅」「纚」「篣辟」「疏」「縠」「繐」「紈」「蒸栗」「紺」「繇」「綸」
「絮」「紬」「莫」

釋首飾第十五

「冠」「纓」「笄」「冕」「袞冕」「鷩冕」「毳冕」「絺冕」「章甫」「冔」「牟追」「收」「委貌」「弁」「爵弁」「皮弁」「韋弁」「纚」「總」「幘」「帽」「巾」「簪」「揥」「導」「鏡」「梳」「比」「啟」「鑷」「綃頭」「副」「步搖」「編」「次」「髲」「鬄」「䰉」「華勝」「釵」「爵釵」「瑱」「充耳」「璫」「脂」「粉」「黛」「脣脂」「香澤」「的」

釋衣服第十六

「衣」「裳」「領」「襟」「袂」「袪」「袖」「衿」「帶」「系」「衽」「裾」「玄端」「素積」「褘衣」「揄翟」「闕翟」「鞠衣」「襢衣」「褖衣」「韍」「佩」「襦」「絝」「褌衣」「襡」「褠」「中衣」「裲襠」「帕腹」「抱腹」「膺」「衫」「複」「襌」「反閉」「袿」「襈」「裙」「緣裙」「緣襹」「披」「直領」「交領」「曲領」「襌襦」「要襦」「半袖」「留幕」「袍」「候頭」「被」「衾」「汗衣」「褌」「幅」

「韤」「履」「屩」「屐」「鞾」「鞣釋」「鞵」「帛屐」「晚下」「靸」「仰角」

釋宮室第十七

「宮」「室」「奧」「屋漏」「窔」「宧」「中霤」「宅」「舍」「宇」「屋」「宗廟」

「寢」「城」「郭」「睥睨」「寺」「廷」「獄」「亭」「傳」「瓦」「梁」「柱」

「檼」「桷」「梠」「楣」「棳」「儒」「梧」「欒」「櫨」「斗」「笮」「甍」「壁」

「牆」「垣」「墉」「籬」「柵」「殿」「陛」「階」「陳」「屏」「蕭牆」「宁」

「序」「夾室」「堂」「房」「楹」「檐」「霤」「闕」「罘罳」「觀」「樓」「臺」

「櫓」「門」「障」「戶」「窗」「茨」「廬」「蒲」「庵」「廡」「井」「竈」「爨」

「倉」「庫」「廐」「廩」「囷」「庾」「囤」「圌」「廁」「泥」「塗」「堊」「墍」

釋牀帳第十八

「牀」「榻」「獨坐」「枰」「几」「筵」「席」「簟」「蒻」「蒲平」「氈」「褥」

「裘溲」「榻登」「貂席」「枕」「帷」「幕」「帟」「幔」「帳」「斗帳」「嫌」「幢」

容」「戶㡘」「帖」「幄」「承塵」「搏壁」「扆」「屏風」

釋書契第十九

「筆」「硯」「墨」「紙」「板」「奏」「札」「簡」「笏」「槧」「牘」「籍」「檄」「檢」「璽」「印」「謁」「符」「傳」「券」「莂」「契」「策書」「册」「示」「啟」「書」「畫」「刺」「題」「署」「告」「表」「約」「敕」「謂」

釋典藝第二十

「三墳」「五典」「八索」「九丘」「經」「緯」「圖」「讖」「易」「禮」「儀」「傳」「記」「詩」「尚書」「春秋」「國語」「爾雅」「論語」「法」「律」「令」「科」「詔書」「論」「讚」「敘」「銘」「誄」「謚」「譜」「碑」「詞」

釋器用第二十一

「斧」「鐮」「斨」「仇」「矛」「錐」「椎」「鑿」「鐫」「耒」「耜」「犁」「檀」「鋤」「欘」「鶴」「枷」「鍤」「杷」「柫」「耨」「鎛」「鏵」「鏺」「銍」「斤」

「斲」「鋸」

釋樂器第二十二

「鍾」「磬」「鼓」「鞉」「鞞」「箭」「簴」「業」「瑟」「箏」「筑」「箜篌」「枇杷」「塤」「篪」「簫」「笙」「竽」「搏拊」「柷敔」「舂牘」「籥」「篴」「鐃」「歌」「吹」「吟」

釋兵第二十三

「弓」「弩」「矢」「服」「笮」「鞬」「刀」「削」「琫」「珌」「拍髀」「佩刀」「翦刀」「書刀」「封刀」「鉸刀」「削刀」「戟」「戈」「車戟」「手戟」「矛」「矟」「仇矛」「夷矛」「𨗨矛」「殳矛」「盾」「吳魁」「滇盾」「陷虜」「步盾」「孑盾」「犀盾」「木盾」「彭排」「甲」「劍」「鋋」「鉤鑲」「常」「旂」「旃」「旗」「旟」「物」「旐」「旞」「旌」「緌」「綏」「白旆」「翳」「幢」「旛」「校」「節」「鐸」「金鼓」「戚」「戉」

釋車第二十四

「車」「路」「金路」「玉路」「象路」「革路」「木路」「鉤車」「胡奴車」「元戎車」「輂車」「柏車」「羊車」「墨車」「重較」「役車」「軘車」「容車」「衣車」「獵車」「小車」「高車」「安車」「羸車」「羊車」「檻車」「軺車」「輜車」「軿車」「輈」「衡」「游環」「脅驅」「陰」「靷」「沃」「續」「文鞇」「鞦」「軾」「靯鞲」「轂」「轅」「枕」「薦版」「較」「立人」「槅」「隆彊」「棨」「輞」「輪」「輿」「軸」「釭」「鐧」「轄」「輠」「軹」「笭」「蓋」「軬」「轑」「杠」「轉輗」「屐」「鉤心」「轉」「堂」「軞」「紲」「紛」「轡」「勒」「鑣」「鞅」「樊纓」「韅」「靽」「䩭」「韁」「鞧」「鞘」

釋船第二十五

「船」「桅」「柁」「櫓」「笮」「櫂」「帆」「笭」「覆」「廬」「飛廬」「爵室」「先登」「艨衝」「赤馬舟」「檻」「斥候」「艒」「艇」

釋疾病第二十六

「疾」「病」「疹」「疢」「痛」「癢」「眩」「歷堖」「禿」「盲」「瞽」「矇」「瞍」「瞎」「通視」「眇」「瞧」「浸」「聾」「鼽」「齲」「瘖」「癭」「癰」「消渴」「嘔」「欬」「喘」「吐」「姤」「疝」「脴」「哺」「注病」「泄利」「隤」「痿」「痔」「酸」「消」「懈」「厥」「瘧」「疥」「癬」「胗」「腫」「癰」「瘺」「創」「痍」「瘢」「痕」「瘤」「贅」「肬」

釋喪制第二十七

「死」「不祿」「卒」「薨」「崩」「殪」「徂落」「殺」「誅」「溺」「燒」「兵」「弒」「縊」「雉經」「考竟」「棄市」「斬」「輼」「烹」「掠」「壽終」「夭」「殤」「考」「妣」「物故」「尸」「襲」「冒」「絞衿」「含」「握」「斂」「棺」「槨」「柩」「殯」「攢」「縗」「絰」「絞帶」「斬」「齊」「大功」「小功」「緦」「麻」「錫縗」「疑縗」繐疏「環絰」「弁絰」「葬」「壙」「輀」「柳」「牆」「翣」

「披」「紼」「綷」「緎」「小要」「明器」「塗車」「芻靈」奠「殷奠」「虞」「卒哭」「祔」「小祥」「大祥」「禫」「冢」「墓」「丘」「陵」「碑」「渴」「慢」「埋」「棄」「捐」

釋名所釋名物典禮。計一千五百二事。雖不完備。亦可以略窺見當時名物典禮之大概矣。至其條例。據顧千里釋名略例。其例有十。（五）茲本顧氏之例。記之於下。

（一）本字例。如冬曰上天。其氣上騰與地絕也。以上釋上。此本字之例也。

（二）疊本字例。如春曰蒼天。陽氣始發。色蒼蒼也。以蒼蒼釋蒼。此疊本字之例也。

（三）本字而易字例。如宿宿也。星各止宿其處也。以止宿之宿釋星宿之宿。此本字而易字之例也。

（四）易字例。如天。顯也。在上高顯也。以顯釋天。此易字之例也。

（五）疊易字例。如雲。猶云云。衆盛意也。以云云釋云。此疊易字之例也。

（六）再易字例。如腹。複也。富也。以複也富也再釋腹。此再易字之例也。

（七）轉易字例。如兄、荒也。荒、大也。以荒釋兄，而以大轉釋荒。此轉易字之例也。

（八）省易字例。如綈。似[虫弟]蟲之色。綠而澤也。如不省，當云綈[虫弟]也。以[虫弟]釋綈，而省[虫弟]也二字。此省易字之例也。

（九）省疊易字例。如夏曰昊天。其氣布散顥顥也。（六）如不省。當云昊猶顥顥。以顥顥釋昊，而省昊猶顥顥四字。此省疊易字之例也。

（十）易雙字例。如摩娑。末殺也。以末殺雙字釋摩娑雙字。此易雙字之例也。

以上十例。總之不外本字與易字二例。本字可以說明者。即用本字釋之。如冬天所以名爲上天者。以其氣上騰也。本字不可以說明者。即易字以字以說之。如夏天所以名爲昊天者。以其氣布散顥顥也。昊無布散廣大之義。故易灝字以釋之。但顧氏十例尚有漏略。亦有不甚的處。如以其氣上騰釋上天。一爲向上之上。爲動詞。一爲在上之上爲名詞。惟省上上也三字。當爲省本字而易字例。其本字例者。如布、布也。布列衆縷爲經。以緯橫成之也。即以布列衆縷以爲布名。此眞本字例也。又有省本字例者。如涼州。西方所以寒涼也。涼州之涼。即寒涼之涼之意。惟省涼涼也三字。又有加本字例。如素朴素也。

已織則供用不加功飾也。素之一名。卽取朴素之意。惟加一朴字。此外有不以音釋而以意釋者。如道出其右曰畫丘。人尙右。凡有指畫。皆用右也。又有不以音釋而以形釋者。如鼻下曰立人。取立于鼻下狹而長似人也。此種在全書中雖不甚多。亦是全書中之例。更有不釋者。如朏月未明也。不釋月未明所以名朏之故。此雖極少。亦宜列一例。又有不釋隨事名之者。如山東曰朝陽。山西曰夕陽。隨日所照名也。又有不釋只言亦如者。如婦人蔽膝亦如之。凡此皆宜列例。照顧氏十例外。當增八例。（一）省本字而易字例。（二）省本字例。（三）加本字例。（四）以意釋例。（五）以形釋例。（六）不釋例。（七）隨事名之例。（八）亦如例。

（一）見畢沅釋名疏證序。

（二）說文無褌字。新附有之。褌屬。釋名釋衣服。褌跨也。兩足各以一跨騎也。本胡服。趙武靈王服之。爾雅釋丘無陽丘。釋名釋丘。丘高曰陽丘。體高近陽也。此類甚多。略舉二條爲例。

（三）說文。平土有叢木曰林。釋名釋山。山中叢木曰林。林、森也。森森然也。爾雅釋宮。狹而修曲曰樓。釋名釋宮室。樓、言牖戶諸射孔婁婁然也。此類亦甚多。略舉二條爲例。

（四）說文。天、顚也。釋名。釋天。豫司兗冀。以舌腹言之。天、顯也。在上高顯也。青徐以舌頭言之。天、坦也。坦然高而遠也。說文。山、宣也。宣氣散生萬物。釋名。釋山。山、產也。產生萬物。此類亦甚多。略舉二條爲例。

（五）顧廣圻字千里。清江蘇元和人。精校勘之學。道光十九年卒。年七十。釋名略例。刊在清經解經義叢鈔中。

（六）畢沅曰。顚今本作皓。皓俗字也。說文。顥白皃。从頁景。楚辭天白顥顥。據此當作顥。

釋名在訓詁學上之價值

訓詁由於假借。假借與聲韻有甚切之關係。（一）釋名一書。皆以雙聲疊韻釋義。而雙聲尤多。即以釋天一篇言之。如天顯也。坦也。昊天其氣布散灝灝也。旻天旻閔也。乾健也。玄縣也。日實也。月闕也。光晃也。廣也。景竟也。晷規也。曜燿也。星散也。宿宿也。（下宿讀如秀）氣愾也。風氾也。放也。陰蔭也。陽揚也。寒扞也。暑煮也。熱爇也。雨羽也。輔也。春蠢也。夏假也。秋緧也。冬終也。時期也。歲越也。祀巳也。金禁也。木冒也。水準也。火化也。毀也。土吐也。子孳也。丑紐也。寅演也。卯冒也。辰伸也。巳已也。午仵也。未昧也。申身也。酉秀也。戌恤也。亥核也。乙軋也。丙炳也。丁壯也。（二）戊茂也。己紀也。庚猶更也。辛新也。壬妊也。癸揆也。霜喪也。露慮也。雪綏也。霰星也。雲猶云云又運也。雷硍也。電殄也。震戰也。雹跑也。虹攻也。霓齧也。暈捲也。曀翳也。霾晦也。珥耳也。晦灰也。朔蘇也。昏損也。晨伸。祲侵也。氛粉也。霧冒也。疫役也。札截也。災裁也。害割也。眚省也。慝態也。妖殀也。孽櫱也。以上諸字之義。皆以雙聲疊韻釋之。其非雙聲疊韻者。則叠本字以釋。如蒼天陽氣始發色蒼蒼也。蒙日光不明蒙蒙然也。孛星星旁氣孛孛然也。或於本字上下加一字以釋。如甲孚甲也。霸月始生霸然也。或就本字而釋。如上天其氣上騰與地絕也。唐虞曰載載生物也。霢霂小雨也。言裁霢歷霑漬如人沐頭惟及其上枝而根不濡也。震又曰辟歷辟析也。所歷皆破析也。虹又曰美人男美於女女美於男互相隨奔之時。則此氣盛故以其盛時名之也。日月虧曰食稍稍侵虧如蟲食草木葉也。（三）弦若張弓弦也。望遙相望也。彗星光梢似彗也。筆星末銳似筆也。流星如流水也。枉矢言其光行若射矢之所至也。厲中人如磨厲傷物也。異者異於常也。但此等頗少。亦有非雙聲疊韻並非本字以釋。且有不釋者。如年進也進而前也。朏月未明也。此等尤少。據釋天而言。全部釋名。皆可謂雙聲叠韻釋義。其乾健也等見于經典。日實也等見于說文。其不見於經典說文者甚多。或爲古時訓詁之流傳。或爲當時訓詁之特徵。要皆在訓詁學上有重要之價值。分析以求。有二十八例。一與經典同訓。二與經典不同訓。三與經典同訓而實不同。四與經典不同訓而實同。

五與爾雅同訓。六與爾雅不同訓。七與爾雅同訓而實不同。八與爾雅不同訓而實同。九與說文同訓。十與說文不同訓。十一與說文同訓而實不同。十二與說文不同訓而實同。十三與諸子同訓。十四與諸子不同訓。十五與諸子同訓而實不同。十六與諸子不同訓而實同。十七與緯同訓。十八可以解說經典者。十九可以解說爾雅者。二十可以與說文互相證者。二十一可以解說傳注者。二十二有孤說無他證者。二十三有自爲說者。二十四有古語之遺者。二十五有當時之方言者。二十六有當時器物之稱謂者。二十七有漢代之制度者。二十八有可以校正古書之誤者。記之于下。

（一）與經典同訓。所謂經典者。詩書易三禮三傳孝經論語孟子也。不舉爾雅者。以爾雅爲訓詁之專書。另條言之也。如釋天。乾健也。健行不息也。易象曰天行健。君子以自強不息。又繫辭。夫乾者天下之至健也。釋地。坤順也。上順乾也。易繫辭。夫坤天下之至順也。釋天。春蠢也。萬物蠢然生也。夏假也。寬假萬物使生長也。禮記鄉飲酒義。春之爲言蠢也。產萬物者聖也。夏之爲言假也。養之長之。假之仁也。釋長幼。二十曰弱。言柔弱也。三十曰壯。言丁壯也。四十曰強。言堅強也。五十曰艾。艾乂也。乂治也。六十曰耆。耆指也。不從力役。指使人也。禮記曲禮。二十曰弱冠。三十曰壯有室。

四十曰強而仕。五十曰艾服官政。六十曰耆指使。鄭注指事使人也。凡此之屬皆與經典同訓者也。

（二）與經典不同訓。如釋天秋緧也。緧迫品物使時成也。（四）禮記鄉飲酒義秋之爲言愁也。愁之以時察守義者也。（五）釋天冬終也。物終成也。（六）禮記鄉飲酒義。冬之爲言中也。中者藏也。釋長幼七十曰耄。頭髮白耄耄然也。八十曰耋。耋鐵也。皮膚黑色如鐵也。九十曰鮐背。背有鮐文也。禮記曲禮。七十曰老而傳。八十九十曰耄。凡此之屬皆與經典不同訓者也。

（三）與經典同訓而實不同。如釋親屬士庶人曰妻。禮記曲禮。士曰婦人。庶人曰妻。釋名渾言士庶人。曲禮單言庶人也。釋親屬無妻曰鰥。鰥昆也。昆明也。目恆鰥鰥然也。無夫曰寡。寡踝也。踝踝單獨之言也。禮記王制。老而無妻者謂之矜。老而無夫者謂之寡。孟子老而無妻曰鰥。老而無夫曰寡。釋名凡無妻無夫者皆謂之鰥寡。王制孟子必老而無妻無夫者。始謂之鰥寡也。釋親屬無父曰孤。孤顧也。顧望無所瞻見也。禮記王制。少而無父者謂之孤。孟子幼而無父曰孤。釋名凡無父者皆謂之孤。王制孟子必幼少無父者。始謂之孤也。凡此之屬。皆與經典同訓而實不同者也。

（四）與經典不同訓而實同。如釋天艮限也。時未可聽物生止之也。易彖傳艮止也。限止義通。

（七）釋天巽散也。物皆生布散也。易序卦傳巽者入也。入而後說之。故受之以兌。兌者說也。說而後散之。入而說。說而散。義相通也。釋州國五家爲伍。以五爲名也。又謂之鄰。周禮小司徒及黨正。皆云五人爲伍。言人者以人計。言家者以家計。家可以代表人也。周禮遂人云五家爲鄰。周禮蓋析言之。釋名又謂之鄰。釋名蓋渾言之也。凡此之屬。皆與經典不同訓而實同者也。

（五）與爾雅同訓。爾雅者訓詁專書之最古者也。宋代以後。雖列入十三經之內。茲以其是訓詁專書。特另列不與經典相渾。如釋山。山頂曰冢。山脊曰岡。山大而高曰嵩。小而高曰岑。山銳而高曰喬。山上有水曰埒。爾雅釋山。山頂冢。山脊岡。山大而高崧。山小而高岑。銳而高嶠。山上有水埒。凡此之屬。皆與爾雅同訓者也。

（六）與爾雅不同訓。如釋山。石載土曰岨。土載石曰崔嵬。爾雅釋山。石戴土謂之崔嵬。土戴石爲砠。與此相反。釋宮室。宮穹也。屋見于垣上。穹隆然也。室實也。人物實滿其中也。爾雅釋宮。宮謂之室。室謂之宮。爾雅謂宮室同實而異名。釋名謂環其外者謂之宮。其內爲室。釋宮室。樓言牖戶諸射孔婁婁然也。爾雅釋宮狹而修曲曰樓。釋名牖戶諸孔婁婁者謂之樓。爾雅凡狹而修曲謂之樓。不必牖戶諸孔也。凡此之屬。皆與爾雅不同訓者也。

（七）與爾雅同訓而實不同。如釋水。側出曰氿泉。氿軌也。流狹而長。如車軌也。爾雅釋水。氿泉穴出。穴出側出也。側出之訓雖同但流狹而長如車軌者。未必皆穴出。穴出之泉。其流雖狹。未必皆長如車軌也。釋丘。銳上曰融丘。融明也。明陽也。凡上銳皆高而近陽者也。爾雅釋丘。再成銳上爲融丘。釋名凡上銳高而近陽者。皆謂之陽丘。爾雅必再成而銳上者。始謂之陽丘。郭注成重也。再成再重也。凡此之屬。皆與爾雅同訓而實不同者也。

（八）與爾雅不同訓而實同。如釋水。天下大水四。謂之四瀆。江河淮濟是也。瀆獨也。獨出其所而入海也。爾雅釋水。江河淮濟爲四瀆。四瀆者發原注海者也。釋名以獨出入海釋瀆。爾雅以發原注海釋瀆。獨出其所。其所者卽發原之處也。釋水。風行水波成文曰瀾。瀾連也。波體轉流相及連也。爾雅釋水。大波爲瀾。釋名雖不言大波。但波體轉流相及連。卽大波之謂也。凡此之屬。皆與爾雅不同訓而實同者也。

（九）與說文同訓。說文解字。是文字聲韻訓詁之總書。其訓詁之誼必求其朔。且必與形聲應。是說文解字之書。雖在爾雅之後。而其本字之訓詁。尙在爾雅之先也。故特舉之。如釋天。日實也。光明盛實也。月闕也。滿則闕也。水準也。準平物也。火毀也。物入中皆毀壞也。土吐也。能吐生萬物也。丑紐也。寒氣自屈紐也。卯冒也。載冒土而出也。巳已也。陽氣畢布已也。午仵也。陰氣從下上。與陽相仵逆也。說文日實也。大昜之精不虧。月闕也。太侌之精。水準也。北方之行。火燬也。南方之行炎而上。土地之吐生萬物者也。丑紐也。十二月萬物動用事。卯冒也。二月萬物冒地而出。巳已也。四月陽氣已出。陰氣已臧。萬物見。成彣彰。午啎也。五月陰氣啎逆陽氣冒地而出也。凡此之屬。皆與說文同訓者也。

（十）與說文不同訓。如釋天。金禁也。氣剛毅能禁制物也。未昧也。日中則昃。向幽昧也。酉秀也。秀者物皆成也。戌恤也。物當收斂矜恤之也。說文。金五色金也。黃爲之長。久薶不生衣。百鍊不輕。從革不韋。西方之行。未味也。六月滋味也。五行木老于未。酉就也。八月黍成可爲酎酒。戌威也。九月陽氣微。萬物畢成。陽下入地也。凡此之屬。皆與說文不同訓者也。

（十一）與說文同訓而實不同。如釋天。木冒也。華葉自覆冒也。說文。木冒也。冒地而生。東方之行。釋名之冒爲葉之自覆。說文之冒爲木之冒地。釋天。癸揆也。揆度而生。乃出土也。說文。癸冬時水土平可揆度也。釋名之揆言萬物自身之揆度。所謂陽氣動于下也。說文之揆言水土既平。可以揆度土地也。釋天霜喪也。其氣慘毒。物皆喪也。說文霜喪也。成物者。釋名訓喪以喪物爲言。霜所以肅殺物也。說文訓喪以成物爲言。詩秦風傳白露爲霜而四時成。按所謂喪于彼成于此也。凡此之屬。皆與說文同訓而實不同者也。

（十二）與說文不同訓而實同。如釋天歲越也。越故限也。說文。歲木星也。越歷二十八宿宣徧陰陽。十二月一次。說文之越歷。卽釋名越也之義。說文十二月一次。卽釋名限也之義。釋天申身也。物皆成。其身體各申束之。使備成也。說文。申神也。七月陰氣成體。自申束。身與神之訓雖不同。而成體申束之義同也。釋天亥核也。收藏百物。核取其好惡眞僞也。說文。亥荄也。十月微陽起。接盛陰。釋名之核爲考核之核。說文之荄爲根荄之荄。所訓雖不同。考核而知其爲根荄。好惡眞僞知其實乃始得其根荄也。釋天。乙軋也。自抽軋而出也。說文。乙象春草木冤曲而出。陰氣尚彊其出乙乙也。說文之冤曲而出。卽釋名之抽軋而出也。凡此之屬皆與說文不同訓而實同者也。

（十三）與諸子同訓。諸子者。周秦諸子。及兩漢人之書也。兩漢以前人之著作。絕少空言。而訓詁之存于著述極爲豐富。故亦舉之。如釋天。火化也。消化萬物也。白虎通。火之爲言化也。陽氣用事。萬物變化也。釋天。時期也。物之生死各應節期而止也。白虎通。時者期也。陰陽消息之期也。釋天。雲猶云云。呂氏春秋。雲氣西行云云然。釋天。子孳也。戊茂也。白虎通。子者孳也。戊者茂也。凡此之屬皆與諸子同訓者也。

（十四）與諸子不同訓。如釋水。江公也。諸水流入其中所公共也。風俗通。江者貢也。珍物可貢獻也。釋水。瀆獨也。各獨出其所而入海也。白虎通。瀆者濁也。中國垢濁。發源東注海。釋州國。縣懸也。懸係于郡也。風俗通。縣玄也。言當玄靜平徭役。釋喪制。諸侯曰薨。薨壞之聲也。白虎通。薨之爲言奄也。奄然亡也。凡此之屬皆與諸子不同訓者也。

（十五）與諸子同訓而實不同。釋長幼。男任也。典任事也。白虎通。男者任也。任功業也。事之範圍普徧。凡人所任者皆可謂之事。功業之範圍稍別。凡人所任者不可皆謂之功業。釋親屬。匹辟也。往相辟耦也。白虎通。庶人匹夫者匹偶也。與其妻爲陰陽相偶之義也。一夫一婦成一室。明人君者。不可使男女有過失時無匹偶也。釋名之辟耦。卽白虎通之匹偶。釋名之辟耦。自相辟耦。白虎通之匹偶。人君毋使男女失其匹偶。釋言語。凶空也。就空亡也。墨子七患篇。三穀不收謂之凶。釋名之凶指一般空亡而言。是凶之通名。墨子之凶。指三穀不收而言。是凶之專名。凡此之屬。皆與諸子同訓而實不同者也。

（十六）與諸子不同訓而實同。釋天。丁壯也。物體皆丁壯也。白虎通。丁者強也。按強壯義同。釋言語。良量也。量力而動。不敢越限也。賈子道術篇。安柔不苛謂之良。按安柔不苛。卽量力不敢越限之義。釋言語。名明也。名實使分明也。號呼以其善惡呼名之也。春秋繁露。鳴而命施謂之名。名之爲言鳴與命也。號之爲言謞而效也。謞而效天地者爲號。鳴而命者爲名。訓雖不同。而其義則一也。凡此之屬。皆與諸子不同訓而實同者也。

（十七）與緯同訓。緯書盛行于漢代。康成注經。閒引證之。後儒引證緯書者極多。緯之訓詁。與經殊科。多奇異之說。釋名成于東漢之末。閒有與緯同訓者。特舉之。如釋天雲又言運也。運行也。初學記引春秋說題辭雲之爲言運也。動陰路觸石而起謂之雲。合陽而起以精運也。釋天。虹攻也。純陽攻陰氣也。春秋元命苞。陰陽爲虹蜺。按卽陽攻陰之義。釋天。霧冒也。氣蒙亂覆冒物也。春秋元命苞。霧陰陽之氣也。陰陽怒而爲風。亂而爲霧。氣蒙冒覆地之物也。釋天。辛新也。物初新者皆收成也。春秋元命苞辛者陰始成。與初新收成之義合。凡此之屬。皆與緯同訓者也。

（十八）可以解說經典者。經典中之名詞。有可解其當然而不能解其所以然者。說文解字。有單詞之訓。未有合二字爲名詞之訓。爾雅雖頗有之。而不釋其所以然。釋名每一名詞。皆言其所以然之故。雖未免或有牽強附會之處。然古人制名詞之思想。或可由此而窺其一二。如詩邶風泉水。我思肥泉。傳所出同所歸異。爲肥泉。正義引爾雅泉歸異出同流爲肥。何以名肥之故。終言之未析也。釋名釋水。所出同所歸異曰肥泉。本同出時所浸潤少。所歸各枝散而多。似肥者也。邶風旄丘之葛兮。傳前高後下曰旄丘。正義引爾雅。而亦不能明所以名旄丘之故。釋名釋丘。前高曰髦丘。（旄髦通）如馬舉頭垂髦也。左文十六年傳。楚大饑。戎又伐其東南。至于陽丘。注陽丘楚邑。

疏不言何以名為陽丘。莫之知也。釋名釋丘。丘高曰陽丘。體高近陽也。詩大雅抑。相在爾室。尚不愧于屋漏。傳西北隅謂之屋漏。禮記中庸亦引此詩注同。西北隅何以謂之屋漏不能明也。釋名釋宮室。西北隅曰屋漏。禮每有親死者。輒徹屋之西北隅薪。以爨竈煑沐供諸喪用。時若値雨則漏。遂以名之也。凡此之屬。皆可以解說經典者也。

十九）可以解說爾雅者。爾雅為訓詁最古之書。然其為訓詁也。而無解說。如爾雅釋丘。當途梧丘。而不解說何以名梧丘之故。途出其右而還之畫丘。而不解說何以名畫丘之故。途出其前戴丘。而不解說何以名戴丘之故。澤中有丘都丘。而不解說何以名都丘之故。釋名釋丘。當途曰梧丘。梧忤也。與人相當忤也。道出其右曰畫丘。人尚右。凡有指畫皆用右也。道出其前曰載丘。（戴載通）在前故載也。澤中有丘曰都丘。言蟲鳥往所都聚也。又如爾雅釋宮四達謂之衢。而不解說何以名衢之故。五達謂之康。而不解說何以名康之故。六達謂之莊。而不解說何以名莊之故。七達謂之劇驂。而不解說何以名劇驂之故。釋名釋道。四達曰衢。齊魯間謂四齒杷為欋。欋杷地則有四處。此道似之也。五達曰康。康昌也。昌盛也。車步併列竝用之言充盛也。六達曰莊。莊裝也。

裝其上使高也。七達曰劇驂。驂馬有四耳。今此道有七。比於劇也。凡此之屬。皆可以解說爾雅者也。

（二十）可以與說文互相證者。說文是整理文字學之書。形聲義皆互相關應。雖其解說未免有牽強附會之處。要爲當時相傳之說。決非出於許君私人之臆見。劉成國之解說名詞。極有許君解說單字之精神。惜成業蓋寡。不足媲美于說文。而其解說。要亦爲當時相傳之說。決非出于劉成國私人之臆見。所以釋名與說文。有可以互相證者。如說文禾部。秦伯益之後所封國。地宜禾。从禾舂省。段玉裁疑之曰。職方氏雍州穀宜黍稷。豈秦穀獨宜禾與。王紹蘭訂之曰。溝洫志韓使水工鄭國說秦令鑿涇水。于是關中沃野。又趙中大夫白公復奏穿渠引涇水。民得其饒。歌之曰。涇水一石。其泥數斗。且溉且糞。長我禾黍。此戰國秦漢以後。秦地宜禾之證也。釋名釋州國。秦津也。其地沃衍有津潤也。此更足爲秦地宜禾之證。說文壬部。壬位北也。侌極昜生。故易曰龍戰于野。戰者接也。象人褱妊之形。壬之形並不象人褱妊。壬之爲妊則古流傳之義。釋名釋天。壬妊也。陰陽交物懷妊也。至子而萌也。即段玉裁說文注所亥壬合德。亥壬包孕陽氣至子則滋生矣。是也。說文丁部。丁夏時萬物皆丁實。釋名釋丁壯也。物體皆丁壯也。按丁之雙聲爲當。廣韻丁當也。「當」「強」「壯」疊韻。白虎通丁者強也。強壯卽實義。說文帛部。錦襄邑織文也。从帛金聲。照文字學例。聲多兼義。錦从金聲。其義難言。照言語發達之程序而言。襄邑織文。所以名爲錦者。必有聲韻互相關係之故。釋名釋采帛。錦金也。作之用功重。其價如金。故其制字。從帛與金也。名襄邑文爲錦之故。雖無他證。或亦如是。凡此之屬。皆可與說文互相證者也。

（二十一）可以解說傳注者。漢人作注。多以今物釋古物。至于今日。漢時之今物。又爲今日之古物矣。所以漢時之物。漢人所共知者。作注者不必加以說明。人人共曉。今日不加以解說。卽不能知其爲何物。如鄭注禮記間居傳云。苄今之蒲平也。苄固不知爲何物。卽蒲平亦不知爲何物也。釋名釋牀帳云。蒲平。以蒲作之。其體平也。鄭箋氓詩云。帷裳。童容也。帷裳倘可以意會。童容則更難知矣。釋名釋牀帳云。幢容。幢童也。施之車蓋童童然。以隱蔽形容也。凡此之屬。皆可以解說傳注者也。

（二十二）有孤說無他證者。劉成國之著釋名。必本古時流傳之說。與當日通行之語。其孤說而

二四六

無證者。必今日而已泯滅也。此種泯滅之孤說。在訓詁學上自有其本身之價值。不可以其無證而漠視之也。如釋天。辰伸也。物皆伸舒而出也。畢沅曰伸之義訓。孤而無據。當訓震爲安。釋天。戌恤也。物當收斂矜恤之也。畢沅曰。律書白虎通說文皆說戌爲滅。與恤義不合。釋喪制。獄死曰考竟。考得其情。竟其命於獄也。考竟一名詞。亦不見于經傳。又如釋典藝。八索。索素也。著素王之法。若孔子者聖而不王。制此法者有八也。與相傳所解八索之說不合。然文選閒居賦引賈逵左傳注。八索素王之法。僅此一證。據此可見古訓之逸者甚多也。凡此之屬。皆其孤說無他證者也。

（二十三）有自以爲說者。劉成國以聲韻爲訓詁。每一名詞義。必以聲韻釋之。卽不免有自以爲說之處。如釋天。雨羽也。如鳥羽動則散也。雨小從雲上也。暑煮也。熱如煮物也。雪綏也。水下遇寒氣而凝。綏綏然也。霰星也。水雪相摶。如星而散也。雹跑也。其所中物皆摧折。如人所蹴跑也。釋牀帳。筵衍也。舒而平之。衍衍然也。嫌廉也。自障蔽爲廉恥也。釋喪制。死于水者溺。溺弱也。不能自勝言之也。既定死曰尸。尸舒也。骨節解舒。不復能自勝斂也。凡此之屬。皆自以爲說者也。

（二十四）有古語之遺者。言語時時變遷。文字略爲固定。羣經之記載。如尙書數篇外。難尋古時言語之遺留。欲知古語。當求之訓詁諸書。釋名雖作於漢末。古語之遺留。往往有之。如釋天露慮也。覆物也。皮錫瑞曰。覆慮蓋古語。亦謂之覆露。漢書晁錯傳覆露萬民。嚴助傳。陛下垂德惠以覆露之。淮南子時則篇包裹覆露。皆以覆露連文。卽覆慮也。慮露一聲之轉。孫詒讓曰。釋宮云。廬慮也。取自覆慮也。釋天虹又曰美人。郭璞注云。俗名美人虹。異苑曰。古語有之曰。古者有夫妻荒年。菜食而死。俱化成青虹。故俗呼爲美人虹。凡此之屬。皆古語之遺者也。

（二十五）有當時之方言者。漢以前之方言。有揚子雲一書爲之記載。釋名雖非記載方言之書。而當時之方言。或可見之于釋名之中。如釋天。天豫司兗冀。以舌腹言之。天顯也。在上高顯也。青徐以舌頭言之。天坦也。坦然高而遠也。風。兗豫司冀。橫口合脣言之。風氾也。其氣博氾而動物也。青徐言風。踧口開脣推氣言之。風放也。氣放散也。又如釋水。今兗州人謂澤爲掌也。釋兵。鏑敵也。言可以禦敵也。齊人謂之鏃。約脅而鄒者陷膺。（八） 言可以陷破膺敵也。今謂之曰露見是也。釋喪制。漢以來謂死爲物。故言其諸物皆就朽故也。凡此之屬。皆存當時之方言者也。

（二十六）有當時器物之稱謂者。漢代器物。不傳于今者多矣。今日器物。原始于漢。有其器物尚沿用。而稱謂已異。有稱謂尙同。而不知原始者。如釋牀帳。搏壁以席搏著壁也。卽後世之壁衣。釋飲食。雞纖。細擗其腊令纖然後漬以酢也。兔纖亦如之。卽後世之雞鬆。釋首飾。香澤者。人髮恒枯頓。以此濡澤之也。卽今日之生髮油。釋衣服。裲襠。其一當胸。其一當背也。卽後世之背心。又如「榻登」「屏風」「剪刀」「書刀」今尙有其器物稱謂亦相同。釋名釋牀帳。榻登。施之承大牀前。小榻上登以上牀也。屏風。言可以屏障風也。釋兵。剪刀。翦進也。所翦稍稍進前也。書刀。給書簡札有所刊削之刀也。凡此之屬。皆當時器物之稱謂者也。

（二十七）有漢代之制度者。漢律見于說文解字者頗多。釋名中亦頗有之。有明言漢制者。有不明言漢制而實是漢制者。如釋書契。漢制約封侯曰册。册賾也。敕使整賾不犯之也。此明言漢制者也。其不明言漢制者。如釋典藝。碑。被也。此本葬時所設也。施鹿盧以繩被其上。引以下棺也。臣子追述君父之功美。以書其上。後人因焉。無故建于道陌之頭顯見之處。名其文。就謂之碑也。用以下棺。是古時之碑制。建于道之頭顯見之處者。是漢時之碑制。凡此之屬皆漢代之制度者也。

（二十八）有可以校正古書之誤者。篆變而隸。隸變而眞。竹木變爲縑楮。縑楮變爲鏤木。古書流傳至今者譌奪羨誤。不可紀數。有賴于古書彼此之互相校讎。釋名每一名詞。必言其所以然之故。苟有誤字。知之路易。如爾雅釋丘。水出其右正丘。水出其前渻丘。釋名釋丘。水出其右曰沚丘。沚止也。西方義氣有所制止也。水出其前而阯丘。阯基阯也。言所出然。爾雅之渻字正字。有致誤之可能。釋名沚止也。阯基阯也。沚字阯字。決不容有誤。又如詩陟彼岵兮。陟彼屺兮。毛傳。山無草木曰岵。山有草木曰屺。釋名釋山。山有草木曰岵。岵怙也。人所怙取以爲事用也。山無草木曰屺。屺圮也。無所出生也。毛傳岵字屺字有顚倒之可能。釋名解說岵屺二字。決不容有誤。以釋名校古書。較爲有據。凡此之屬。可以校正古書之誤者也。

據以上二十八例而觀。釋名在訓詁學上之價值。不在爾雅方言之下。可惜取材未宏。而不足以資後人之探討者也。

（一）見訓詁學內容章第二節。

（二）丁當雙聲。當壯疊韻。

（三）按食當作蝕。此條疑是日月虧曰蝕。蝕食也。但無證。

（四）說文緧馬紂也。假借爲遒。字亦作道。說文迫也。考工記。舟人必緧其牛後。即迫之意。即遒之借字。荀子議兵篇。鰌之以刑罰。彊國篇大燕鰌吾後。莊子秋水篇。鰌我亦勝我。悉是遒之假借字。

（五）俞樾禮記鄭讀考云。注愁讀爲揫。揫斂也。按說文韋部䪷收束也。或作揫。又手部揫束也。詩曰百祿是揫。是揫字說文兩見。而義則同。尹知章注管子四時篇。范望注太玄玄數篇。并曰秋揫也、即用鄭義。廣雅釋詁。秋愁也。御覽時序部引書大傳曰。秋者愁也。則仍以本字說之。

（六）說文。冬四時盡也。从仌夂夂古文終。尸子。冬爲信。北方爲冬。冬終也。

（七）王先謙釋名疏證補云。王先愼曰。限與很義通。易艮卦鄭注。艮之言很也。一陽在上。二陰在下。陽君陰臣不相通。說文很不聽從也。並與時未可聽物生義近、又說文很下云一曰行難也。限下云阻也、行難即阻難、故高誘注秦策云。限難也。直以難訓限、與此限止義合。

（八）陷虜者。盾之別名。畢沅曰。鄰、狹小之言也。

釋名以後之續廣與補及校注

劉熙釋名。在訓詁學上之價值。已具論於上矣。惟取材不宏。漏略殊多。概以音釋。則牽強之處。亦不能免。章曜云。劉熙作釋名。信多佳者。然物類衆多。難得詳究。故時有得失。因作辨釋名一卷。（一）其書已佚。見於唐宋人所引。僅二十有五條。（二）如車古皆尺奢反。後漢以來始有居音。以辨劉熙釋名。車古者曰車聲如居。言行所以居人也。今曰車聲近舍。車舍也。行者所處若居舍也。爲讀音之誤。證以何彼襛矣之詩。劉熙之讀音不誤。實爲韋曜之誤。（三）其餘二十四條。悉是爵位之釋。爲今本釋名所無。無可對勘。惟是劉熙釋名。其漏略與牽強之處。不能絕無。茲略本張金吾之廣釋名序與釋名原本勘之。如釋親屬而不及于夫。釋樂器而不及于琴。典藝釋詩。有興賦比雅頌而無風。釋易僅言變易。而不言簡易不易。釋州國「燕」「宋」「鄭」「楚」「周」「秦」「晉」「趙」「魯」「衞」「齊」「吳」「越」備載而無蜀。此其漏略者也。至若星散也。辰伸也。不若星訓精。辰訓震之爲得。（四）姊積也。妹昧也。不若姊訓恣。妹訓末之爲得。（五）山產也。河下也。不若山訓宣。河訓荷之爲得。（六）江公也。濟濟也。不若江訓貢。濟訓齊之爲得。（七）州注也。不若疇也。殊也。周也之訓爲善。（八）豫豫也。不若舒也。序也之訓爲善。（九）歲越也。年進也。不若訓遂。訓仍之聲更相協。（十）

未昧也。酉秀也。不若訓昧訓老之說更精確。（十一）水波揚爲揚州。不若厥性輕揚之說。（十二）在幽昧爲幽州。不若其氣深要之說。（十三）取兗水以爲名。不若訓兗爲信。（十四）取營室以爲名。不若訓營爲平。（十五）斧爲甫。不若斧之言捕。（十六）鐘爲空。不若鐘之言動。（十七）旌有精光。不若精進士卒之有意義。（十八）戰恭爲旆。不若旆表士衆之有意義。（十九）棺關也。不若訓完之有意義。（二十）柩究也。不若訓久之有意義。（二十一）此其未免牽強者也。漏略之處。是否成國本書之漏略。抑展轉傳鈔之漏略。吾意二者必兼有之。而本書之漏略實多。其大者如草木鳥獸之名。一無所釋。卽官職之釋。亦待韋曜之補。（二十二）惟是名物典章。其數極繁。劉熙之釋名。當是據所知者釋之。不求完備。附有待後人之續。然斷非續其一二。卽可以完備。清畢沅有續釋名一卷。（二十三）分釋律呂釋五聲二篇。凡羣書中有釋名物者。其文句與釋名類相類。而不明言釋名。畢氏不能確定其果爲釋名之逸文。從羣書中輯而出之。別爲一卷。題曰續釋名。實則釋名輯逸之類。不能謂之續也。畢沅又有釋名補遺一卷。（二十四）凡羣書中引釋名而爲今本釋名所無者。悉爲輯出。此眞展轉傳鈔之所漏略者。釋天補五條。釋姿容補二條。釋親屬補一條。釋飲食補一條。釋衣服補一條。釋宮室補二條。釋用器補三條。釋疾病補一條。又有釋爵位十一條。爲今本釋名所無。畢氏疑後漢文苑傳稱劉珍釋名三十篇。卽是劉熙之釋名。范蔚宗誤爲劉珍所著。入珍傳。三十篇釋名。後有亡篇。學者據其見存之篇數。改熙自序之三十爲二十七。則此釋爵位一篇。卽在亡篇之內。韋曜之辨釋爵位。卽辨此篇。足爲二十七篇無亡篇之證。又有三條。無所附麗。別爲附錄。畢氏以爲亦在亡篇之內。共三十一條。並附所輯韋曜官職訓辨釋名于後。此二書皆可謂釋名之輯逸也。至其牽強之處。當求諸當時名物之稱謂。相互考證。始能辨別其是非。自羣經至於兩漢人之著述。多有以音訓者。而各不同。如釋名釋天。唐虞曰載。載生萬物也。蔡邕獨斷言一歲莫不載。故曰載也。白虎通義。載之言成也。載成萬物也。釋名之訓。與白虎通義稍近。卽一書之中。亦有不同。白虎通義。木之爲言牧也。禮記月令正義引白虎通義。木之爲言觸也。陽氣動躍觸地而出也。其訓不同。必有所以然之故。或時有先後。或地有東西。同一白虎通義。而木之訓不同。白虎通義蓋彙記當時各人討論之所言。故不同也。惟有將羣經至于兩漢不同之音訓。彙而記之。誠爲研究釋名良好之資料。淸張金吾有廣釋名二卷。（二十五）搜集羣經傳注子緯史文。至于東漢末止。計一百五十三種書。及書名無考姓氏無考者一十五種。輯其以音訓者。就劉書二十七篇之目。依類廣之。劉書所無。網羅前訓。得其指歸。劉書所有。博參羣書。備其訓釋。據張書以研究釋名。時之先後。地之東西。其訓不同者。要不外聲音之流變。如釋名亥核也。史記律書亥該也。白虎通義亥侅也。說文解字亥荄也。淮南子亥閡也。各書之所釋雖不同。而「核」「該」、「侅」「荄」「閡」音相同義皆可通也。釋名舊本闕誤甚多。（二十六）畢氏詳加校勘。著釋名疏證。並輯釋名補遺續釋名附于後。釋名始稍稍可讀。（二十七）王先謙以畢校未盡發揮。乃與湘潭王啓原、葉德輝、孫楷、善化皮錫瑞、平江、蘇輿、弟先慎覆加詮釋。據畢氏原本。參酌寶應成蓉鏡補證。陽湖吳翊寅校議。瑞安孫詒讓札迻。甄錄尤雅。著釋名疏證補。復删胡玉縉、許克勤之所校。別爲疏證補附。與續釋名補遺附刻于後。（二十八）王氏之書。視畢氏較詳也。成氏之補證。（二十九）計六十一條。王氏盡爲采入。成氏之書有未善者。如釋天日月虧日食。稍稍侵虧。如蟲食草木葉也。成補證云。日食者月掩之。月食者地影隔之也。成國云如蟲食葉。比例未確。按如用此種方法注古書。則古書可不必注矣。其釋飲食干飯。飯而暴乾之也。歷舉司馬彪續漢書。羊陟拜河內尹。常食乾飯。謝承後漢書。左雄爲冀州刺史。常食乾飯。羊茂爲東郡太守。常食乾飯。胡劭爲淮南太守。使鈴下閤外炊曝作乾飯。亦通作干飯。後漢書獨行傳。明堂之奠。干飯寒水。此等補證。尙有價値。孫氏之說。在其札迻卷三中。（三十）計三十九條。其駁畢氏之說者。如釋道路步所用道曰蹊蹊傒也。（傒舊本作係。畢據初學記引改。）言射疾則用之。（舊本無言字。畢據初學記引增。）故還傒於正道也。畢氏疏證云。射疾者。射矦也。矦與疾形相似。大射儀。司馬命量人量矦道與所設乏以貍步。卽此所云步所用道也。孫云。畢說大繆。周禮秋官野盧氏。禁野之橫行徑禁踰者。鄭注云徑踰射邪趨疾越渠隄也。此云射疾。卽謂射邪趨疾。蓋蹊非常行之涂。惟趨射急疾乃用之耳。云步所用者。亦明陜陿不容牛馬也。似較畢勝。凡此皆釋名校注之書也。王先謙云。文字之興。聲先而義後。學者緣聲求義。擧聲近之義以爲釋。取其明白易通。仁者人也。誼者宜也。偏旁依聲以起訓。刑者侀也。侀者成也。展轉積聲以求通。漢世間見于緯書。韓嬰解詩。班固輯論。率用斯體。宏闡經術。許鄭高張之倫。彌廣厥旨。逮成國之釋名出。以聲爲書。遂爲說經之歸墟。自說文離析形聲。字有定義。無假譬況。功用大顯。于是釋名流派漸微。王氏此言。極能明釋名之原流。而不能言釋名之重要。以音爲訓。吾人今日所認爲訓詁者。在當日實名詞之所以組成。故釋名一書。一方面可爲訓詁學之硏究。一方面又可爲言語學之硏究也。

（一）三國吳志韋曜傳曰。曜字宏嗣。吳郡雲陽人也。少好學能屬文。孫皓即位。封高陵亭侯。皓以爲不承用詔命收曜付獄。曜因獄吏上辭。作官職訓及辨釋名各一卷。冀以此求免。皓更怪其書之垢。遂誅曜。按曜原名昭。畢沅釋名補遺題韋昭。

（二）見畢沅釋名補遺。

（三）經典釋文何彼襛矣詩。引劉熙韋曜之說。何彼襛矣詩。以車韻華。故讀尺奢反。不知華古音如敷。正與居爲韻。唐韻九麻一部。皆非古音。依古音。麻韻之字。半入魚虞模。半入歌戈。

（四）太平御覽引春秋說題辭。星之爲言精也。陽之精也。陽精爲日。日分爲星。開元占經引靈憲。星也者。體生於地。精成於天。說文。辰一曰震也。三月陽氣動。雷電振氏農時也。

（五）白虎通義。姊者恣也。妹者末也。

（六）太平御覽引春秋說題辭。山之爲言宣也。含澤布氣。調五行也。開元占經引靈憲。地有山嶽。以宣其氣。水經注引春秋說題辭。河之爲言荷也。荷精布懷陰引度也。

（七）風俗通義引尚書大傳。江貢也。所出珍物可貢獻也。濟者齊也。齊其度量也。

（八）說文。州一曰疇也。各疇其土而生也。太平御覽引春秋說題辭。州之爲言殊也。合其類異其界也。太平御覽引風俗通義。

州周也。州有長，使之相周也。

（九）太平御覽引爾雅李注。河南稟中和之氣。性理安舒。公羊傳疏引爾雅李注。故曰豫。豫舒也。爾雅釋文引春秋元命包。豫之言序也。言陽氣分布各得其處。平靜多序也。

（十）太平御覽引春秋元命包。歲之爲言遂也。白虎通義。年者仍也。

（十一）說文。未味也。六月滋味也。史記。未者言萬物皆成有滋味也。白虎通義。酉者老也。史記，萬物之老也。

（十二）公羊傳疏引爾雅李注。江南其氣慘勁。厥性輕揚。故曰揚州。

（十三）爾雅釋文引李注。燕其氣深要。厥性剽疾。故曰幽。幽要也。

（十四）公羊傳疏引爾雅李注。濟河間其氣專質，厥性信謹。故曰兗州。兗信也。

（十五）公羊傳疏引爾雅李注。齊其氣清舒。受性平均。故曰營。營平也。

（十六）太平御覽引春秋元命包。斧之爲言捕也。

（十七）白虎通義。鐘之爲言動也。陽氣用事。萬物動成。

（十八）說文。旌所以精進士卒。

（十九）說文。旂旗曲柄也。所以旂表士衆。

（二十）白虎通義。棺之爲言完也。所以藏尸令完也。

（二十一）白虎通義。柩之爲言久也。不復變也。

（二十二）三國吳志韋曜傳。作官職訓一卷。今逸。清畢沅據太平御覽初學記所引輯三條。附在釋名補遺內。

（二十三）畢沅。字秋帆。清江蘇鎮洋人。乾隆二十五年進士。官至湖廣總督。續釋名一卷。附刊在釋名疏證後。

（二十四）附刊在釋名疏證後。

（二十五）廣釋名二卷。清張金吾著。金吾字慎旃。別字月霄。昭文人。道光時諸生。廣釋名刊在知不足齋叢書。及益雅堂叢書內。

（二十六）四部叢刊景印明嘉靖翻宋本。余據以與王氏釋名疏證補相校。凡畢校所云俗本作某者。明翻宋本皆如是作。衍奪顚倒亦如之。漢魏叢書本。亦不佳。

（二十七）釋名疏證八卷。清畢沅著。江聲又以篆文書之。並刊入經訓堂叢書內。光緒間有翻刻本。

（二十八）釋名疏證補八卷。清王先謙著。先謙湖南長沙人。其書光緒二十二年湖南思賢書局刊。

（二十九）成蓉鏡字芙卿。清寶應人、釋名補證。刊在南菁書院叢書六集。

（三十）孫詒讓字仲容浙瑞安人札迻十二卷光緒二十年刊。

第四章　方言派之訓詁

方言

方言之作者及其時代

方言十三卷。舊本題漢揚雄撰。晉郭璞注。晉書郭璞傳有注方言之文。漢書揚雄傳。備列所著之書。不及方言一字。藝文志亦無方言。至漢末應劭風俗通義序。始稱周秦常以歲八月。遣輶軒之使。求異代方言。還奏籍之。藏于祕室。及嬴氏之亡。遺棄脫漏。無見之者。蜀人嚴君平有千餘言。林閭翁孺才有梗概之法。揚雄好之。天下孝廉衞卒交會。周章質問。以次注續。二十七年。爾乃治正。凡九千字。又劭注漢書。亦引揚雄方言一條。則是稱揚作方言。實自應劭始。宋洪邁容齋隨筆。疑爲非雄所作。以其不見于漢書。又嚴君平本姓莊。顯帝諱莊。始改由嚴。方言載揚雄答劉子駿書。稱蜀嚴君平。又既云成帝時子駿與雄書。而其中乃云孝成皇帝。斷爲漢魏之際。好事者之所爲。戴東原駁之云。考書首成章時云云。

乃後人題下標注之文。傳寫舛譌。致與書連爲一。實非歆之本詞。其嚴君平子。或後人傳寫追改。其書前或不名方言。故許愼說文解字引雄之說甚多。而不標方言之名。故馬鄭諸儒。亦未嘗稱述。至東漢末應劭始爲揚雄著方言之說。及東晉郭璞始爲作注。惟劭序稱九千字。今本一萬二千九百餘字。雄與歆往返書皆稱十五卷。郭璞序亦稱三五之篇。而隋唐志皆十三卷。與今本同。疑雄本有此未成之書。歆借觀而未得。故七略不載。漢志亦不著錄。後或侯芭之流。收其殘稿。私相傳述。閱時既久。不免輾轉附益。四庫書目提要。卽是戴東原之說。迨後盧文弨校方言。錢繹疏方言。王先謙校方言。皆承認揚雄爲方言著者。予謂方言一書。不過周秦至漢方言之史料。其體例並不周密。不必出于博通文字之揚子雲。卽是出于揚子雲。亦是未成之書。現在對于方言之價値。在于確定作于何時。而不在于確定作于何人。作者是揚雄。固爲訓詁言語史上有價値之書。卽非出于揚雄。並不稍減其價値。此書旣見稱于應劭。則必爲應劭以前之時代人所作。所稱別國。皆周秦以前之名稱。則應劭所謂輶軒之所采。當亦可信。所以方言一書之材料。上溯自周歷秦及兩漢。作者當與揚雄之時代不相先後。或竟是揚雄所作。而後人補之。可惜此書不能將周秦漢之語。有時間之分別。卽空間之分別。亦稍嫌籠統。吾人今日讀方言。只能作爲漢以前古語之研究。漢以前之古語。因時代久遠。而遂成爲訓詁學史上之重要之材料也。

方言之內容及其條例

方言十三卷。原書雖略以類次。但分之未密。茲本明陳與郊略照爾雅之分類。去其複字。可得其內容如下。

釋詁第一

「民」「仇」「寄」「敗」「治」「法」「怒」「非」「正」「數」「戾」「潔」「罪」「聊」「就」「圂」「隱」「取」「隨」「上」「定」「高」「安」「憐」「薆」「緩」「哀」「愚」「知」「疾」「悵」「長」「姊」「匹」「耦」「習」「循」「轉」「望」「脫」「棁」「操」「涸」「清」「行」「司」「力」「飤」「察」「始」「化」「脾止」「掩止」「覆」「狀」「小」「勞」「獪」「明」「威」「優」「謾」「強」「憖」「劇」「夥」「婚」「瀕」「急」「解」「刺」「借」「猝」「老」「時」「怒」「發」

「熱」「惧」「堅」「眼明」「悅」「半」「中」「蒙瞽」「戴」「搖」「閉」「動」「熟」「今」「咸」「食」「憂」「悸」「奪」「立」「更」「盡」「棺」「傍」「厚」「饑」「飽」「羸」「悖」「助」「賊」「熾」「崇」「積」「合」「飛」「盈」「音」「張」「大」「文」「錮」「揚」「幕」「狄」「引」「重」「枚」「相」「末」「慶」「好」「廣」「漸」「赤貌」「阸」「謗」「備」「到」「忘」「私」「聲」「使」「作」「芒」「滅」「解」「能」「刻」「悚」「歷」「蕪」「貪」「竟」「逃」「易」「惡」「驚」「極」「過」「毒」「憯」「積」「蓄」「法」「本」「病」「薄」「短」「沵」「伱」「撫」「式」「詐」「試」「怒」「下」「業」「空」「安」「樂」「歡」「定」「聰」「痛」「養」「掩」「支」「文」「亂」「理」「謀」「格」「攫」「護」「寒」「淨」「凡」「周」「色」「靜」「福」「喜」「壞」「歸」「亡」「陭」「迹」「藏」「饒」「和」「依」「祿」「腯」「猝」「且」「讀」「託」「悟」「予」「纏」「傳」「見」「略」「滿」「益」「詩」「美」「開」「滅」「狎」「炙」「暴」「馬

馳」「偏」「索」「燥」「覺」「集」「昭」「拔」「析」「敗」「揣」「裔」

釋言第二

「大」「知」「慧」「餘」「養」「愛」「哀」「痛」「傷」「憂」「思」「至」「往」「懼」「殺」「長」「信」「會」「賊」「續」「出」「末及」「跳」「登」「迎」「勉」「好」「細」「盛」「小」「微」「延」「耦」「奇」「驚」「來」「黏」「寄」「快」「愧」「殘」「怒」「選」「猛」「息」「裁」「掾」「堅」「毳」「翳」「求」「遽」「疾」「雞」「廣大」「猶」「化」「汁」「詐」「拔」「尻」「集」「及」「列」「同」「道」「殺」「代」「盡」「聚」「益」「欲」「褒」「正」「慝」「難」「輔」「戰慄」「重」「受」「離」「與」「取」「遠」「疾行」「特」「失」「敬」「改」「行」「索」「分」「施」「滿」「危」「理」「力」「審」「諟」「滅」「去」「展」「旋」「竟」「擘」「開」「作」「爲」「恚」「所疾」「躍」「縣」「舍車」「法」「憚」「讓」「皆」「強」「罵」「離」「逮」「暴」「瀧涿」「摩」「賦」「羅」「遠」「懣」

「貌治」「熱」「乾」「儋」「立」「過渡」「福祿」「逗」「游」「何」「獊」「不知」「火」「憐」「挐」「貪」「淫」「沈」「靜」「棄」「怒」「歇」「乾物」「猝」「不安」「遑遽」「舉」「慙澀」「封場」「過」「短」「蘇」「欺謾」「喜」「或」「治」「推」「勸」「覗」「多」「輕」「蜀」

釋人第三

「雙產」「子」「老」「豐」「好」「美」「容」「隻」「眄」「轉目」「覗」「顙」「頷」「鼻」「聾」「半盲」「半步」「蹇」「噎」「擾」「立」「兄」「聳」「娠」「亭父」「亭公」「賤稱」「醜稱」「庸」「惡」「飲藥傅藥而毒」「病」「惽」「愈」

釋衣第四

「襌衣」「襜褕」「汗襦」「帬」「蔽厀」「袴」「褕」「袚」「袿」「褸」「襤褸」「襤」「裿」「襣」「䘯」「衿」「裺」「襜」「佩紟」「袩」「覆䘹」「偏襌」「礿襛」「袒飾」「裦明」「襓衿」「懸裺」「絜襦」「褠𧝏」「帍裱」「襓緍」「厲」「襎

裷」「緊袼」「無緣衣」「複襦」「大袴」「小袴」「巾」「帞頭」「麤履」「絞」「纑」

「敗衣」、

釋食第五

「火乾」、「熟」「餌」「餅」「餳」「麪」「相謁而食麥」

釋宮第六

「堤」「墊」「尾梠」「甋」

釋器第七

「翳」「鍑」「釜」「甑」「盂」「桮」「盬」「案」「桮落」「箸桶」「甖」「罃」

「缶」「盎」「甌」「炊篔」「篝」「扇」「碓機」「繘」「櫪梁」「飲馬橐」「鉤」

「臿」「渠挐」「僉」「殳」「刈鉤」「薄」「橛」「槌」「簟」「笿篖」「牀」「杠」

「俎」「榻前几」「籆」「絡」「繀車」「戶鑰」「簙」「圍棋」「散」「篪」「籠」

「䑈」「錐」「刁斗」「匕」「椀」「銚」

釋兵第八

「戟」「三刅枝」「矛」「箭」「鑽」「矜」「劍削」「盾」「箭簇」「鉀鑪」「飛䖟」

「平題」「箙」「弓」「鶴厀」「鉤釪」「釪」「鈹」「鍪」「釬」

釋車第九

「車下鐵」「大車」「車轜」「車枸簍」「輪」「輞」「轅」「軫」「箱」「車紂」「輨」

「軑」「鍊」「𨪏」「車釭」

釋舟第十

「舟」「船」「航」「舸」「艖」「艒𦨴」「艇」「艜」「𦪇」「𣘳」「欚」「繂」

「筏」「䉫」「潢」「浮梁」「橈」「櫂」「緝」「槁」「鼎」「閤閭」「艗艏」「舳」

「佗」

釋水第十一

「洲」「澂」「孌」「洿」

釋土第十二

「墳」「冢」「塿」「墓」「壠」

釋草第十三

「芥草」「蕪菁」「雞頭」「杜根」「舜」

釋獸第十四

「虎」「貔」「貛」「豬」

釋鳥第十五

「雞」「布穀」「鶡鴠」「鳩」「尸鳩」「鴈」「桑飛」「鸝黃」「野鳧」「雞雛」

釋蟲第十六

「蟠龍」「蝪」「蝙蝠」「守宮」「鼠」「蛥蚗」「蟬」「蛄」「蜻蛚」「螳螂」「蛢」

「蜻蛉」「舂黍」「蟦蠐」「蠭」「蠅」「蚍蜉」「蟦螬」「蚰蜒」「鼅鼄」「蜉蝣」

「馬蚿」

以上共六百六十九事。雖未能盡古今別國之方言。亦可以窺見其大概矣。再將其全書之內容。可約之爲三。(一)內容之時間性。(二)內容之空間性。(三)內容之性質。

(一)內容之時間性。郭璞方言序曰。「蓋聞方言之作。出乎輶軒之使。所以巡遊萬國。采覽異言。車軌之所交。人迹之所蹈。靡不畢載。以爲奏籍。周秦之季。其業隳廢。莫有存者。暨乎揚生沈淡其志。歷載構綴。乃就斯文。」據此則方言爲前代輶軒使之所采。至揚雄始編輯而存書耳。又揚雄答劉歆書云。「蜀人有嚴君平。臨邛林閭翁孺者。深好訓詁。猶見輶軒之使。(中略)君平財有千言耳。翁孺梗概之法略有。」據此則方言之編輯。爲君平翁孺之所規。揚雄繼續而成之耳。可知今本方言一部分采自周秦舊籍。一部分采于孝廉衞卒之口。一部分或是揚雄之後侯芭之徒之所補。此書時間之內容。上自周秦。下至東漢。不能再後于應劭時也。

(二)內容之空間性。方言地名。最爲複雜。「宋」「衞」「韓」「周」。皆沿用周代名詞。而三家分晉以後。晉之名詞。應當消滅。方言旣曰晉。又曰「趙」「魏」。如卷一「虔」下云。「晉謂懸。自關而東。趙魏之間謂之黠。」晉與趙魏同舉。所謂晉者。果爲何時之晉。抑否即當時之韓。故內容之空間性。殊不易定。近人林語堂分方言書中之地方爲十四系。亦不過定其大略而已。玆遂錄于下。

（一）秦晉爲一系。

（二）梁及楚之西部爲一系。

（三）趙魏自河以北爲一系。

（四）宋衞及衞之一部爲一系。

（五）鄭衞周自爲一系。

（六）齊魯爲一系。而魯亦近第四系。

（七）燕代爲一系。

（八）燕代北鄙朝鮮洌水爲一系。

（九）東齊海岱之間淮泗爲一系。（雜入夷語。）

（十）陳汝潁江淮（楚）爲一系。（荆楚亦可另爲一系。）

（十一）南楚自爲一系。（雜入蠻語。）

（十二）吳揚越爲一系。而揚尤近淮楚。

（十三）西秦爲一系。（雜入羌語。）

（十四）秦晉北鄙爲一系。（雜入狄語。）

此十四系中。有不純粹爲中國語言而有外族語言雜入者。如東齊青徐之夷。南楚之蠻。北燕之東胡皆是。即純粹中國語言而地方上之分類。亦不容易推求。有一地分而爲二者。如秦分出西秦。楚分出南楚。齊分出東齊。所謂西南東之界線若何。未易定也。有一地處于兩系方言之中。統屬不明者。如魏半屬趙魏系。半屬宋衞系。晉處于齊宋衞之間。而稍傾于齊。鄭旣屬韓周系。又半隸陳宋系。所謂半之界線若何。未易定也。又方言固以地分。而地又因人變。如東齊海岱之間。古爲東夷地。則東齊海岱之方言。所以多雜夷語。郭注爾雅云「東夷呼息爲呬。」而說文云。「京夷謂息爲呬。」此其證也。又史稱漢初大亂。燕趙齊人往避朝鮮者數萬口。則北燕朝鮮方言。又與燕趙齊有若干之關係也。所以方言中空間性。只能言其大略如是。

（三）內容之性質。照沈兼士所分略爲五類。

（一）通語。凡語。此爲無地域性之普通語。

（二）某地與某地間之通語。此爲通行區較廣之語。

（三）古今語。此爲縱的方面言語生滅之際所殘留之古語。

（四）某地語。此爲橫的方面因地域而發生變遷之各地方言。

（五）轉語。此爲兼包縱橫兩方面因聲韻轉變而發生之語。

言語時時流變。中國素少言語之記載。僅方言一書。而所輯又不多。且自周至漢。在時間上初無明確之分析。無法尋其流變。郭璞作注。以晉時言語爲根據。于此可稍求得漢晉言語之流變焉。以方言爲漢時言語。以郭注爲晉時言語。本王國維書郭注方言後之說。求得其條例有六。記之于下。

（一）漢時之語音與晉同。如卷一好。自關而東。河濟之間謂之媌。注今關西人呼好爲媌。莫交反。莫交反之音。此音晉時關西之語。而漢時關東之語。亦從可知矣。又「虔」「劉」「慘」「㨆」。殺也。注今關西人呼打爲㨆。音廩。或洛感反。此音關西呼打之㨆。而本文之㨆。亦從可知矣。卷二遻。吳揚曰茫。注今北方通然也。莫光反。此音晉時北方通語之茫。而漢時吳揚之茫之音。亦從可知矣。又獪。楚鄭曰蔿。或曰婚。注言黠婚也。今建平呼狡爲婚。胡刮反。此亦音晉建平人所呼之婚。而漢時楚鄭之婚之音。亦從可知矣。

（二）漢時之語音與晉微異。如卷三蘴。注舊音蜂。今江東音嵩。字作菘也。又軫。戾也。注謂了戾。江東音善。卷八朝鮮洌水之間。爵子及雞雛皆謂之鷇。注恪遘反。關西曰鷇。音顧。卷十荊之南鄙謂何爲曾。又或謂之訾。注今江東人語亦云訾。爲聲如斯。又誺。不知也。注音癡眩。江東曰咨。此亦如聲之轉也。卷十蟬。其小者謂之麥蚻。注今關西呼麥蠽。音癰癤之癤。是景純注方言。全以晉時語爲根據。而有時與漢微異也。

（三）漢時一方之言至晉爲通語。如卷一慧。楚或謂之訑。注他和反。亦今通語。又好。趙魏燕代之間曰姝。注昌朱反。今四方通語。卷二好。青徐海岱之間曰釥。或謂之嫽。注今通呼小姣潔好者爲嫽釥。又遻。吳揚曰茫。注今北方通然也。莫光反。卷三凡草木刺人。江湘之間謂之棘。注楚詞曰曾枝剡棘。亦通語耳。音己力反。又凡飲藥傳藥而毒。東齊海岱之間謂之瞑。或謂之眩。注瞑眩亦今通語耳。又南楚物空盡者曰鋌。鋌賜也。注亦中國之通語也。卷五牀。其杠。南楚謂之趙。注趙當作桃。聲之轉也。中國亦呼杠爲桃。牀皆通語也。卷六䁗。吳揚曰䀮。注今中國亦云目䀮。此皆漢時一方之語。景純時見爲通語也。

（四）漢時此方之言晉時見于彼方。如卷一好。自關而東河濟之間謂之媌。注今關西人呼好爲媌。莫交反。又平原謂啼極無聲謂之唴哴。注哴音亮。今關西語亦然。又跳。楚曰𨂰。注勑厲反。亦中州語。又獪。楚鄭或曰婚。注今建平人呼婚。胡刮反。卷三雞頭。北燕謂之䓈。注今江東人亦呼䓈耳。又凡草木刺人。北燕朝鮮之間或謂之壯。注今淮南人亦呼壯。卷四帬。自關而東。或謂之襬。注音碑。今關西語然也。卷五蠡。陳楚宋衞之間或謂之㰅。注今江東呼勺爲㰅。音羲。又甖。䍃桂之郊謂之瓬。注今江東通呼大瓮爲瓬。凡此皆漢時一方之語。景純時見于彼方者也。

（五）古今語同而義之廣狹迥異。如卷一撊。殺也。注關西人呼打爲撊。又凡物盛多謂之寇。注今江東有小鳧。其多無數。俗謂之寇鳧。又相謁而餐。秦晉之際。河陰之間曰𩜻餖。注今關西人呼食欲飽曰𩜻餖。卷二𩭹。燕之北郊。朝鮮冽水之間曰葉輸。注今名短度絹爲葉輸也。卷三燕齊之間。

養馬者謂之娠。注今之溫厚也。音振。又庸謂之倯。注倯猶保倯。（卽保傭。）今隴右人名孏爲倯。相容反。卷四袴齊魯之間或謂之襱。注今俗呼袴踦爲襱。音鮦魚。卷五箸筩自關而西謂之桶檧。注今俗亦呼小籠爲桶檧。音籠冠。檧蘇勇反。又僉宋魏之間或謂之度。注今江東呼打爲度。音量度也。卷六擘楚謂之紉。注今亦以綫貫針爲紉。音刃。卷七吳越之間凡食飲食者謂之茹。注今俗呼能麤食者爲茹。音勝如。卷十三箖析也。析竹謂之箖。注今江東呼篾竹裹爲箖。此皆漢晉語同而義稍異者也。

（六）義之廣狹同而古今語異。如卷二逞苦了快也。下注今江東人呼快爲愃。相緣反。卷三東齊之間壻謂之倩。注言可借倩也。今俗呼女婿爲卒便。又蘇。芥草也。下注或言菜也。又蘇亦荏也。注今江東人呼荏爲菩。音魚。又蘴蕘蕪菁也。下今江東名爲溫菘。又膠譎詐也。下注汝南呼欺爲譴訑。他回反。亦曰詒。音殆。又汜浼潤洿也。下注荊州呼潢也。卷四襜褕自關以東謂之䘢裾。注俗名裾掖。音偃。又袀繵謂之襌。下注今又呼爲涼衣也。又繞衿謂之帬。注俗呼接下。江東又名下裳。又裪襦謂之袖。注江東呼䘢。音婉。卷五甑下注涼州人呼鍑。炊箕下注江東呼淅籤。臿下注江東又呼鍪刀爲鬃。普篾反。㮣下。注今江東人呼都。又簟下。江東呼籧篨爲𥲎。音廢。筕篖下。注江東呼䉛。音靶。卷八北燕朝鮮洌水之間謂伏雞曰菢。注江東呼蓲。尖富反。凡此同實而漢晉語相異者也。

方言在訓詁學上之價值

陳澧曰。時有古今。猶地有東西南北。相隔遠則言語不通矣。地遠則有翻譯。時遠則有訓詁。有翻譯則能使別國如鄉鄰。有訓詁則能使古今如旦暮。（一）是方言一書。在當日爲別國之語。在今日遂成爲古今之言。尋方言中之文字。有在方言以前。已爲經傳中所用者。亦有在方言以後。而爲載籍上所用者。亦有注疏家引爲古義之解釋。或爲通假之考證者。所以段玉裁云。戴先生知訓詁之學。自爾雅外。惟方言說文切于治經。故旣入四庫館纂修。取平時所校訂。遍稽經史諸子之義訓相合。及諸家之引用方言者。詳爲疏證。今此書爲小學繼不可少之書。則方言純然入于訓詁學之範圍矣。茲計其在訓詁學上之價值有四。記之于下。

（一）方言以前。經傳中所用之文字。見之于方言者。如卷一虔儇慧也。荀子非相篇。鄉曲之儇子。

又鞠養也。汝潁梁宋之間或曰艾。詩小雅母兮鞠我。毛傳鞠養也。又保艾爾後。福祿艾之。毛傳皆曰艾養也。又悼傷也。詩衞風躬自悼矣。毛傳悼傷也。又嫁往也。列子天瑞篇列子居鄭圃。將嫁于衞。張湛注自家而出謂之嫁。虔劉殺也。詩周頌勝殷遏劉。毛傳劉殺也。春秋成公十三年左傳虔劉我邊陲。杜注虔皆曰殺也。烈枿餘也。詩大雅雲漢序宣王承厲王之烈。鄭箋烈餘也、又駿融長也。詩小雅不駿其德。大雅昭明有融。毛傳皆云長也。又逢逆迎也。孟子逢君之惡其罪大。趙歧注逢迎也。周禮小祝逆時雨。鄭注逆迎也。凡此皆方言中之文字而見于方言以前之經傳中也。

（二）方言以後載籍中所用之文字見之于方言者。如卷一黨曉哲知也。廣雅黨曉哲智也。義本此。又娥嬿好也。自關而東河濟之閒謂之媌。或謂之姣。趙魏燕代之閒曰姝。自關而西秦晉之故都曰妍。廣雅嬿媌姣姝妍好也。義本此。古詩十九首盈盈樓上女。皎皎當窻牖。娥娥紅粉粧。李善注盈與嬴同。古字通。郭注于娥嬿並重言之。又以姣潔釋姣。正協此。又咺唏㤿怛痛也。廣雅㤿怛惄痛也。義本此。又鬱悠懷惄惟慮念靖慎思也。廣雅鬱悠慎靖思也。義本此。又徂適往也。徂齊語也。適宋魯語也。說文云。退往也。退齊語。適之也。適宋魯語。蓋本此。又謾台脅鬩懼也。南楚江湘之閒。謂之嘽咺。廣雅。嘽咺謾台脅閱。懼也。義本此。又晉魏河內之北。謂𢤯曰殘。楚謂之貪。南楚江湘之間謂之歁。廣雅。歁婪貪也。義本此。婪卽𢤯字。又諒信也。燕代東齊曰諒。說文。燕代東齊謂信曰訦。蓋取諸此。凡此皆方言書中之文字。而見于方言以後之載籍中也。

（三）注疏家引方言。爲字義之解釋者。如卷一烈枿餘也。爾雅。烈餘也。郭注引方言。晉衛之間曰櫱。陳鄭之間曰烈。櫱卽枿字。又台胎陶鞠養也。汝潁梁宋之間或曰艾。爾雅。頤艾育養也。郭注引方言。汝潁梁宋之間曰艾。又悼哀也。嵇康養生論。世皆知笑悼。李善注引方言。悼哀也。又怛痛也。哀而不泣曰唏。宋玉風賦。中心慘怛。李陵答蘇武書。祇令人增忉怛耳。潘岳寡婦賦。怛驚悟兮無聞。嵇康幽憤詩。怛若創痏。李善注皆引方言。怛痛也。枚乘七發。噓唏煩醒。注引方言。哀而不泣曰唏。又悴傷也。曹植朔風詩。繁華將茂。秋霜悴之。李善注引方言。悴傷也。又惄憂也。秦晉之間或曰惄。陸機贈弟士龍詩。惄焉傷別促。李善注引方言云。惄憂也。自關而西秦晉之間或曰惄。又惟思也。向秀思舊賦。惟古昔以懷今兮。李善注引方言。惟思也。又豐厖大也。凡物之大貌曰豐。厖深之大也。爾雅。厖大也。釋文引方言。厖深之大也。又虔劉慘𢤯殺也。晉魏河內之北。謂𢤯曰殘。楚謂之貪南春秋昭公二十八年左傳。貪惏無饜。疏引方言晉魏河內之北謂惏爲殘。楚謂之貪惏。凡此皆注疏引方言以爲字義之解釋者也。

（四）可以考證通假字者。如卷一虔儇慧也。晉謂之㦬。宋楚之間謂之倢。楚或謂之譢。按今語謂小兒慧者曰乖。卽㦬之轉音也。詩大雅烝民篇征夫捷捷。玉篇引作倢倢。小雅巷伯捷捷幡幡。陳奐云。捷者接之借字。春秋左傳作捷。公羊傳作接。鄭注禮記內則篇接讀爲捷。又通作截。書秦誓惟截截善諞言。傳、截截便巧善爲辯佞之言。是倢捷接截通也。詩大雅民勞無縱詭隨。隋譢通假。又烈栵餘也。詩小雅。垂帶而厲。毛傳謂帶之垂者。蓋帶垂則有餘也。厲烈同聲。祭法厲山氏。昭二十九年作烈山氏。其證也。栵說文作㰅。伐木餘也。引商書若顚木之有甹㰅。或作櫱。栵㰅櫱通也。又台鞠養也。台頤宧通。易序卦傳頤者養也。說文宧養也。室之東北隅食所居也。台孳乳爲飴。說文飴米櫱煎也。呂覽異用篇仁人之得飴以養疾侍老也。養謂之台。亦謂之頤。室之可以藏食者謂之宧。食之可以養人者謂之飴。義相因也。鞠粥通。夏小正雞桴粥。傳粥養也。又轉爲穀。廣雅穀養也。字又作谷。爾雅東風謂之谷風。孫炎注生長之風。谷又誤作浴。老子谷神不老。河上公本作浴。注浴養也。皆育之借字。凡此皆可以考證通假之字也。

以上四例。足以見方言在訓詁學上之價値。尤有進于此者。卷一𢓜至也。𢓜字經傳不見。金文中多有之。師虎敦作𢓜。「𢓜於大室」即至于大室。趙曹鼎作各。「王各大室」即王至大室。庚贏卣作逽。「王逽庚贏宮」即王至庚贏宮。庚贏鼎作客。「王客豐宮」即王至豐宮。𢓜各逽客相通假也。至于眉老也。眉壽二字。常見于金文中。而見于詩經。如爲此春酒。以介眉壽。亦頗有之也。

(一)見東塾讀書記。

方言之注本

方言之注本。以晉郭璞注爲最早。(一)晉書郭璞傳曰。「璞好古文奇字。注釋爾雅。別爲音義圖譜。又著三倉方言。皆傳於世」。今本方言注。郭璞自序曰。「余少玩雅訓。旁味方言。復爲之解。觸事廣之。演其未及。摘其謬漏。庶以燕石之診。補琬琰之瑕。俾後之瞻涉者。可以廣寤多聞爾」。現存以宋慶元李孟傳刊本爲最古。李氏後序云。「西漢古書之全者。鹽鐵論。揚子雲方言。其存蓋無幾。鹽鐵論前輩每恨其文章不稱漢氏。惟方言之書最奇古。……今方言自閩本外不多見。每惜其未廣。予來官尋陽。

有以大字本見示者。因刊置郡齋。而附以所聞一二。蓋惜前輩之言久或不傳也。慶元庚申仲春。」是書後有朱質跋。而錢曾敏求記亦曾爲之著錄。實爲研究方言之最佳讀本。至明陳與郊復取子雲原本郭璞所注者。復爲類次而增釋之。凡十六門。爲方言類聚四卷。（二）四庫全書提要曰：「是編取揚雄原本。依爾雅篇目。分爲釋詁釋言等十六門。別爲編次。使以類相聚。如原本第三卷。「氓、民。」至「棖、隨也」數語。移入卷首。爲釋詁。其原卷首「黨、曉也」兩節。則列爲釋言。反載於「郭豐龐夯」一節之後。郭璞原注。則總附每節後。低一格以別之。間有雙行夾注。爲與郊所考訂者。僅略及音切字畫之異同而已」。故是本無甚發明。至清戴震始爲整理。成方言疏證十三卷。（三）是書始有善本。戴氏專攻方言。實自乾隆二十年。始考段玉裁戴東原年譜。乾隆二十年乙亥。戴氏始以方言寫於李燾許氏說文五音韻譜之上方。自題云。「乙亥春以揚雄方言分寫於每字之壮。定與訓兩寫。詳略互見」。玉裁案。「所謂寫其字者。以字爲主。而以方言之字傳說文字也。寫其訓者。以訓爲主。而以方言之訓傳說文之字也。又或以聲爲主。而以方言同聲之字傳說文。所謂詳略互見者。兩涉則此彼分見。一詳一略。因其便也。」及入四庫館後。取永樂大典本從事整理。凡二十餘年。始克成書。故戴氏實爲此學功臣。戴氏自序曰「……宋元以來。六書故訓不講。故鮮能知其精覈。加以譌舛相承。幾不可通。今從永樂大典內得善本。因廣搜羣籍之引用方言及注者。交互參訂。改正譌字二百八十一。補脫字二十七。删衍字十七。逐條詳證之。庶幾漢人故訓之學猶存。於是俾治經讀史博涉古文詞者。得以考焉。」時人專攻方言之盧文弨。亦極稱頌戴書。曰「方言至今日而始有善本。則吾友休寧戴太史東原氏之爲也。義難通而有可通者通之。有可證明者。臚而列之。正譌字二百八十一。補脫二十七。删衍字十七。自宋以來諸刻。洵無出其右者。」推重如此。則其價值可知。其後盧氏復改正百二十有餘條。成重校方言十三卷。亦精覈。（四）此外劉台拱作補校。（五）顧震福亦作補校。（六）王念孫義證。（七）錢繹作疏。（八）郭慶藩作校注。（九）均有所是正。重刊明吳元恭本。有臧鏞堂校語。極佳。（十）皆足資吾人參考焉。

（一）輶軒使者絕代語釋別國方言注十三卷。漢揚雄撰。晉郭璞注。漢魏叢書本。古逸本。五雅本。閩聚珍本。四部叢刊本。影宋本。傅增湘覆刊本。

（二）方言類聚四卷。明陳與郊類次。明刊本。

（三）方言疏證十三卷。清戴震。戴氏遺書本。汗筠簃叢書本。

（四）重校方言十三卷。清盧文弨校。抱經堂本。小學彙函本。

（五）補校方言。清劉台拱校。劉氏遺書本。

（六）方言校補十三卷佚文一卷。清顧震福校。竹侯所著函雅故齋叢書本。

（七）方言義證。王念孫著。王氏遺書本。

（八）方言疏十三卷。清錢繹著。紅蝠山房刊本。積學齋叢書本。廣雅本附何瀚章校勘記。

（九）方言十三卷。清郭慶藩校注。思賢局本。

（十）重刊吳元恭本爾雅三卷。古書叢刊景印本。

方言以後之續方言

案續方言之書。以清人杭世駿為始。至今日則續者益衆。而材料益多。世駿字大宗。號堇浦。仁和人。乾隆丙辰召試博學鴻詞。授翰林院編修。四庫全書書目提要云。是書採十三經註疏說文釋名諸書。以補揚雄方言之遺。前後類次。一依爾雅。但不標明其目耳。蒐羅古義。頗有裨於訓詁。惟是所引之書。往往耳目之前，顯然遺漏，如玉篇引倉頡篇云。「楚人呼竈曰寤。」列子黃帝篇註引何承天纂文云。「吳人呼瞬目爲眴目。」古今韻會引魏李登聲類云。「江南曰辣。中國曰辛。」爾雅釋草釋文宋庠國語補音引晉呂忱字林云。「楚人名蔆曰芰。鷽秦名雅烏。鯷青州人呼鮎鯷。」初學記及太平御覽引纂文云。「梁州以豕爲豨。河南謂之彘。漁陽以豬爲豝。齊徐以小豬爲貗。」太平御覽又引纂文云。「秦以鈷鏻爲銼鑹。」爾雅釋親釋文引纂文云。「妹。媚也。」初學記引服虔通俗文曰。「南楚以美色爲娃。」初學記及山堂考索又引通俗文云。「晉船曰舶。」埤雅引廣志小學篇云。「螻蛄會稽謂之蟉蛄。」北戶錄引顏之推證俗音云。「南人謂凝牛羊鹿血爲𧖴。餢飳內國呼爲糫餅，亦呼寒具。蝘蜓山東謂之蝀蜆。鯖吳人呼爲鯽魚也。」凡此諸條，皆六朝以前之方言，正可以續揚雄之著，而俱佚之。豈舉遠者反略近歟，又如書中引說文「秦晉聽而不聞。聞而不達謂之聹。」引史記集解齊人謂之額。汝南淮泗之間曰顏。諸條，本爲揚雄方言所有。而複載之。亦爲失檢，然大致引據典核。在近時小學家。猶最有根柢者也。」是書有齊召南，胡天游二序，惟皆不載成書年月。今考校之，疑在乾隆八年以前，同時戴東原亦有續方言之作。據最近劉復於北平廠肆購得戴氏手寫續方言稿二卷。羅常培考爲乾隆二十年後三十八年前所作。羅氏序云。「然其經始雖後於大宗而實閉戶暗合。未嘗相襲。蓋大宗彙輯羣書。依爾雅類次。但不明標其目。而東原所輯。俱以原書爲序。未經排比。又大宗所引用之書。於十三經注疏。逸周書。戰國策。說文。釋名。經典釋文。玉篇。集韻而外。尚有博物志。水經注。王逸楚詞注。高誘淮南子注。韋昭國語注。陸璣毛詩草木鳥獸蟲魚疏。郭象莊子注。裴駰史記集解。司馬貞史記索隱。張守節史記正義。顏師古漢書注。李賢後漢書注。李善文選注。顏師古急就章注。王應麟急就章補注等十餘種。較東原所引。惟缺荀子楊倞注一種。餘則博贍過之。」又云。「且卽兩家同引公羊傳注。說文。釋名三書互校之。則杭有戴無者凡十三條。戴有杭無者凡二十二條。互有詳略。不相雷同。至大宗於說文泛稱「俗語」「或曰」及方域不明者。皆削而不書。東原於釋名舌腹舌頭橫口蹙口之喩。亦不入錄。斯蓋義例之殊。非關各人之疏密矣。竊謂東原於致力方言之餘。初亦有意補苴揚書。惟涉筆摭錄。未遑理董。及見大宗所續。引據類次。均出己右。遂止於二卷。不再裒集。而以其關揚雄本書者。採入方言疏證。……自方言疏證成。此稿遂廢。」二書優劣。學者可於此中求之。而其長處。在使學者不待繙閱而坐得漢以前謠俗語言之異。

續方言二卷。杭世駿著。杭氏七種本。藝海珠塵本。昭代叢書本。思賢局本附郭慶藩校本後。

戴東原續方言手稿。國立中央研究院歷史語言研究所刊本。

抑自杭戴而後。采摭經傳故記以補子雲之遺者。尙有程際盛續方言補正一卷。徐乃昌續方言又補二卷。程先甲廣續方言四卷。廣續方言拾遺一卷。張愼儀續方言新校補二卷。際盛所補僅數十條。增引之書惟後漢書越絕書及郭璞山海經穆天子傳兩注。其餘三書較爲晚出。引據互有疏密。綜其所甄錄者。自史傳諸子。雜纂類書。以迄古佚殘編舊籍解詁。都凡六七十種。皆大宗東原之所未及。旁搜雅記。廣羅逸典。囊括唐宋小學諸書。輶軒所采。摭拾略備。然並徵引有加。義例未改。其或分地爲書及考證常言俗語者。自明淸以來。亦有李實蜀語。張愼儀蜀方言。胡文英吳下方言攷。孫錦標南通方言疏證。毛奇齡越語肯綮錄。茹敦和越言釋。劉家謀操風瑣錄。胡樸安涇縣方言。詹憲慈廣州語本字。羅翽雲客方言及岳元聲方言據。楊愼俗言。錢大昕恆言錄。錢坫異語。翟灝通俗編。張愼儀方言別錄。孫錦標通俗常言疏證。謝璿方言考等凡十餘種。至散見諸家筆乘及各省方志者。尤不勝覼縷。綜其義例。雖與杭戴有別。除一二種外。大致如章太炎所謂「撮錄字書。勿能爲疏通證明。又不麗於今語。」一或「沾沾獨取史傳爲徵。亡由知聲音文字之根柢。」縱有「略及訓詁者。亦多本唐宋以後傳記雜書。於古訓藐然無麗。俄而撮其一二。不梱不理析也。」章氏以爲考方言者在求其難通之語。筆札常文。所不能悉。因以察其聲音條貫。上稽爾雅方言說文諸書。般然如析符之復合。斯爲貴也。戴君作轉語二十章。其自述曰。「人之語言萬變。而聲氣之微有自然之節限。是故六書依聲託事。假借相禪。其用至博。操之至約。五方之言及小兒語未清者。其展轉譌溷。必各如其友位。昔人既作爾雅方言釋名。余以爲猶闕一卷書。刱爲是篇。用補其闕。疑於義者以聲求之。疑於聲者以義正之。」善哉非耳順孰能與於斯乎。因以比類。刱通六例。成新方言十一卷。循音變友紀。博考今言。以推迹語根。杭程諸家。遠非其匹。顧凡語皆求其字。以上合於爾雅說文。必欲「今殊言不違姬漢。」則猶未能如戴氏所謂「學去其穿鑿。自然符合者也。」故此有待於後繼者實多也。

新方言十一卷。章太炎著。章氏叢書本。

續方言補正。程際盛。藝海珠塵本。思賢局本附郭慶藩校本後。

續方言又補二卷。徐乃昌。積學齋叢書本。

續方言新校補。張愼儀。薆園叢書本。

續方言疏證二卷。沈齡。沈氏刊本木犀軒叢書本。

廣續方言四卷。程先甲。千一齋叢書本。

方言別錄。張愼儀。薆園叢書本。

公羊方言箋疏。淳于鴻恩。金泉精舍本。

屈宋方言考。李翹。芬熏館本。

吳下方言攷十二卷。胡文英。刊本。

南通方言疏證四卷。孫錦標。石印本。

蜀語。李實。函海本。

蜀方語。張愼儀。薆園叢書本。

直語補證。梁同書。

畿輔方言。王樹枏。畿輔通志中。

操風鎖錄四卷。劉家謀。廣倉學窘本。

涇縣方言。胡樸安。國學彙編本。

新方言十卷。章太炎。章氏叢書本。

廣新方言二卷。陳啓彤。排印本。

方言據。明岳元聲。學海類編本。

俗言。明楊愼。函海本。

恆言錄。錢大昕。潛研堂本。文選樓本。

異語。錄坫。玉簡齋叢書本。

通俗編。翟灝。原刊本。指海本。

通俗常言疏證四卷。孫錦標。石印本。

里語徵實三卷。唐訓。歸吾廬刊本。

方言字考。謝璿。會文堂排印本。

越語肯綮錄。毛奇齡。西河全集本。

越言釋二卷。茹敦和。嘯園叢書本。

越諺三卷。范寅。谷應山房刊本。

閩南方言攷。邱立。國立中山大學語言歷史學研究所周刊本。

秦中言言。劉文錦。國立中山大學語言歷史學研究所周刊本。

客方言十四卷。羅翽雲。中山大學刊本。

廣東俗語考二卷。孔仲南。南方扶輪社排印本。

廣州語本字十二卷。詹憲慈。稿本。

鬱北容方言二卷。陳注。稿本。

此外關於討論方言之論文。雖金泥玉屑。亦有足珍。然以尋求不易。恕不贅目。惟近人夏廷棫國立中山大學語言歷史學研究所所藏地方志中關於方言之記載一文尙稱完備。因附錄於後。以供參考焉。

附錄夏廷棫國立中山大學語言歷史學研究所所藏地方志中關於方言之記載

省屬	志名	纂修者	纂修年月	關于方言之記載
廣東	廣東通志	阮元史澄等重修	道光二年	輿地略卷十風俗有方言
	廣州府志	戴肇辰史澄等重修	光〃五年	輿地略第七風俗有方言
	番禺縣志	李福泰史澄等重修	同治十年	輿地略風俗附方言略
	順德縣志	梁章再修	咸豐壬子	卷三輿地略風俗內
	花縣志	利章等重修	民十三年	卷二輿地志附方言
	新甯縣志	林國賡等修	光緒十九年	附輿地略卷八風俗內
	東莞縣志	陳伯陶等重修	宣統三年	卷十一十二輿地略方言上中下
	鶴山縣志	吳應逵等重修	道光丙戌	卷二下地理志風俗附方言
	肇慶府志	胡森等纂修	光緒二年	卷三輿地風俗附方言
	惠州府志	張廉桂重修	光緒辛巳	卷十四雜志風俗內有方言
	海陽縣志	李芳闌等重修	光緒二十四年	卷七風俗有方言
	澄海縣志	李書吉等重修	嘉慶二十年	卷六風俗有方言

	歸善縣志	章壽彭等重修	乾隆四十六年	卷十五風俗附方言
	興甯縣志	劉錫九黃榜元等重修	光緒元年	卷五風俗有方言
	嘉應州志	溫仲和等重修	光緒戊戌	卷七方言
	龍川縣志	勒殷山等重修	嘉慶二十三年	卷三十八風俗附方言
	茂名縣志	潘泰謙等重修	光緒丁亥	卷一輿地志風俗附方言
	信宜縣志	敖式槱等重修	光緒己丑	卷一輿地第十二方言
	化州志	彭貽蓀等重修	光緒十四年	卷二輿地志附方言
	陽春縣志	劉林善等重修	道光元年	卷一輿地附方言
	瓊山縣志	鄭文彩等重修	咸豐五年	卷二輿地志附方言
	瓊州府志	張翰山等重修	道光辛丑	卷二輿地風俗附語言
	昌化縣志	李有益等纂修	光緒二十三年	卷一輿地志風土附
	靈山縣志	梁炅修	嘉慶二十五年	卷十三雜記內風土附方言
江蘇	吳江縣志	陳莫纕修	乾隆丁卯	卷三十九風俗內附語言
	松江府志	宋如林等修	嘉慶二十三年	卷五疆域志方言

	崑新二縣合志	汪堃朱成等續修	光緒六年	卷一風俗占候附方言
	如皋縣志	楊受廷等修	嘉慶九年	卷八風俗志附方言
	常昭合志	龐鴻文邵松年重修	光緒甲辰	卷一風俗志附方言
	上海縣志	史彩等續修	康熙二十二年	卷一風俗方言
		俞樾等重修	同治十年	卷一風俗附方言
		姚文枏等續修	民國七年	卷一疆域有方言
	嘉定縣志	陸懋守等重修	光緒庚辰	卷八風土志附方言
	元和固莊鎮志	陶照等重輯	光緒庚辰	第四風俗附方言
	丹陽縣志	凌焯等重修	光緒十一年	卷二十九風土志附方言
	盛湖志	仲廷機輯	光緒	卷二方言
	吳門補乘	錢思元輯	嘉慶癸亥	風俗補有方言
浙江	杭州府志	吳慶坻等重修	民國壬戌	卷七十二風俗有方言
	鎮海縣志	俞樾等修	光緒五年	卷三十九方言
	象山縣志	姜炳璋等修	乾隆壬寅	卷一地理志風俗附方言

	上虞縣志	朱士黻等重修	光緒十七年	卷三十八雜志風俗附錄諺
	黃岩縣志	王詠霓等重修	光緒三年	卷三十二風土志有方言
	寧海縣志	張濬等重修	光緒二十八年	卷二十三方言附里諺
	建德縣志	王韌等重修	民國八年	卷三風俗志有方言
	金華縣志	黃金聲等修	道光三年	卷一疆域志風俗附方言
	東陽縣志	黨金衡等重修	光緒十二年	卷四風俗略附有方言
	安吉縣志	汪榮等重修	同治十二年	卷七風俗有方言
	景甯縣志	周杰等修	同治十二年	卷十二風土志風俗附有方言
	雲和縣志	伍承吉等重修	同治三年	卷十五風俗附方言
	縉雲縣志	何乃容等重修	光緒二年	卷十四物產內附方言
福建	邵武府志	王琛等重修	光緒丁酉	卷九風俗有方言
	浦城縣志	翁德泰等重修	光緒丁酉	卷六風俗附諺語
雲南	雲南通志	阮元等重修	道光十五年	卷一百五十南蠻志方言
	續雲南通志稿	王文韶等修	光緒二十年	南蠻志有方言

	鎮安府志	羊復禮等重修	光緒壬辰	卷八風俗附方言
廣西	容縣志	封祝唐等重修	光緒丁酉	卷四輿地志附方言
貴州	黎平府志	俞渭等重修	光緒十七年	地理志卷二有苗語
江西	宜春縣志	程國觀等重修	道光癸未	卷十一風俗有方言
四川	永川縣志	馬慎修等增修	光緒十九年	卷二輿地志風俗附方言
山西	起越縣志	楊延亮等重修	道光七年	卷十八風俗方言附
安徽	南陵縣志	徐乃昌等重修	民國甲子	卷四輿地志附方言
湖南	武陵縣志	惲世臨重修	同治二年	卷七地理志附方音
	道州志	許清源等重修	光緒戊寅	卷十風土志有方音
	辰州府志	畢本恕等重修	光緒三十年	卷十四風俗有方言
	華容縣志	孫炳煜等重修	光緒八年	卷一風土略附
	巴陵縣志	吳敏樹等重修	同治癸酉	卷十一風土附方言
	甯遠縣志	張大煦等重修	光緒丙子	卷八風俗附方言
	武陵縣志	陳啓邁等重修	同治元年	卷七地理七風俗附方言

第五章　清代訓詁學之方法

文字通假

假借爲六書之一。原假借之初。本無其字。依聲託事。假借以用之。及其後也。用字者倉卒不得其字。亦假借以通之。一則爲本無其字之假借。一則爲本有其字之假借。本無其字之假借。如長本久長。假借爲長幼之長。令本號令。假借爲縣令之令。此種假借字今日通行之文字中所在皆是。茲列舉之。

來本瑞麥。假借爲來往之來。

西本鳥西。假借爲東西之西。

頌本容顏。假借爲歌頌之頌。又假借爲頌揚之頌。

治本水名。假借爲治理之治。又假借爲治亂之治。

理本攻玉。假借爲條理之理。又假借爲義理之理。

道本道路。假借爲道德之道。又假借爲道說之道。

能本熊名。假借爲賢能之能。又假借爲可能之能。

翁本頸毛。假借爲老翁之翁。又假借爲翁姑之翁。

行本步趨。假借爲行事之行。又假借爲德行之行。又假借爲行列之行。

經本縱絲。假借爲經常之經。又假借爲經典之經。又假借爲經過之經。

以上所舉假借諸字。有本義未廢者。有本義已廢者。其本義已廢之字。吾人雖不識本義。於應用尙無窒礙。卽經典之中。用此種已廢之本義者。亦不多見。（詩貽我來麰係用本義。）於讀書亦無大窒礙也。惟本有其字之假借。經典中往往而有。不明此種之假借。讀古書時常發生困難。然其普通使用者。本字雖廢。借字通行。學者雖不知文字之原。尙不至誤會書中之義。例如。

气、雲气也。氣、饋客芻米也。經傳皆假氣爲气。後世雖不知芻米之義。雲气之義固不誤也。

突、不淺也。深、水名也。經傳皆假深爲突。後世雖不知水名之義。不淺之義固不誤也。

厶、姦邪也。私、禾也。經傳皆假私爲厶。後世雖不知禾之義。姦邪之義固不誤也。

攩、朋羣也。黨、不鮮也。經傳皆假黨爲攩。後世雖不知不鮮之義。朋羣之義固不誤也。

嫥、壹也。專、六寸簿也。經傳皆假專爲嫥。後世雖不知六寸簿之義。嫥壹之義固不誤也。

逹、先導也。率、捕鳥畢也。經傳皆假率爲逹。後世雖不知捕鳥畢之義。先導之義固不誤也。

以上所舉假借諸字。雖爲本有其字之假借。然借字通行。學者卽以借字爲本字。本字雖廢。本義尚存。雖不足以言識字。猶勉強可以讀書。惟有本字不廢。本義並行者。經典互相通假。如借適爲敵。借龍爲寵。借便爲平。借旁爲方。使不明本字假字之分。卽不免有望文生義之弊。王氏引之曰。無本字而假借他字。此謂造作文字之始。至於經典古字聲近而通。則有不限於無字之假借者。往往本字見存。而古書則不用本字。而用同聲之字。學者改本字讀之。則怡然理順。依假借之字讀之。則以文害辭。此言本字不廢本義並行者。辨之不明。不能以讀古書。卽自以爲能讀。亦強半望文生義。而不能得古書之眞。例如。

借光爲廣。而解之者。誤以爲光明之光。(一)

借有爲又。而解之者。誤以爲有無之有。(二)

借蠱為故。而解之者。誤以為蠱惑之蠱。（三）
借時為待。而解之者。誤以為四時之時。（四）
借尊為撙。而解之者。誤以為尊卑之尊。（五）
借綸為論。而解之者。誤以為經綸之綸。（六）
借貢為功。而解之者。誤以貢為告。（七）
借洗為先。而解之者。誤以為洗濯之洗。（八）
借辨為徧。而解之者。誤以為辨別之辨。（九）
借雜為帀。而解之者。誤以為雜碎之雜。（十）
借噫為抑。而解之者。誤以為發嘆詞。（十一）
借盛為成。而解之者。誤以為盛衰之盛。（十二）
借郵為謳。而解之者。誤以郵為憂。（十三）
借粒為立。而解之者。誤以為粒食之粒。（十四）

借璣爲璧而解之者。誤以爲珠璣之璣。（十五）

借猶爲由而解之者。誤以猶爲尙。（十六）

借明爲孟而解之者。誤以爲明暗之明。（十七）

借沈爲淫而解之者。誤以爲沈溺之沈。（十八）

借昏爲泯而解之者。誤以爲昏亂之昏。（十九）

借謀爲敏而解之者。誤以爲下進其謀。（二十）

借政爲正而解之者。誤以爲政治之政。（二十一）

借逢爲豐而解之者。誤以爲遭逢之逢。（二十二）

借忘爲亡而解之者。誤以爲遺亡之亡。（二十三）

借冒爲懋而解之者。誤以爲覆冒之冒。（二十四）

借別爲辨而解之者。誤以爲分別之別。（二十五）

借文爲紊而解之者。誤以爲禮文。（二十六）

借依爲隱而解之者。誤以爲依怙之依。（二十七）
借義爲俄而解之者。誤以爲仁義之義。（二十八）
借富爲福而解之者。誤以爲貨賂又以爲備。（二十九）
借哲爲折而解之者。誤以爲哲爲知。（三十）
借景爲憬而解之者。誤以爲古影字。（三十一）
借衆爲終而解之者。誤以爲衆寡之衆。（三十二）
借能爲而而解之者。誤以爲才能之能。（三十三）
借寐爲沬而解之者。誤以爲寤寐之寐。（三十四）
借直爲職而解之者。誤以爲直道。（三十五）
借盬爲苦而解之者。誤以盬爲不堅固。（三十六）
借爲爲譌而解之者。誤以爲爲人。（三十七）
借辰爲愼而解之者。誤以辰爲時。（三十八）

借偕爲皆而解之者。誤以偕爲齊等。（三十九）

借譽爲豫而解之者。誤以爲名譽。（四十）

借芋爲宇而解之者。誤以芋爲大。（四十一）

借崒爲猝而解之者。誤以爲崔嵬。（四十二）

借交爲姣而解之者。誤以爲與人交。（四十三）

借求爲逑而解之者。誤以爲干求之求。（四十四）

借土爲杜而解之者。誤以土爲居。（四十五）

借時爲跱而解之者。誤以時爲是。（四十六）

借公爲功而解之者。誤以公爲朝廷。（四十七）

借承爲烝而解之者。誤以承爲續。（四十八）

借旆爲發而解之者。誤以旆爲旗。（四十九）

借幣爲敝而解之者。誤以爲幣帛。（五十）

以上本王氏經文假借之例。節錄五十條。而其所用假借之字。其本字借字。皆並行不廢。學者不明經文假借之例。所借之字。不知其本字爲何。姑以借字之本義當之。則未有不生謬解者也。不明假借。不能讀古書。當是指此種之假借而言。而此種假借字。辨之頗不容易。必由聲韻以通訓詁。然後假字本字。始能辨之無誤。中國古籍。大都文字通假。能明文字通假之例。而讀古書。則迎刃而解矣。例如。

兔罝。公侯干城。干扞也。知干爲扞之借字。

芃蘭。能不我甲。甲狎也。知甲爲狎之借字。

緇衣。還予授子之粲兮。粲餐也。知粲爲餐之借字。

七月。八月斷壺。壺瓠也。知壺爲瓠之借字。

破斧。四國是皇。皇匡也。知皇爲匡之借字。

淇奧。有匪君子。匪文章貌。知匪爲斐之借字。

素冠。棘人欒欒兮。欒欒瘠貌。知欒爲臠之借字。

蓼蕭。孔燕豈弟。豈樂也。知豈爲愷之借字。

六月。帛茷央央。央央。鮮明貌。知央爲英之借字。
白駒。在彼空谷。空大也。知空爲穹之借字。
小宛。宜岸宜獄。岸訟也。知岸爲犴之借字。
巧言。居河之麋。水草交謂之麋。知麋爲湄之借字。
都人士。綢直如髮。綢密也。知綢爲稠之借字。
隰桑。其葉有幽。幽黑也。知幽爲黝之借字。
皇矣。串夷載路。串習也。知串爲慣之借字。
江漢。淮夷來鋪。鋪病也。知鋪爲痡之借字。
常武。徐方繹騷。騷動也。知騷爲慅之借字。
瞻仰。時維婦寺。寺近也。知寺爲侍之借字。
又舍爾介狄。狄遠也。知狄爲逖之借字。
召旻。潰潰回遹。潰潰亂也。知潰爲憒之借字。

以上所舉二十條。如其借字讀之。扞格而不能通。干訓爲求，公侯求城。則不成語。粲訓爲米。授子之米。亦不成事。得其本字而讀之。則扞城受餐。無煩多語而已解。吾輩讀書。當本此種假借之例以求之。論語井有仁焉。仁卽人之假借也。孟子王若隱其無罪而就死地。隱卽慇之假借也。大概此種假借之例。不爲雙聲。必爲疊韻。例如周易箕子明夷。趙賓作荄。箕荄雙聲。明盍簪。荀氏作宗。簪宗雙聲。民獻十夫。大傳作儀。獻儀雙聲。毛詩周原膴膴。韓詩作腜。膴腜雙聲。左傳宛來歸祊。穀梁作邴。祊邴雙聲。州吁弒君。穀梁作祝。州祝雙聲。戴禮終而復始。漢書作周。周終雙聲。論語文質彬彬。說文作份。彬份雙聲。則凡假遐爲迎。假封爲窆。假胡爲何。假衣爲殷。爲雙聲之假借者視此矣。又如周易彪蒙吉。漢碑作包。彪包疊韻。以往吝。說文作遴。吝遴疊韻。尙書明明揚側陋。文選注作敭。揚敭疊韻。毛詩君子好逑。禮記作仇。逑仇疊韻。論語色勃如。說文作艴。勃艴疊韻。孟子曾西蹵然。說文作敊。蹵敊疊韻。則凡假羊爲祥。假鼫爲石。假麓爲錄。假煦爲姁。爲疊韻之假借者視此矣。由此以觀。假借之例。不外雙聲疊韻。吾人讀古書而不能通。當以雙聲疊韻求之。而得其本字。本字既得。訓詁易明。則書義了然矣。故曰假借者訓詁最要之事也。

（一）光廣　尙書堯典。光被四表。格于上下。光係廣之借字。魏志。文帝紀引獻帝傳曰。廣被四表。格于上下。字正作廣。

（二）有又　易豫卦六三。盱豫悔。遲有悔。此與他卦言有悔者不同。他卦有悔。對无悔言之也。此有字當讀爲又。言盱豫既悔。遲又悔也。

（三）蠱故　易序卦云。蠱者事也。集解引伏曼容注。蠱惑亂也。萬事從惑亂起。故以蠱爲事。按蠱有二解。一訓惑亂。爾雅。蠱疑是也。一訓事。釋文。蠱一音故。蠱之言故是也。昭公三十年公羊傳。習乎邾婁之故。杜預何休注。並曰故事也。

（四）時待　易歸妹卦九四。歸妹愆期。遲歸有時。時讀爲待。言歸妹愆期。遲歸有待。故傳申之曰。愆期之志。有待而行也。時待俱以寺爲聲。故二字通用。

（五）尊撙　易謙卦彖傳。謙尊而光。卑而不可踰。尊當讀爲撙節之撙。尊之言損也。小也。光之言廣也。大也。尊而光者。小而大。卑而不可踰者。卑而高也。

（六）綸論　易與天地準。故能彌綸天地之道。綸當讀爲論。呂氏春秋淮南子高誘注。論知也。彌綸天地之道。卽遍知天地之道。與上文知幽明之故。知死生之說。知鬼神之情狀同。

（七）貢功　易六爻之義易以貢。按爾雅。功成也。謂成爲功也。六爻之義。剛柔相易。乃得成爻。故曰六爻之義。易以功。釋文貢。

京陸虞作工。荀作功、作工作貢皆借字。

（八）洗先　易聖人以此洗心。釋文洗京荀虞董張蜀才作先。石經同。虞注。以先心爲知來。案先之義爲異。先猶導也。聖人以此先心者。心所欲至而卜筮先知。若爲導然。

（九）辨徧　易復小而辨於物。辨讀曰徧。古字辨與徧通。復初九傳曰。不遠之復。以修身也。所修惟在一身。蓋亦小矣。身修而後家齊。家齊在國治。國治而後天下平。萬事之大。無不由此而徧及。故曰復小而徧于物。

（十）雜帀　易恆雜而不厭。雜當讀爲帀。帀周也。一終之謂也。恆之爲道。終始相巡而無已時。故曰帀而不厭。

（十一）噫抑　易噫亦要存亡吉凶。則居可知矣。按噫與抑通。論語學而篇求之與抑與之與。漢石經抑作意。以此例彼。則噫當作抑。噫亦連讀。非嘆辭。

（十二）盛成　易莫盛乎艮。盛當讀成就之成。莫盛乎艮。言無如艮之成就者。上文曰成言乎艮。又曰艮東北之卦也。萬物之所成終而所成始也。此文之盛。與上文之成。其義一也。

（十三）郵謐　書惟刑之郵哉。郵者慎也。史記郵作靜。今文尚書郵作謐。說文。謐靜語也。靜與慎同義。故知郵不當釋爲過。

（十四）粒立　書烝民乃粒。案當讀爲立。立者成也。定也。烝民乃立。即承上言之。決九川、濬澮、平土可得而居矣。奏庶艱食。五

穀可得而食矣。奏庶鮮食鳥獸可得而食矣。懋遷有無化居百貨可得而用矣。于時衆民皆有安居和味宜服利用備器。皆也

民粒。而今也安定矣。故史記夏本紀作衆民乃定也。烝民乃立。非專指艱食言之。則非米粒之粒可知。作粒者假借字。

（十五）𢇁暨　書、厥篚元纁𢇁組。𢇁當讀爲暨。暨者與也。及也。厥篚元纁𢇁組者。厥篚所貢。有元纁及組也。𢇁珠不圜也。不類。

（十六）猶由　詩、茲猶不常寧。猶與由通。由用也。言先王敬謹天命。茲用不敢常安也。

（十七）明孟　書、明聽朕言。按爾雅。孟勉也。孟與明同聲通用。故勉謂之孟。亦謂明。明聽朕言。言當訓勉從朕言。

（十八）沈淫　書、沈酗于酒。案沈之言淫也。沈酗。猶淫酗也。

（十九）昏泯　書、昏棄厥肆祀弗答。昏棄厥遺王父母不迪。案昏讀曰泯。昏棄即泯棄也。泯訓爲蔑。言蔑棄其肆祀不對蔑棄

其遺王父母不用也。

（二十）謀敏　書、聽作謀。案謀與敏同。言聽則敏。不聽則不敏。五行傳曰。聽之不聰。是謂不謀。不謀即不敏也。

（二十一）政正　書、立政一篇。政爲正之假借字。正長也。非政治之政。

（二十二）逢豐　書、子孫其逢吉。按當讀子孫其逢句。逢當讀爲豐。豐大也。

（二十三）忘亡　書、茲不忘大功。忘與亡同。言不失前人之大功也。

（二十四）冒懋　書、惟時怙冒。冒大也。冒懋也。惟時怙冒。言其功大懋勉也。

（二十五）別辨　書、別求聞由古先哲王用康保民。別讀爲辨。辨徧也。別求者。徧求也。

（二十六）文紊　書、咸秩無文。文當讀爲紊。紊亂也。咸秩無文。謂其尊卑大小之次祀之無有殺亂也。

（二十七）依隱　書、先知稼穡之艱難乃逸。則知小人之依。案依隱也。謂知小人之隱情也。

（二十八）義俄　書、茲乃三宅無義民。義讀如俄。義俄古音同。廣雅俄衺也。言三宅無傾衺之民。

（二十九）富福　書、非訖于威。惟訖于富。案訖竟也。終也。富讀曰福。威福相對爲文。言非終于立威。惟終于作福也。

（三十）哲折　書、哲人惟刑。哲當讀爲折。折之爲言制也。哲人惟刑。言制人民者惟刑也。

（三十一）景憬　詩、汎汎其景。景讀如憬。魯頌泮水。憬彼淮夷。毛傳憬遠行貌。下文汎汎其逝。正與此同意。

（三十二）衆終　詩、衆穉且狂。衆讀爲終。終猶既也。終穉且狂。言既穉且狂。與終溫且惠。終風且暴。終窶且貧。終和且平詩句一律。

（三十三）能而　詩、能不我知。能不我甲。能當讀爲而。言童子雖則佩觿。而實不與我相知。雖則佩韘。而實不與我相狎。

（三十四）寐沫　詩、夙夜每寐。寐讀爲沫。無沫猶無已也。楚辭離騷。芬至今猶未沫。招魂身服義而未沫。王逸注沫已也。

（三十五）直職　詩、爰得我直。直當讀爲職。職亦所也。左襄十六年傳、克則爲卿。不克則烹。固其所也。史記作固其職也。

（三十六）盬苦　詩、王事靡盬。盬當讀爲苦。爾雅、苦息也。王事靡盬、言王事靡有止息也。

（三十七）爲譌　詩、人之爲言。爲當讀爲譌。正義所謂人之作僞之言是也。

（三十八）辰慎　詩、奉時辰牡。辰當讀爲慎。詩言私其豵。獻豜于公。一歲爲豵。二歲爲豝。三歲爲特。四歲爲肩。五歲爲慎。慎爲獸五歲之名。即此辰牡之辰。五歲爲慎。獸之最大者。故下文曰。辰牡孔碩也。

（三十九）偕皆　詩、維其偕矣。又飲酒孔偕。偕讀爲皆。廣雅、皆嘉也。小雅魚麗曰。維其嘉矣。又曰。維其偕矣。賓之初筵曰。飲酒孔嘉。又曰。飲酒孔偕。偕亦嘉義。

（四十）譽豫　詩、是以有譽處兮。譽當讀爲豫。爾雅。豫安也。樂也。譽處安處也。

（四十一）芋宇　詩、君要攸芋。芋當讀爲宇。宇居也。言室成而君子居之矣。

（四十二）崒猝　詩、山冢崒崩。崒當讀爲猝。猝急也。暴也。山冢猝然崩壞也。

（四十三）交姣　詩、彼交匪敖。又彼交匪紓。交當讀爲姣。廣雅。姣侮也。彼與匪通。彼交匪敖者。匪姣匪敖也。言不侮慢不驕傲也。彼交匪紓者。匪姣匪紓也。言不侮慢不怠緩也。

（四十四）求逑　詩、萬福來求。求當讀爲逑。逑聚也。言萬福來聚也。

（四十五）土杜　詩、自土沮漆。土當從齊詩讀爲杜。杜水名。漆亦水名。自土沮漆。沮即徂字。猶言自杜往漆耳。

（四十六）時詩　詩、曰止曰時。時當讀爲詩。廣雅詩止也。曰止曰時。猶言爰居爰處。

（四十七）公功　詩、婦無公事。公當讀爲功。小雅六月篇、以奏膚公。毛傳、公功也。婦無公事。休其蠶織。休其蠶織。即無功事也。

（四十八）承烝　詩、不顯不承。承當讀爲武王烝哉之烝。釋文引韓詩曰。烝美也。不與丕通。不顯不承。即丕顯丕烝。猶經丕顯哉文王謨。丕承哉武王烈。與此意同。

（四十九）旆發　詩、武王載旆。荀子議兵篇。韓詩外傳引詩並作武王載發。發謂起師伐紂也。豳風七月箋。載之言則也。武王載發。武王則發也。

（五十）幣敝　周禮幣餘之賦。幣當讀爲敝。說文敝一曰敗衣。敝爲衣敗殘之名。殘則餘矣。因而凡物之殘者。皆謂之敝餘。今時嘗造用物。餘假貸以還官。謂之回殘是也。

訓詁異同

讀書必先識字。讀古書必先識古字。所謂識古字者。不僅識字之形。當識字之義也。古人造字。一字一義。後人用字展轉假借。不知本義而讀古書。每有籠統不分之弊。不知借義而讀古書。每有望文生義之弊。此二不除。無以明古書之眞。不知本義與借義。無以除此二弊。不通訓詁之學。無以知本義借義之分。茲先舉二弊於下。

何謂籠統不分之弊。例如。

今人對於天地生育之能力。渾言之曰造化。不知析言之。自無而之有謂之造。自有而之無謂之化。

今人對於地能發生萬物者。渾言之曰土壤。不知析言之。以萬物自生則曰土。以人所耕種樹藝則曰壤。

今人對於人所聚居之處。渾言之曰市井。不知析言之。邑居爲市。野廬爲井。

今人對於同居一區域者。渾言之曰鄉黨。不知析言之。萬二千五百家爲鄉。五百家爲黨。

今人對於己所居處之地。渾言之曰室家。不知析言之。夫婦所居謂之室。一門之內謂之家。

今人對於憩止之地。渾言之曰居處。不知析言之。定居者謂之居。暫止者謂之處。

今人對於瞽者。渾言之曰矇瞍。不知析言之。有眸子而不見謂之矇。無眸子曰瞍。

今人對於悲痛墮淚者。渾言之曰哭泣。不知析言之。有聲有淚曰哭。無聲有淚曰泣。

今人對於男女之配合。渾言之曰婚姻。不知析言之。壻曰婚。言壻以昏時而來。妻曰姻。言妻則因之而去。

今人對於意氣相合者。渾言之曰朋友。不知析言之。同門爲朋。同志爲友。

以上皆世俗通用之文字。人人所能了解者。然祇能得其籠統之了解。不能得其分析之了解。此種世俗通用之文字。今人不分析者甚多。如兩扇曰門。半門曰戶。今人統言門戶也。直言曰言。論難曰語。今人統言言語也。正斥曰罵。旁及曰詈。今人統言罵詈也。意闌則欠。體憊則伸。今人統言欠伸也。出氣急曰吹。緩曰噓。今人統言吹噓也。堂上謂之步。門外謂之趨。今人統言步趨也。女曰嬰。男曰兒。今人統言嬰兒也。合曲曰歌。徒歌曰謠。今人統言歌謠也。草行曰跋。水行曰涉。今人統言跋涉也。浮水曰游。潛水曰泳。今人統言游泳也。種之曰稼。斂之曰穡。今人統言稼穡也。近曰離。遠曰別。今人統言離別也。害賢曰嫉。害色曰妒。今人統言嫉妒也。愛財曰貪。愛食曰婪。今人統言貪婪也。圓者爲珠。不圓者爲璣。今人統言珠璣也。上曰衣。下曰裳。今人統言衣裳也。織曰錦。刺曰繡。今人統言錦繡也。刈草曰芻。采薪曰蕘。今人統言芻蕘也。短葉揚起者曰楊。長葉下垂者曰柳。今人統言楊柳也。陸鳥曰栖。水鳥曰宿。今人統言栖宿也。據此可見今人了解之字義。皆不免有籠統不分之弊。

何謂望文生義之弊。例如。

易剝牀以辨。辨者蹁也。不知借義者。以分辨之辨釋之。

易喪羊於易。易者場也。不知借義者。以平易之易釋之。

易舊井無禽。井者阱也。不知借義者。以井泉之井釋之。

易不可榮以祿。榮者營也。不知借義者。以榮華之榮釋之。

書教胄子。胄者育也。不知借義者。以胄爲長之義釋之。

書罔有擇音。擇者斁也。不知借義者。以簡擇之擇釋之。

詩維鳩方之。方者放也。不知借義者。以方爲有之義釋之。

詩子之還兮。還者嫙也。不知借義者。以還爲便捷之貌釋之。

詩有紀有堂。紀者杞也。堂者棠也。不知借義者。以紀爲基。以堂爲平道如堂之義釋之。

詩曾是不意。意者億也。不知借義者。以心意之意釋之。

以上皆經典通用之文字。爲傳注家所解釋者。然其箋釋之義。往往以本字之義當之。而不能得其借字之義。中國古書用借字者頗多。已見於上篇。茲不復贅。惟研究古書者。不明本字借字之分。未始不可以曲解。然望文生義。必不能得古書之眞。據此可見傳注之解釋古書而不能怡然理順者。皆不免有望文生義之弊。

除此二弊。須通訓詁之學。訓詁二字。出於爾雅。訓者道也。道物之貌以告人也。詁者古今之異語也。此二字亦合見於說文。說文云。詁訓故言也。據此爾雅說文兩書。爲訓詁學之所自出。說文兼文字之形聲義言之。爾雅則專言文字之義。爾雅一書。先於說文。所收之字。亦多於說文。故爾雅尤爲訓詁學之祖。爾雅者。釋古今之異言。通方俗之殊語。可以知各字之通義。亦可以明一字之專義。何謂各字之通義。初哉首基肇祖元胎俶落權輿始也。始爲各字之通義也。何謂一字之專義。初者裁衣之始。哉者才之借字。草木之始。首者人之始。基者築牆之始。肇者肁之借字。開戶之始。祖者廟之始。元者歲之始。胎者人生之始。假者釋名曰荆豫人謂長婦曰孰。假孰音同。爲婦之始。落者詩云。訪予落止。爲即位諸謀之始。權輿者。大戴禮云孟春百草權輿。爲萌芽之始。雖爲通義而各有專義也。所以清代學者研究訓詁之學。皆以爾雅爲主。（戴氏東原有言故訓之書。其傳者莫先於爾雅。六藝之賴是以明也。所以通古今之異言。然後能諷誦於章句。以求適于至道。劉歆班固論尙書古文經曰。古文讀應爾雅。解古今語而可知。蓋士生古後。時之相去千百年之久。視夫地之相隔千百里之遠無以異。昔之婦孺聞而輒曉者。更經學大師轉相講授而仍留疑義。則時爲之也。余竊謂儒者治經。宜自爾雅始。（爾雅文字考序）。觀此則研究訓詁之學。當從事於爾雅明矣。惟爾雅之外。其爲訓詁異同之參考者。其書頗多。夫不識訓詁。不能通六藝之文。欲識訓詁。當於年代相近者求之。（盧文弨語。）書之年代相近而可以爲訓詁之研究者有二。（一）六藝本書中之訓詁。（二）六藝傳注中之訓詁。記之於下。

何謂六藝本書中之訓詁。例如。

易經元者善之長也。亨者嘉之會也。利者義之和也。貞者事之幹也。又泰者通也。蠱者事也。頤者養也。坎者陷也。離者麗也。遯者退也。晉者進也。夷者傷也。睽者乖也。蹇者難也。夬者決也。姤者遇也。萃者聚也。渙者離也。

春秋左氏傳。凡雨自三日以往爲霖。凡師能左右之曰以。凡師有鐘鼓曰伐。無曰侵。

又忠德之正也。信德之固也。禮身之幹也。敬身之基也黃中之色也。裳下之飾也。火水妃也。水火之牡也。

又經緯天地曰文。師衆以順爲武。

春秋公羊傳。春曰祠。夏曰礿。

春秋穀梁傳。春曰田夏曰苗。

論語。政者正也。

孟子。畜君者好君也。

又庠者養也。校者教也。序者射也。

禮記約信曰誓。涖牲曰盟。

又仁者人也。義者宜也。

以上六經中之訓詁。散見於各經者頗多。此皆爲訓詁之最古者。彙而記之。必能得以經解經之助。蓋解經之事。最善以本經解本經。次則以此經解彼經。以其同一時代之用字。訓詁可以互證也。

何謂六藝傳注中之訓詁。例如。

易經子夏傳。元始也。亨通也。利和也。貞正也。

又劉瓛云。彖者斷也。斷一卦之才也。象者象也。取其法象卦爻之德。

尙書書大傳。顓者事也。禹者輔也。堯者高也。饒也。舜者推也循也。

詩經召南箋。蘋之言賓也。藻之言澡也。

又陂澤傳。自目曰涕。自鼻曰泗。

論語鄭注。恂恂恭順貌。便便言辨貌。

又鄭注。純讀爲緇。厲讀爲賴。

周禮天官序官注。體猶分也。佐猶助也。

又外史注。古曰名。今曰字。

以上六經傳注中之訓詁。悉數之而不能遽盡。雖非最古之訓詁。亦可謂比較近於古。彙而記之。爲讀古書之參考。必能由傳注之訓詁。以得本經之訓詁。蓋漢人去古未遠。而又學有師承。視魏晉以後日滋新義。固有異也。

除上二者而外。周秦兩漢之書。其訓詁之近古者頗多。如荀子修身篇。多聞曰博。少聞曰淺。多見曰閑。少見曰陋。晏子春秋內篇諫上。賞無功謂之亂。罪不知謂之虐。呂氏春秋季春紀。行而無資曰乏。居而無食曰絕。淮南天文訓。天道曰圓。地道曰方。白虎通。百人曰俊。千人曰英。以及方言釋名急就之中。其訓詁皆近於古。而異於今。本此以讀古書。參互鉤稽。必能得古書之眞。茲舉例於下。

詩周南關雎。左右芼之。傳訓芼爲擇。後人不從。不知芼苗聲近義同。左右芼之芼。傳以爲擇。猶田苗之苗。白虎通以爲擇取。爾雅芼搴也。亦與擇取之義相近也。

邶風柏舟篇。不可選也。傳訓選爲數。後人不從。不知選算古字通。朱穆絕交論。作不可算也。論語何足算也。以算爲數。正與此同義也。

新臺篇。籧篨不鮮。箋訓鮮爲善。後人不從。不知爾雅皆訓爲善。且下云。籧篨不殄。殄讀曰腆。其義亦爲善也。

小雅采綠篇。六日不詹。傳訓詹爲至。後人不從。不知詹之爲至。載於爾雅。乃古之方言。是以方言亦云楚語謂至爲詹也。

禮記學記。術有序。鄭注云。術當爲遂。聲之誤也。後人不從。而改爲州。不知術遂古同聲。故月令注云。術周禮作遂也。

以上本訓詁以求芼之爲擇。選之爲數。鮮之爲善。詹之爲至。術之爲遂。皆能得明確之證據。而知其不可易者矣。亦有先儒解釋偶誤。本訓詁以求。能擇善而從者。茲舉例於下。

書臯陶謨。莫邦作乂。禹貢萊夷作牧。雲土夢作乂。史記夏本紀皆以爲字代作字。文義未安。不如用詩駉篇傳訓作始之善也。

詩定之方中篇。匪直也人。檜風匪風篇。匪風發兮。匪車偈兮。小雅小旻篇。如匪行邁謀。箋並訓匪爲非。不如用左傳訓匪爲彼之善也。菁菁者莪篇。我心則休。釋文正義。並以休爲美。不如用國語注訓休爲喜之善也。菀柳篇。無自暱焉。傳訓暱爲近。與無自瘵焉之文不類。不如廣雅暱病之訓爲善也。

左宣十二年傳。董澤之蒲。可勝既乎。杜訓既爲盡。不如讀既爲曁。用摽有梅詩傳曁取也之訓爲善也。

以上本訓詁以求作之爲始。匪之爲彼。休之爲善。曜之爲病。既之爲取。皆能得明確之證據。以正古人之誤。而改其讀者矣。

據此以觀。讀書者當廣求古義。取本經之訓詁。與傳注之訓詁。而知其所以然。凡傳注之未精者。又博考以正之。始無鑿空妄談之病。錢氏大昕云。有文字而後有訓詁。有訓詁而後有義理。訓詁者義理之所由出。非別有義理出乎訓詁之外者也。錢氏此言極能表訓詁之重要。自晉代尙空虛。宋人喜頓悟。訓詁不明。古籍日晦矣。

聲韻流變

上古典籍。載之文字。文字者合形聲義三者而成者也。三者之中。聲韻尤爲重要。不明聲韻之原。即無以通訓詁之旨。蓋古書訓詁。全寄於聲韻。考此原因。由於假借。古時假借之例有二。一則古時字少。不足於用。音同即假。彼此互通。假義既行。本義遂晦。二則簡册繁重。得書困難。師以口授。弟以筆記。倉卒無字假音而書。假借既久。習爲常例。士子載筆。鮮用本文。二種假借。皆以聲韻爲樞紐。年代久遠。聲韻之流變日多。使以今日聲韻以讀古書文字。則假借不明。而訓詁莫達。漢人作注。有音讀之法。音讀者。由聲韻以通訓詁者也。段氏玉裁著周禮漢讀考。發明漢人聲讀之例。茲記其序言於下。

漢人作注。於字發疑正讀。其例有三。一曰讀如讀若。二曰讀爲讀曰。三曰當爲。讀如讀若者。擬其音也。古無反語。故爲比方之詞。讀爲讀曰者。易其字也。易之以音相近之字。故爲變化之詞。比方主乎同。音同而義可推也。變化主乎異。字異而義憭然也。比方主乎音。變化主乎義。比方不易字。故下仍舉經之本字。變化字已易。故下文輒舉所易之字。注經必兼茲二者。故有讀如有讀爲。字書不言變化。故有讀如無讀爲。有言讀爲某讀如某而某仍本字者。如以別其音。爲以別其義。當爲者定爲字之誤聲之誤而改其字也。爲救正之詞。形近而譌謂之字之誤。聲近而譌謂之聲之誤。字誤聲誤而正之。皆謂之當爲。凡言讀爲者。不以爲誤。凡言當爲者。直斥其誤。三者分而漢注可讀。而經可讀。三者皆以音爲用。漢之音非今之四聲二百六韻也。則非通乎虞夏商周秦漢之音。則不能窮其條理。

據段氏此言。讀書不明聲韻。卽無以知古書之眞義。例如淮南子原道訓。際天地。不知以聲讀之。際之讀爲察也。（按文子作察天地。）禮記聖人耐以天下爲一家。不知以聲讀之耐之讀爲能也。（鄭注。耐古能字。漢書晁錯傳胡貉之人性能寒。揚粵之人性能暑。能讀爲耐。可以互證。）發明漢人聲讀之例。除段氏之書外。陳氏壽祺所著漢讀舉例。亦有二百二十餘事。足資參考。其他若錢氏大昕王氏鳴張氏行孚皆於聲讀之例。多所發明。玆略本各家之說。舉例於下。

（一）聲讀之字音義悉近者。

書。辰弗集於房。傳集合也。孟子。是集義所生者。注集雜也。按說文。集羣鳥在木上也。亼三合也。集房集義之集本字爲亼。古書作集者。宜讀爲亼也。集亼音義悉近。

左傳襄四年。樹之詐慝。杜注樹立也。國語故聖王樹德於民。韋注樹立也。按說文。樹生植之總名。侸立也。樹立之樹。本字爲侸。古書作樹者。宜讀爲侸也。樹侸音義悉近。

禮記。柔色以溫之。鄭注。承尊者必和顏柔色。文選洛神賦。柔情綽態。李注柔弱也。按說文。柔木曲直也。脜面和也。柔色柔情之柔。本字爲脜。古書作柔者。宜讀爲脜。柔脜音義悉近。

易。君子以愼辨物居方。虞注辨別色。論語。脩慝辨惑。注辨別也。按說文。辨判也。釆辨別也。辨別之辨。

本字爲卌。古書作辨者。宜讀爲卌也。辨卌音義悉近。

論語。陪臣執國命。漢書文帝紀。皆秉德以陪朕。注。陪輔也。按說文。陪重土也。倗輔也。陪臣陪輔之陪。本字爲倗。古書作陪者。宜讀爲倗也。陪倗音義悉近。

（二）聲讀之字音同義異者。

詩。不與我戍許。春秋左氏傳。夫許大岳之胤也。許國名。按說文。許聽也。鄦炎帝太岳之胤。甫侯所封。許國之許。本字爲鄦。古書作許者。宜讀爲鄦也。

書。方鳩僝功。左傳。敢使魯無鳩乎。鳩聚也。按說文。鳩鶻鵃也。鳥名。勼聚也。鳩聚之鳩。本字爲勼。古書作鳩者。宜讀爲勼也。

孟子。使己僕僕爾。趙注。僕僕煩猥貌。按說文。僕給事者。⿸尸菐行⿸尸菐⿸尸菐也。僕僕之僕。本字爲⿸尸菐。古書作僕者。宜讀爲⿸尸菐也。

論語。裨諶草創之。孟子。君子創業垂統。國語。以創制天下。漢書敍傳。禮義是創。按說文。創傷也。刱造法刱業也。草創創業創制之創。本字爲刱。古書作創者。宜讀爲刱也。

詩生民。先生如達。鄭箋達羊子也生如達之生。言易也。按說文。達行不相遇也。羍小羊也。羊子之達。

　本字作羍。古書作達者。宜讀爲羍也。

以上兩種。第二種尤爲重要。音義悉近者。雖不以聲讀之。尙不至大相剌謬。如集雖不訓合。然可引申爲亼合之訓。樹雖不訓立。然可引申爲侸立之訓。柔雖不訓和。然可引申爲脜和之訓。辨雖不訓別。然可引申爲卌別之訓。陪雖不訓輔。然可引申爲倗輔之訓。蓋音義悉近。無論以本字或借之義詁之。皆可以通。惟音同義異。使不聲讀之法。得其本字。則許之爲聽。鳩之爲鳥名。僕之爲給事。創之爲傷。達之爲行不相遇。皆與古書所用之義。相違背。則古書何能讀乎。況乎此種用字古書極多。不得其讀。扞格不通。苟得其讀。意義顯然。本聲讀之例。以治古書。則知尙書稽疑之稽。宜讀爲卟。論語施於有政之施。宜讀爲𢻫。孟子隱几而臥。莊子隱几而坐之隱。宜讀爲㥯。尙書顚越不恭。詩顚沛之揭。論語顚沛必於是之顚。宜讀爲蹎。漢書王陵傳杜門不出朝請之杜。宜讀爲𢼊。詩篤生武王。論語君子篤於親之篤。宜讀爲竺。禮記天地相蕩。論語今之狂也蕩。左傳蕩公之蕩。宜讀爲潒。漢書成帝紀闌入尙方掖門之闌。宜讀爲䦨。國策與後漢書長於阿保之手之阿。宜讀爲婜。禮記王制昆蟲未蟄。祭統昆蟲之異。夏小正昆小蟲之昆宜讀爲蚰。清代漢學家。得此聲讀之法。故能讀古書而無窒礙也。

又古書中每以聲音形容事物之聲音與狀態。此種文字全是聲音。毫無意義。詩經之中。視他書尤多。而以聲音形容事物之狀態。類多重言。或以重言形容其聲。或以重言形容其狀。或以重言形容其貌。古書中遇有此種形容之詞。悉以聲音讀之可也。

（一）以重言形容其聲者。

如關雎、以關關形容雎鳩之聲。草蟲、以喓喓形容草蟲之聲。風雨、以喈喈膠膠形容雞鳴之聲。匏有苦葉、以雝雝形容鳴雁之聲。伐木、以嚶嚶形容兩鳥和鳴之聲。鴻雁、以嗷嗷形容哀鳴之聲。鹿鳴、以呦呦形容鹿相呼之聲。車攻、以蕭蕭形容馬鳴之聲。碩人、以發發形容魚掉魚之聲。鴇羽、以肅肅形容飛羽之聲。雞鳴、以薨薨形容蟲飛之聲。斯干、以喤喤形容兒泣之聲。巷伯、以緝緝形容口舌之聲。終風、以虺虺形容雷震之聲。代木、以許許形容鋸木之聲。緜、以登登形容築土之聲。又以馮馮形容削牆之聲。生民、以叜叜形容淘米之聲。兔罝、以丁丁形容椓代之聲。七月、以沖沖形容鑿冰之聲。盧令、以令令形容纓環之聲。載驅、以薄薄形容車驅之聲。大車、以啍啍形容大車之聲。車鄰、以鄰鄰形容衆車之聲。有女同車、以將將形容鳴玉之聲。靈臺、以逢逢形容鼉鼓之聲。采芑、以淵淵形容伐鼓之聲。車攻、以囂囂形容選衆之聲。以上皆以重言形容其聲者。

（二）以重言形容其狀者

如二子乘舟、以養養形容不知所定之狀。君子陽陽、以陽陽形容無所用心之狀。羔裘、以居居形容不相親比之狀。伐木、以蹲蹲形容蹈舞之狀。吉日以儦儦俟俟形容趨行之狀。楚茨、以踖踖形容執爨有容之狀。賓之初筵、以僛僛形容舞不能自正之狀。葛屨、以提提形容安諦之狀。十畝之間、以閑閑形容桑間往來之狀。晨風、以欽欽形容憂心思望之狀。兔罝、以赳赳形容輕勁之狀。黍離、以搖搖形容憂無所愬之狀。杕杜、以踽踽形容獨行無所親之狀。谷風、以遲遲形容行道舒緩之狀。小旻、以戰戰兢兢形容恐懼警戒之狀。鶉之奔奔、以奔奔彊彊形容居有常匹飛則相隨之狀。青蠅、以營營形容青蠅往來之狀。雄雉、以泄泄形容雉飛鼓舞之狀。敝笱、以唯唯形容魚行相隨順之狀。以上皆以重言形容其狀者。

（三）以重言形容其貌者

如氓、以旦旦形容懇惻款誠之貌。節南山、以瑣瑣形容小人褊淺之貌。又以蹙蹙形容靡所騁之貌。巷伯、以好好形容驕人之貌。又以草草形容勞人之貌。大東、以粲粲形容衣服鮮盛之貌。北山、以燕燕形容安息之貌。螽斯、以振振形容仁厚之貌。小宛、以溫溫形容和柔之貌。蜉蝣、以楚楚形容衣服鮮明之貌。東方未明、以瞿瞿形容狂夫之貌。淇奧、以猗猗形容綠竹美盛之貌。采薇、以依依形容楊柳茂盛之貌。葛覃、以莫莫形容葛葉成就之貌。以萋萋形容葛葉茂盛之貌。桃夭、以夭夭形容桃葉少壯之貌。以灼灼形容花茂盛之貌。漢廣、以翹翹形容衆薪之貌。竹竿、以籊籊形容長而殺之貌。蒹葭、以蒼蒼形容葭盛之貌。常棣、以韡韡形容光明之貌。載馳、以芃芃形容麥方盛之貌。葛藟、以緜緜形容葛長而不絕之貌。揚之水、以鑿鑿形容白石鮮明之貌。漸漸之石、以漸漸形容山石高峻之貌。節南山、以巖巖形容積石之貌。雲漢、以蟲蟲形容旱熱之貌。又以滌滌形容草木旱死之貌。谷風、以習習形容風調和之貌。采薇、以霏霏形容雨雪之貌。伯兮、以杲杲形容日初出之貌。南山、以崔崔形容南山高大之貌。玄鳥、以芒芒形容殷土廣大之貌。以上皆以重言形容其貌者。

觀以上所舉之例。無論形容其聲。形容其狀。形容其貌。皆以聲爲用。初不必顧及文字之形與義也。所以古書中之形容詞。以聲讀之。而人物之聲貌。與動作之狀。自然呈露。不僅形容詞已也。其他以聲韻相假借者。無不當以聲讀之。（其例已見上。茲不復舉。）惟是聲韻時時流變。使不明古今聲韻流變之迹。即不能假借之例。而通其形容之詞。阮氏元云。窮經之道。必先識字。識字之要。又在審音。自古及今。道凡三變。爾雅爲經訓之始。其中重辭累言。依聲析義。聲近之字。則義存乎聲。雖不言音。而經音之旨。權輿於此矣。漢代經師輩出。傳注諸家。始有譬況假借以證音字。如內言外言急言徐言讀若之類。矢口得音。無不審其輕重清濁。以函雅故。此經音之一道也。魏祕書監孫叔然。紐以雙聲。疊爲反語。以音爾雅。（中略）厥後李登聲類。呂靜韻集。剖析五音。沈約韻譜。彥倫體語。研及四聲。聲音遞轉。文字日孳。音經之家。紛然四出。是非不遵師法。輕重惟其所習。迨唐陸德明循省舊音。救其不逮。撰爲經典釋文。古今並錄。經注必詳。此經音之一變也。流變不已。作者愈衆。音則愈雜。（中略）自元和以後。釋氏神珙之說起焉。但尚無所謂字母者。三十六字母圖。乃僧守溫所撰。當時雖有是術。其學不著。故唐以至宋初。經傳字書所有反切。猶是魏晉齊梁隋唐相傳之舊。自宋中葉鄭氏樵。沈氏括諸家。推闡其術。用以入經。於是有新義。古義。今音。古音之別。此經音之又一變也。據阮氏此言。新義古義之不同。原於今音古音之流變。學者不明古音。卽無由知古義。不知古義。卽不能讀古書。故聲音流變之道。學者所當研究者也。

語詞辨別

古時書籍。皆本古人之語詞而紀之以文字者也。古人語詞。與今不同。語詞既別。詁訓自異。所以讀古時書籍。當以辨別古人語詞爲尤要也。辨別語詞之要有二。一辨別古人用字之例。二辨別古人造句之例。茲詳于下。

何謂用字之例。古人用字。有實訓者。有虛訓者。實訓之字。知本字借字之分。卽可明其用字之條。虛訓之字。非通其語詞。則無由得其訓詁。蓋經典之文。字各有義。而字之爲語詞者。則無義之可言。設以實義解之。則文既不通。而意亦難曉。例如。

與以也。論語陽貨篇。鄙夫可與事君也與哉。言不可以事君也。而解者云。不可與之事君。則失之矣。以此推之。易繫辭傳。是故可與酬酢。可與祐神矣。言可以酬酢。可以祐神也。

以而也。莊二十四年公羊傳。戎衆以無義。言衆而不義也。而解者云。戎師多。又常以無義爲事。則失之矣。以此推之。書金縢。天大雷電以風。言雷電而風也。禮記樂記。治世之音安以樂。亂世之音怨以怒。亡國之音哀以思。言安而樂怨而怒哀而思也。

勿發聲也。詩小雅節南山。弗問弗仕。勿罔君子。勿罔罔也。而解者云勿罔上而行。或云勿當作末。則失之矣。以此推之。僖十五左傳。史蘇是占。勿從何益。言雖從何益也。勿發聲也。爲語助也。論語。顏淵曰。何以文爲。言何用文也。而解者云。何用文章以爲君子。則失之矣。以此推之。左昭二十八年傳。三代之亡。共子之廢。皆是物也。女何以爲哉。以用也。言女何用是物哉。爲語助。

謂柰也。詩召南行露。豈不夙夜。謂行多露。言豈不欲夙夜而行。柰道中多露何哉。而解者以以爲二字代謂字。則失之矣。以此推之。左僖二十八年傳。救而棄之。謂諸侯何。言柰諸侯何也。史記孝文紀。是重吾不德也。謂天下何。言柰天下何也。

壹語助也。禮記大學。自天子至于庶人。壹是皆以脩身爲本。言皆以修身爲本也。而解者以壹爲專行。則失之矣。以此推之。禮記檀弓。子之哭也。壹似重有憂者。言似重有憂者也。

洪發聲也。書大誥曰。洪惟我幼沖人。洪者發聲之詞。無義。而解者訓洪爲大。則失之矣。以此推之。書多方。洪惟圖天之命。洪亦發聲詞也。

台何也。書湯誓夏犯其如台言夏罪如何也。而解者訓台爲我。則失之矣。以此推之。書西伯戡黎今王其如台言今王其如何也。

居語助也。詩小雅十月之交擇有車馬。以居徂向。言擇有車馬以徂向也。而解者云擇民之富有車馬者。以往居于向。則失之矣。以此推之。詩大雅生民上帝居歆。言上帝歆也。

能而也。詩國風芄蘭雖則佩觿。能不我知。言童子雖則佩觿。而實不與我相知也。而解者云。言其才能實不如我衆臣之所知爲也。則失之矣。以此推之。管子任法篇是貴能威之。富能祿之。賤能事之。近能親之。美能淫之也。下文五能字皆作而。則能卽而也。

據以上而觀。語詞不能辨別。如與之爲相與。謂之爲以爲。居之爲居處。能之爲才能。曲爲之說。固而不通。至荀子之安。楚詞之羌。苟不知爲語詞。雖曲爲之說而亦不能。此種語詞。王引之經傳釋詞中彙記一百六十字。可爲讀古書者語詞之參考。學者當自求之。茲錄其序于下。

語詞之釋。肇于爾雅。粤于爲曰。茲斯爲此。每有爲雖。誰昔爲昔。若斯之數。皆約舉一隅。以待三隅之反。蓋古今異語國別方言。類多助語之文。凡其散見于經傳者。皆可比類而知觸類長之斯善式古訓者也。自漢以來。說經者實尙雅訓。凡實義所在。既明著之矣。而語詞之例。則略而不究。或卽以實義釋之。遂使文扞格而意亦不明。如由用也。猷道也。而又爲詞之於若皆以用與道釋之。則尙書之別求聞由古先哲王。大誥猷爾多邦。皆文義不安矣。攸所也。迪蹈也。而又爲詞之用。若皆以所與蹈釋之。則尙書之各迪有功。豐水攸同。毛詩之風雨攸除。鳥鼠攸去。皆文義不安矣。否不也。丕大也。而又爲發聲與承上之詞。若皆以不與大釋之。則尙書之三危既宅三苗丕敍。我生不有命在天。否則侮厥父母。毛詩之否難知也。有周不顯。帝命不時。禮記之不在此位也。皆文義不安矣。作爲也。而又爲詞之始與及。若皆以爲釋之。則尙書之萬邦作乂。作其卽位。皆文義不安矣。爲作也。而又爲詞之「如」「有」「與」「於」。若皆以作釋之。則左傳之何臣之爲。晉語之稱爲前世。穀梁傳之近爲禰宮。管子之爲臣死乎。孟子之得之爲有財。皆文義不安矣。又如如若也。而又爲詞之「而」「乃」「當」「與」。若如也。而又爲詞之「其」「而」「此」「惟」。曰言也。而又爲詞之「欥」。謂言也。而又爲詞之「爲」「與」「如」「奈」。云言也。而又爲詞之「有」「或」

「然。」甯安也。而又爲詞之「若。」茲此也。而又爲「歎詞。」嗟歎詞也。而又爲「語助。」彼他也。而又爲詞之「匪。」匪非也。而又爲詞之「彼。」咫八寸也。而又爲詞之「只。」允信也。而又爲詞之「用。」終盡也。而又爲詞之「旣。」多衆也。而又爲詞之「祇。」適徂逝皆往也。而適又爲詞之「曾。」徂又爲詞之「及。」逝又爲詞之「發聲。」思念也。居處也。夷平也。一數之始也。而又皆爲「助語。」曷詞之何也。而又爲「何不。」盍何不也。而又爲「何。」於詞之于也。而又爲「爲。」爲爰詞之曰。而又爲「與。」安詞之焉也。而又爲「乃」爲「則」爲「於是。」焉詞之安也。而又爲「於」爲「是」爲「乃」爲「則。」惟詞之獨也。而又爲「與」爲「及」爲「雖。」雖不定之詞也。而又爲「惟」矧詞之況也。而又爲「亦。」亦承上之詞也。而又爲「語助。」且詞之更端也。而又爲「此。」之詞之是也。而又爲「於」爲「其」爲「與。」凡此者其爲古之助語較然甚著。揆之本文而協驗之他卷而通。雖舊說所無可以心知其意者也。（下略）

觀王自序。則知語詞之關于讀書。最爲重要。古書中之語詞。昔人往往以實義釋之。釋以實義。則詰鞫爲病。若辨別其語之輕重。詞之長短。依上下文而作解。則較然易明。所以吾人讀古人之書。對于訓詁難明者。當反覆玩誦而求其語詞之近是。而語詞用字之例。王氏之書。大可爲參考之資。吳氏昌瑩之經詞衍釋。可爲讀王書之助。而劉氏淇之助字辨略。亦可參觀也。

何謂造句之例。積字成句。積句成章。章句之組織。本由言語而來。蓋古人屬詞記事。恆以言語爲轉移也。迨後文言既分。則筆於書者多古語。出于口者盡今言。以今言讀古語。不僅聲韻之流變不同。卽章句之組織亦異。設此事不明。在古人原爲淺顯之語。在今日遂成爲奧隱之辭。若能辨別古人造句之例。而能得其緩急同異顚倒錯綜之故。則奧者淺隱者顯矣。德淸俞氏樾作古書疑義舉要共八十八例。其五十二例以下。係後人讀古書之誤。與古人造句之例無關。其五十一例。除少數關于用字者外。其餘皆造句之例也。茲記其五十一例于下。

（一）上下文異字同義例　古書有上下文異字而同義者。孟子公孫丑篇有仕於此。而子悅之。不告於王。而私與之吾子之祿爵。夫士也亦無王命而私受之於子。按有仕於此之仕。卽夫士也之士。夫士也正承有仕於此而言。士正字。仕叚字。是上下文用字不同而實同義也。

（二）上下文同字異義例　古書亦有上下文同字而異義者。禮記玉藻篇。旣搢必盥。雖有執於朝。弗有盟矣。上有字乃有無之有。下有字乃又字也。言雖有執於朝。不必又盟也。論語公冶長篇。子路有聞。未之能行。惟恐有聞。上有字乃有無之有。下有字亦又字也。言有聞而未行。則惟恐又聞也。

（三）倒句例　古人多有以倒句成文者。順讀之則失其解矣。僖二十三年左傳。其人能靖者與有幾。昭十九年。諺所謂室於怒市於色者。皆倒句也。

（四）倒序例　古人序事。有不以順序。而以倒序者。周官大宗伯職。以肆獻祼享先王。若以次第而言。則祼最在先。獻次之。肆又次之也。乃不曰祼獻肆而曰肆獻祼。此倒序也。大祝職。隋釁逆牲逆尸。若以次第而言。則逆尸最在先。逆牲次之。隋釁又次之也。乃不曰逆尸逆牲隋釁。而曰隋釁逆牲逆尸。此倒序也。小祝職。贊徹贊奠。若以次第而言。則奠先而徹後也。乃不曰贊奠贊徹。而曰贊徹贊奠。此倒序也。說者不知古人自此倒序之例。而必曲爲之解。多見其不可通矣。

（五）錯綜成文例　古人之文。有錯綜其辭。以見文法之變者。如論語。迅雷風烈。楚辭。吉日兮辰良。夏小正。剝棗栗零。皆是也。

（六）參互見義例　古人之文。有參互以見義者。禮記文王世子篇。諸父守貴宮貴室。諸子諸孫守下宮下室。又云諸父諸兄守貴室。子弟守下室。而讓道達矣。鄭注曰。上言父子孫。此言兄弟互相備也。又雜記上篇有三年之練冠則以大功之麻易之。鄭注曰。言練冠易麻。互言之也。疏曰麻謂經帶。大功言經帶。明三年練亦有經帶。三年練云冠。明大功亦有冠。是大功冠與經帶易三年冠及經帶。故云互言之。又祭統篇。王后蠶於北郊。以共純服。夫人蠶於北郊。以共冕服。鄭注曰。純服亦冕服也。互言之爾。純以見繒色。冕以著祭服。凡此皆參互以見義者也。

（七）兩事連類而並稱例　少牢饋食禮。日用丁己。言或用丁或用己也。士虞禮。冪用絺布。言或用絺或用布也。古人之文自有此例。士喪禮魚鱄鮒九。此亦連類而並稱。言或鱄或鮒。其數則九也。若必鱄鮒並用。而欲合其數爲九。則孰四孰五。不得無文矣。

（八）兩義傳疑而並存例　儀禮士虞禮。死三日而殯。三月而葬。遂卒哭。鄭注曰。此記更從死起。異人之聞。其義或殊。賈疏曰。上已論虞卒哭。此記更從始死記之。明非上記。人是異人之聞。其辭或殊。更見記之事。其實義亦不異前記也。按此即傳疑並存之例。

（九）兩語似平而實側例　古人之文。有似平而實側者。詩蕩篇。侯作侯祝。傳曰作祝詛也。段氏玉裁曰。作祝詛也。四字一句。侯作侯祝。與乃宣乃畝。爰始爰謀句法同。

（十）兩句似異而實同例　古人之文有兩句並列而實一意者。若各爲之說。轉失其義矣。禮記表記篇。仁有數。義有長短大小。鄭注曰。數與長短小大互言之耳。按數卽短長小大。質言之則是仁有數。義亦有數耳。乃于仁言數。而于義變言長短小大。此古人屬辭之法也。

（十一）以重言釋一言例　禮記樂記篇。肅肅敬也。雍雍和也。顧氏日知錄曰。詩本肅雍一字。而引之二字者。長言之也。詩云有洸有潰。毛公傳之曰。洸洸武也。潰潰怒也。卽其例也。

（十二）以一字作兩讀例　古書遇重字。多省不書。但于本字下作二畫識之。亦或並不作二畫。但就本字重讀之者。考工記輈人曰。輈注則利準。利準則久。和則安。鄭注曰。故書準作水。鄭司農云。注則利水。謂轅脊上雨注。令水去利也。玄謂利水重讀。似非。據此則故書利水二字。本無重文。先鄭特就此二字重讀之。故後鄭可以不從也。

（十三）倒文協韻例　詩旣醉篇。其僕維何。釐爾女士。釐爾女士。從以孫子。按女士者士女也。孫子者子孫也。皆倒文以協韻。猶衣裳恆言。而詩則曰制彼裳衣。琴瑟恆言。而詩則曰如鼓瑟琴也。甫田篇以穀我士女。此云女士。彼云士女。文異義同。箋云予女以女而有士行者。則失之纖巧矣。經文平易殆不如是。

（十四）變文協韻例　古人之文。更有變文以協韻者。詩鄘風柏舟篇。母也天只。不諒人只。傳曰天謂父也。正義曰先母後天者。取其韻句耳。按母則直曰母。而父則稱之爲天。此變文協韻之例也。

（十五）古人行文不嫌疏略例　儀禮聘禮篇。上介出請入告。鄭注曰。於此言之者。賓彌尊。事彌錄。據注知聘賓所至上介皆有出請入告之事。而上文不言。是古人行文不嫌疏略也。必一一載之簡策。則累牘而不能盡矣。乃古人不言。後人亦遂不知。卽儀禮一經。疏略之處。鄭君亦有未能見及者。後人讀書鹵莽。更無論矣。

（十六）古人行文不避繁複例　古人行文。亦有不避繁複者。孟子梁惠王篇。故王之不王。非挾泰山以超北海之類也。王之不王。是折枝之類也。離婁篇。瞽瞍底豫而天下化。瞽瞍底豫而天下之爲父子者定。兩王之不王。兩瞽瞍底豫。若省其一讀之便索然矣。

（十七）語急例　古人語急。故有以如爲不如者。隱元年公羊傳如勿與而已矣。注曰如卽不如是也。有以敢爲不敢者。莊二十二年左傳。敢辱高位。注曰敢不敢是也。詳見日知錄三十二。

（十八）語緩例　古人語急則二字可縮爲一字。語緩則一字可引爲數字。襄三十一年左傳繕完葺牆以待賓客。急言之則止是葺牆以待賓客耳。乃以葺上更加繕完二字。唐李涪刊誤遂疑完字當作宇矣。昭十六年左傳。庸次比耦以艾殺此地。急言之則是比耦以艾殺此地耳。乃以比上更加庸次二字。杜注遂訓爲用次更相從耦耕矣。皆由不達古人語例故也。按方言曰庸恣比侹更迭代也。庸恣比三字。卽本左傳。恣與次通。

（十九）一人之辭而加曰字例　凡問答之辭。必用曰字。紀載之恆例也。乃有一人之辭。中加曰字。自爲問答者。此則變例矣。論語陽貨篇懷其寶而迷其邦可謂仁乎。曰不可。好從事而亟失時可謂知乎。曰不可。兩曰字仍是陽貨語。直至孔子曰諾。始爲孔子語。史記留侯世家。昔者湯伐桀而封其後於杞者。度能制桀之死命也。今陛下能制項籍之死命乎。曰未能也。其不可一也。武王伐紂封其後於宋者。度能得紂之頭也。今陛下能得項籍之頭乎。曰未能也。其不可二也。此下凡不可者七。皆子房自問自答。至漢王輟食吐哺罵曰。豎儒始爲漢王語。與論語文法正同。說本閻氏四書釋地。按記人於下文。特著孔子曰。則上文兩曰不可。非孔子語明矣。前人皆未見及。閻氏此論。昭然發千古之矇。

（二十）兩人之辭而省曰字例　一人之辭。自爲問答。則用曰字。乃有兩人問答。因語氣相承。誦之易曉。而曰字從省不書者。如論語陽貨篇。子曰。由也。聞六言六蔽矣乎。對曰。未也。居吾語女。居吾語女。乃夫子之言。而卽承對曰未也之下。無子曰字。子曰。食夫稻。衣夫錦。於女安乎。曰。安。女安則爲之。女安則爲之。乃夫子之言。而卽承曰安之下。無子曰字。

（二十一）文具於前而略於後例　詩大叔于田篇。叔善射忌。又良御忌。其下云。抑磬控忌。抑縱送忌。則專承良御而言。叔馬慢忌。叔發罕忌。其下云。抑釋掤忌。抑鬯弓忌。則專承叔發罕忌而言。文具於前而略於後也。毛傳曰。騁馬曰磬。止馬曰控。發矢曰縱。從禽曰送。按磬控雙聲。縱送疊韻。凡雙聲疊韻之字。皆無二義。傳以一字爲一義。發矢從禽與騁馬止馬又不一例。傳義失之。磬控縱送。皆以御言。磬即控也。言止馬也。送即縱也。言騁馬也。

（二十二）文沒於前而見於後例　古人之文。又有沒其文於前而見其義於後者。書微子篇。我祖底遂陳于上。我用沈酗于酒。用亂敗厥德于下。按底遂陳于上。蓋以德言。紂所亂敗者。即湯所底遂而陳者也。德字見於後而沒於前。枚傳不達其義。乃曰致遂其功陳列于上世。則上句增出功字矣。國語晉語鄢陵之役。荆壓晉軍。軍吏患之。將謀。范匄自公族趨過之。曰夷竈湮井。非退而何。按楚壓晉而陣。晉無以爲戰地。軍吏將謀者。蓋謀退也。非畏楚而退。乃欲少退。使有戰地耳。然軍勢一動。不可復止。必有潰敗之憂。范匄爲夷竈湮井之計。則不必退而自有戰地。乃不退之退也。故曰非退而何。退字見於後而沒於前。韋注不達其義。乃曰平塞井竈。示必死。楚必退。則文義不合矣。

（二十三）蒙上文而省例　古人之文有蒙上而省者。尚書禹貢篇終南惇物至於鳥鼠。正義曰。三山空舉山名。不言治意。蒙上既旅之文也。是其例也。又導岍及岐至于荆山。正義曰。從此導岍。至敷淺原。舊說以爲三條。導岍北條。西傾中條。嶓冢南條。鄭玄以爲四列。導岍爲陰列。西傾爲次陰列。嶓冢爲次陽列。岷山爲正陽列。今以經文求之。鄭說爲是。導岍言導西傾不言導。導嶓冢言導岷山不言導。蓋兩陽列兩陰列各一言導。次陰列蒙陰列而省正陽列蒙次陽列省也。

(二十四)探下文而省例　夫兩文相承蒙上而省此行文之恆也。乃有逆探下文而預省上字。此則爲例更變而古書亦往往有之。堯典舜生三十徵庸三十在位。五十載。因下句有載字。而上二句皆不言載。孟子滕文公篇夏后氏五十而貢。殷人七十而助。周人百畝而徹。因下句有畝字。而上二句皆不言畝。是探下文而省者也。詩七月篇七月在野。八月在宇。九月在戶。十月蟋蟀入我牀下。鄭箋云自七月在野。至十月入我牀下。皆謂蟋蟀也。按此亦探下文而省。初無意義。正義曰。退蟋蟀之文在十月之下者。以人之牀下。非蟲所當入。故以蟲名附十月之下。所以婉其文也。斯曲說矣。牀下既非蟲所當入。何反以蟲名附十月之下乎。

(二十五)舉此以見彼例　孔子曰。舉一隅不以三隅反。則不復也。是以古書之文。往往有舉此以見彼者。禮記王制篇大國之卿。不過三命。下卿再命。小國之卿與下大夫一命。鄭注曰。不著次國之卿者。以大國之下互明之。正義曰。以大國之卿不過三命。則知次國之卿不過再命。大國下卿再命。則知次國下卿一命。故云互明之。又喪大記篇。復者朝服君以卷夫人以屈狄。鄭注曰。君以卷謂上公也。夫人以屈狄互言耳。上公以袞則夫用褘衣。而侯伯以鷩。其夫人用揄狄。子男以毳。其夫人乃用屈狄矣。正義曰。男子舉上公。婦人舉子男之妻。男子舉上以見下。婦人舉下以見上。是互言也。又祭法篇燔柴於泰壇祭天地也。瘞埋於泰折祭地也。用騂犢。鄭注曰。地陰祀用黝牲。與天俱用犢連言爾。正義曰。祭地承祭天之下。故連言用騂犢也、凡此之類皆是舉此以見彼。學者所當以三隅反者也。

（二十六）因此以及彼例　古人之文。省者極省。繁者極繁。省則有舉此見彼者矣。繁則有因此及彼者矣。日知錄曰。古人之辭寬緩不迫。得失、失也。史記刺客傳。多人不能無生得失。利害、害也。史記吳王濞傳。擅兵而別多佗利害。緩急、急也。史記倉公傳緩急無可使者。游俠傳緩急人所時有也。成敗、敗也。後漢書何進傳。先帝嘗與太后不快。幾至成敗。同異、異也。吳志孫皓傳注。蕩異同如反掌。晉書王彬傳江州當人強盛時能立異同。贏縮、縮也。吳志諸葛恪傳。一朝贏縮。人情萬端。禍福、禍也。晉歐陽建臨終詩。成此禍福端。按此皆因此及彼之辭。古書往往有之。禮記文王世子篇。養老幼於東序因老而及幼。非謂養老兼養幼也。玉藻篇大夫不得造車馬。因車而及馬。非謂造車兼造馬也。

（二十七）古書傳述亦有異同例　古曰在昔。昔曰先民。蓋古人之書。亦未必更本於古也。然其傳述或有異同不必盡如原本。閻氏若璩四書釋地曰。論語杞宋並不足徵。中庸易其文曰。有宋存。孔子世家言伯魚生伋字子思。嘗困于宋。子思作中庸。中庸既作於宋。易其文。殆爲宋諱乎。且爾時杞既亡而宋獨存。易之亦與事實合。按閻氏此論可謂入微。蓄疑十年爲之冰釋。至宋氏翔鳳附會公羊家說黜杞而存宋。雖亦巧合。然以本文語氣求之。疑未必然也。

（二十八）古人引書每有增減例　日知錄曰。書泰誓受有億兆夷人離心離德。予有亂臣十人同心同德。左傳引之則曰。太誓所謂商兆民離。周十人同者衆也。淮南子舜釣於河濱。期年而漁者爭處。湍瀨以曲隈深潭相與。爾雅注引之。則曰漁者不爭隈。此皆略其文而用其意也。按今泰誓僞書。卽因左傳語而爲之。不足據。然管子法禁篇引太誓曰。紂有臣億萬人。亦有億萬之心。武王有臣三千而一心。則太誓原文詳。而傳所引略。誠如顧氏說也。又按後漢書郅惲傳孟軻以彊其君之所不能爲忠。量其君之所不能爲賊。亦是略其文。而用其意。蓋古人引書原不必規規然求合也。

（二十九）稱謂例　古人稱謂。或與今人不同。有以父名子者。左傳成十六年。潘尫之黨。襄二十三年申鮮虞之傅摯是也。有以夫名妻者。左傳昭元年武王邑姜是也。並見日知錄。今按漢書外戚傳。孝宣王皇后父奉光封邛成侯。成帝卽位爲太皇太后。時成帝母亦姓王氏。故世號太皇太后爲邛成太后。亦以父名子也。漢書燕剌王旦傳。旦姊鄂邑蓋長公主。張晏曰。蓋侯王信妻也。師古曰。當是信子頃侯充。此亦以夫名妻也。

（三十）寓名例　史記萬石君傳。長子建。次子甲。次子乙。次子慶。甲乙非名也。失其名而假以名之也。漢書魏相傳。中謁者趙堯舉春。李舜舉夏。兒湯舉秋。貢禹舉冬。不應一時四人同以堯舜禹湯爲名。皆假以名之也。說詳日知錄。

（三十一）以大名冠小名例　荀子正名篇曰。物也者。大共名也。鳥獸也者。大別名也。是正名百物。有共名別名之殊。乃古人之文。則有舉大名而合之於小名。使二字成文者。如禮記言魚鮪。魚其大名鮪其小名也。左傳言鳥烏。鳥其大名。烏其小名也。孟子言草芥。草其大名。芥其小名也。荀子言禽犢。禽其大名。犢其小名也。皆其例也。

（三十二）以大名代小名例　古人之文。有舉大名以代小名者。後人讀之而不能解。每每失其義矣。儀禮既夕篇乃行禱于五祀。鄭注曰。盡孝子之情五祀。博言之。士二祀。曰門曰行。推鄭君之意。蓋以所禱止門行二祀。而曰五祀者。博言之耳。五祀其大名也。曰門曰行。其小名也。祀門行而曰五祀。是以大名代小名也。賈疏曰。今禱五祀。是廣博言之。望助之者衆。則誤以爲眞禱五祀矣。

（三十三）以小名代大名例　又有舉小名以代大名者。詩采葛篇一日不見。如三秋兮。三秋卽三歲也。歲有四時而獨言秋。是舉小名以代大名也。漢書東方朔傳年十三學書。三冬文史足用。三冬亦卽三歲也。學書三歲而足用。故下云十五學擊劍也。注者不知其舉小名以代大名。乃泥冬字爲說。云貧子冬日乃得學書。失其旨矣。

（三十四）以雙聲疊韻字代本字例　集與就雙聲。而詩小旻篇集與猶咎道爲韻。是卽以集爲就也。戎與汝雙聲。而詩常武篇戎與祖父爲韻。是卽以戎爲汝也。此以雙聲字代本字之例也。

（三十五）以讀若字代本字例　錢氏潛研堂集曰。漢人言讀若者。皆文字叚借之例。不特寓其音。並可通其字。即以說文言之。鄦讀若許。詩不與我戍許。春秋之許田許男。不必从邑从無也。䣞讀若薊。禮記封黃帝之後於薊。不必从邑从契也。璹讀若淑。爾雅璋大八寸謂之琡。即淑之譌。不必从玉从壽也。珣讀若宣。爾雅璧大六寸謂之宣。不必从玉从旬也。赹讀若縈。詩獨行縈縈。不必从走从勻也。𧼐讀若匐。詩匍匐救之。不必从走从咅也。丮讀若戟。春秋傳公戟其手。不必作丮也。檷讀若柅。易繫於金柅。不必改爲檷也。勼讀若鳩。書方鳩僝功。不必改爲勼也。慴讀若疊。詩莫不震疊。不必改爲慴也。奡讀若傲。書無若丹朱傲。不必改爲奡也。橾讀若藪。攷工記以其圍之泐捎其藪。不必改爲橾也。屡讀爲僕。孟子僕僕爾。不必改爲屡也。䇂讀爲愆。今經典辠䇂字皆作愆。刅讀若創。今經典刅業字皆作創。亼讀若集。今經典亼合字皆作集。羍讀若達。今詩正作達。㞷讀若皇。今周禮正作皇。莧讀與蔑同。今尚書莧席字正作蔑。嵒讀與聶同。今春秋嵒北字正作聶。卟讀與稽同。今尚書卟疑字正作稽。雀讀與爵同。𢻱讀與施同。今經典鳥雀字多用爵。敷𢻱字皆用施。𢀩讀與隱同。孟子莊子隱几字不作𢀩。是皆叚其音。並叚其義。非後世譬況爲音。可同日語也。按錢氏此論前人所未發。頗足備治經之一說。

（三十六）美惡同辭例　古者美惡不嫌同辭。如退食自公。委蛇委蛇。詩人之所美也。而左傳云。衡而委蛇必折。則委蛇又爲不美矣。豈弟君子。民之父母。詩人之所美也。而齊風云魯道有蕩。齊子豈弟。傳曰言文姜於是樂易然。正義足成其義曰。於是樂易然曾無慙色。則豈弟又爲不美矣。齊子豈弟本與下章齊子翺翔一律。而鄭必破作闓圛。謂與上章齊子發夕一律。蓋以他言豈弟者皆美而非刺。故不從傳義。不知古人美惡不嫌同辭。學者當各本文體會。未可徒泥其辭也。

（三十七）高下相形例　昭十三年。子產大叔相鄭伯。以會子產以幄幕九張行。子大叔以四十既而悔之。每舍損焉。及會亦如之。癸酉退朝。子產命外僕速張於除。子大叔止之。使待明日。及夕子產聞其未張也。使速往。乃無所張矣。注曰傳言子產每事敏於大叔。按子產與子太叔皆鄭國賢大夫。傳者欲言子產之敏。乃極言子太叔之不敏。此高下相形之例也。

（三十八）敍論竝行例　史記屈原傳敍事中間以議論。論者以爲變體。愚按趙世家云。以至父子俱死。爲天下笑。豈不悲乎。魏世家云。惠王之所以身不死國不分者二家謀不和也。若從一家之謀魏必分矣。故曰君終無適子。其國可破也。皆於敘事中入議論。古人之文無定法也。

（三十九）實用活用例　宣六年公羊傳勇士入其大門。則無人門焉者。上門字實字也。下門字則爲守是門者矣。襄九年左傳門其三門。下門字實字也。上門字則爲攻是門者矣。此實字而活用者也。爾雅釋山大山宮小山霍。郭注曰宮謂圍繞之。宮本實字而用作圍繞之義。則活矣。宣十二年左傳屈蕩戶之。杜注曰戶止也。戶本實字。而用作止義。則活矣。又如規矩字皆實字。國語周語其母夢神規其臀以墨。章注曰規畫也。此規字活用也。考工記必矩其陰陽。鄭注曰矩謂刻識之也。此矩字活用也。經典中如此者不可勝舉。

（四十）語詞疊用例　大雅緜篇迺慰迺止。迺左迺右。迺疆迺理。迺宣迺畝。四句疊用八迺字。蕩篇曾是彊禦。曾是掊克。曾是在位。曾是在服。四句中疊用四曾是字。尚書多方篇爾曷不忱裕之于爾多方。爾曷不夾介乂我周王享天之命。今爾尚宅爾宅。畋爾田。爾曷不惠王熙天之命。爾乃迪屢不靖。爾心未愛。爾乃不大宅天命。爾乃屑播天命。爾乃自作不典。圖忱于正。十一句中疊用三爾曷不字。四爾乃字。皆疊用語詞以成文者也。

（四十一）語詞複用例　古人用助語詞。有兩字同義而複用者。左傳一薰一蕕。十年尙猶有臭。尙卽猶也。禮記人喜則斯陶。斯卽則也。此顧氏炎武說。何謂之庸何。文十八年左傳。人奪女妻而不怒。一抶汝庸何傷。庸亦何也。詎謂之庸詎。莊子齊物論篇。庸詎知吾所謂知之非不知邪。庸詎知吾所謂不知之非知邪。庸亦詎也。安謂之庸安。荀子宥坐篇。女庸安知吾不得之桑落之下。庸亦安也。孰謂之庸孰。大戴記曾子制言篇。庸孰能親汝乎。庸亦孰也。此王氏引之說。

（四十二）句中用虛字例　虛字乃語助之詞。或用於句中。或用於首尾。本無一定。乃有句中用虛字而實爲變例者。如螽斯羽。言螽羽也。兔斯首。言兔首也。毛傳以螽斯爲斯螽。鄭箋以斯首爲白首。均誤以語詞爲實義。辨見王氏經傳釋詞。

（四十三）上下文變換虛字例　古書有疊句成文而虛字不同者。尙書洪範篇。水曰潤下。火曰炎上。木曰曲直。金曰從革。士爰稼穡。上四句用曰字。下一句用爰字。爰卽曰也。爾雅釋魚篇。俯者靈。仰者謝。前弇諸果。後弇諸獵。前兩句用者字。後兩句用諸字。諸卽者也。史記貨殖傳。智不足與權變。勇不足以決斷。仁不能以取予。上一句用與字。下二句用以字。與卽以也。論語述而篇。富而可求也。雖執鞭之士。吾亦爲之。如不可求。從吾所好。上句用而字。下句用如字。孟子離婁篇。文王視民如傷。望道而未之見。上句用如字。下句用而字。而卽如也。禮記文王世子篇。文王九十七乃終。武王九十三而終。上句用乃字。下句用而字。而卽乃也。鹽鐵論。忠焉能勿誨乎。愛之而勿勞乎。崔駰大理箴。或有忠能被害。或有孝而見殘。上句用能字。下句用而字。能卽而也。墨子明鬼篇。非父則母。非兄而姒。史記欒布傳。與楚則漢破。與漢則楚破。上句用則字。下句用而字。而卽則也。

（四十四）反言省乎字例　嚚訟可乎。乎字已見於堯典。是古書未嘗不用乎字。然乎者語之餘也。讀者可以自得之。古文簡質。往往有省乎字者。尚書西伯戡黎篇。我生不有命在天。據史記則句末有乎字。呂刑篇。何擇非人。何敬非刑。何度非及。史記作何擇非其人。何敬非其刑。何居非其宜乎。則亦當有乎字。皆經文從省故也。

（四十五）助語用不字例　不者弗也。自古及今。斯言未變。初無疑義。乃古人有用不字作語詞者。不善讀之。則以正言爲反言。而於作者之旨大謬矣。斯例也。詩人之詞尤多。車攻篇。徒御不警。大庖不盈。傳曰。不警警也。不盈盈也。桑扈篇。不戢不難。受福不那。傳曰。不戢戢也。不難難也。那多也。不多多也。文王篇有周不顯。帝命不時。傳曰不顯顯也。不時時也。生民篇上帝不寧。不康禋祀。傳曰。不寧寧也。不康康也。卷阿篇矢詩不多。傳曰不多多也。凡若此類傳義已明且晳矣。乃毛公亦偶有不照者。如思齊篇肆戎疾不殄。不語詞也。傳曰。大疾害人者不絕之而自絕也。則誤以不爲實字矣。亦有毛傳不誤而鄭箋誤者。如常棣篇鄂不韡韡。傳曰。鄂猶鄂鄂然。言外發也。韡韡光明也。是不語詞也。箋云。不當爲柎。古聲同。則誤以不爲叚字矣。王氏引之作經傳釋詞。始一一辨正之。眞空前絕後之學。

（四十六）也邪通用例　論語。君子人與。君子人也。朱注曰。與疑詞。也決詞。乃古人之文則有以也字爲疑詞者。陸氏經典釋文序所謂邪也弗殊是也。使不達此例。則以疑詞爲決詞。而於古人之意大謬矣。

（四十七）雖唯通用例　說文。雖從唯聲。凡聲同之字古得通用。然雖之與唯。語氣有別。不達古書通用之例。而以後世文理讀之。則往往失其解矣。禮記表記篇唯天子受命於天。鄭注曰。唯當爲雖。此雖唯通用之明見於經典者。

（四十八）句尾用故字例　凡經傳用故字多在句首。乃亦有在句尾者。禮記禮運篇。則是無故。先王能脩禮以達義體信以達順故此故字在句尾者也。下云此順之實也。鄭注曰。實猶誠也。盡也。正義於此節逐句分疏而不別出此順之實也句但云則是無故者言致此上事則是更無他故。由先王能脩禮達義體信達順之誠。盡故致此也。牽合下句解之。似尙失其讀也。

（四十九）句首用焉例　凡經傳用焉字。多在句尾。乃亦有在句首者。禮記鄉飲酒義。焉知其能和樂而不流也。焉知其能弟長而無遺矣。焉知其能安燕而不亂也。劉氏台拱曰。三焉字皆當下屬。焉語詞。猶於是也。按王氏釋詞焉字作於是解者數十事。文繁不具錄。

（五十）古書發端之詞例　乃者承上之詞也。而古人或用以發端。堯典乃命羲和是也。周官小司徒職乃頒比灋于六鄉之大夫。乃會萬民之卒伍而用之。乃均土地以稽其人民而周知其數。乃經土地而并牧其田野。乃分地域而辨其守。凡五段文字皆以乃字領之。

（五十一）古書連及之詞例　考工記注。若如也。乃古人則又用爲連及之詞。儀禮燕禮篇。冪用綌若錫。禮記投壺篇。矢用柘若棘。皆是也。又或變其文曰如。論語先進篇方六七十。如五六十。又曰宗廟之事。如會同皆是也。如之與若。義本不殊。故連及之詞爲若。又爲如矣。朱注曰如猶或也。

古無此義。

以上五十一例。其所舉之佐證。極爲豐富。茲不悉舉。學者讀其書而自求之。必能得古人造句之法。（書共七卷。春在堂叢書本。續清經解本。近日上海有石印單行本。）俞氏之後。踵其例而爲之者。有儀徵劉氏師培。長沙楊氏樹達。於是書皆相繼有所增輯。近有姚維銳者。亦補例十二。雖精粗不同。要皆可爲俞氏書之附庸。惟學者讀此書時。當心知其意。觸類而旁通之。舉一而三反之。若拘泥其迹。以俞氏諸人所舉之例。一一以求古書之脗合。求之過細。或失之轉甚。即如詩十月之交以徂居向此倒文成句之例。此等之處。皆未免各以一己之例。以求古書之脗合。王氏立助語之例。故略于倒文之例。劉氏立倒文之例。故略于助語之例。以兩例釋此句。皆可以通。然詩之此句。二者有一是。必有一非。吾所以謂本此例以讀古書。當心知大意。不可拘泥其迹也。

用字造句二例。本上列之書而自求之。當可以辨別古人之語詞。而得其屬詞記事之要。惟二例之用字之例。須熟于聲韻。不可拘于訓詁。造句之例。須參諸古籍。不可泥于成例。如王氏之經傳釋詞。吳氏之經詞衍釋。劉氏之助詞辨略。俞氏之古書異疑舉要及劉氏等古書疑義舉要補。雖皆可爲吾人辨別語詞之助。然吾人不可爲諸氏之書所囿。一以聲韻求之。一以古籍考之。不僅知其當然。而能知其所以然。吾知于古人語詞之辨別。必更有所進也。

章句離析

積字成句。積句成章。古書之訓詁。寄于文字。古書之義理。託于章句。章句不辨。義理莫明。離析章句。所以求明義理者也。章句雖亦求學之初步。實係讀書之要圖禮記學記云。一年視離經辨志。孔氏穎達云。離經。謂離析經理。使章句斷絕也。斷絕章句。卽章離句析。使古書之義理。不煩詳說而自明。故不知斷絕章句。卽不知古書之指趣與歸宿。其且穿鑿誤會而入歧途矣。所以讀古書者。當首重章句。徐氏防云。發明章句。始于子夏。章句之學。由來甚古。至漢而大昌。漢代經師。指括其文。敷暢其義。以相教授。此卽章句之學。漢書藝文志尚書有歐陽章句。大小夏侯章句。春秋有公羊章句。穀梁章句。可見漢代章句學之甚盛。自漢以後。士子爲學。高者侈言經術。精者喜談性理。章句之學。視爲不甚重要。甚且鄙爲俗儒之學。不知欲讀古書。非明章句不可。章句與名物訓詁。同爲讀書之要事。蓋章句苟誤。古書之不能讀者多矣。茲已述章句離析之重要如上。下更分別言之。先言離章。次言析句。

離章者卽將古書一篇分爲若干段落也。古人記錄事物。發表思想。其文字條例。雖未必如後人之謹嚴。然用意所在。亦略有疆界之可尋。一篇有一篇之總意。一章有一章之分意。能得其分章之所在。卽得其意指之所歸。若章分或誤。則前後紊亂。卽無以了解古書之意。而得其義理之眞。故離章爲讀古書重要之事。設例明之。

儀禮一書。學者每苦其難讀。其難讀之故。由于離章不淸。所以禮之始終度數。與賓尸介紹冠服玉帛牲牢尊俎之陳。如滿屋散錢。毫無條貫。仁和吳廷華著儀禮章句。一篇之中。畫其節目。如士冠禮一篇分爲六章。第一章爲冠前之禮。一筮日。二戒宿。三爲期。四陳設。第二章爲正冠之禮。一賓入位。二初加。三再加。四三加。第三章爲禮子。第四章爲冠畢餘禮。一命字。二賓出就次。三冠者見兄第。四禮賓。第五章冠禮之變。一用酒。二用牲。三孤子冠等諸雜儀。第六章補上經所不及。一賓辭。二祝辭。三屨制。令展帙者知某事在某禮之前。某事在某禮之後。十七篇節目。瞭如指掌。而儀禮始可讀矣。

墨子經上下及經說上下。爲讀墨子者最困難之點。蓋墨子經與說。舊並旁行。兩截分讀。今本誤合幷寫。捉亂譌挩。遂不可通。自武進張惠言發明旁讀之例。困難立解。瑞安孫詒讓著墨子閒詁雖仍照今本。然更爲考定旁讀之法。附于篇後。而墨經始可讀矣。

老子一書。離章頗多異同。河上公注。八十一章。王弼注舊本。七十九章。嚴君平道德指歸。七十二章。臨川吳澄注本。六十八章。桐城姚鼐章義。八十二章。邵陽魏源本義。亦六十八章。而與吳澄不同。據上而觀。老子離章。必有錯誤。究以何人爲是。至今尚未確定。八十一章。最爲通行。(古逸叢書王弼注本。浙江書局二十二子王弼注本。亦八十一章。與舊本不同。舊本七十九章。見魏氏老子本義序。)淵源于河上公。河上公之注。劉知幾謂爲僞託。嚴君平之指歸。現已殘缺。淸四庫書目亦疑其僞。吳氏姚氏之離章。皆不足取。姚一句兩句或亦爲一章。其舛尤甚。魏氏雖比較爲善。究無確鑿之證據。而亦未盡是。夫離章不定。道德之精意。何由闡明。所以硏究老子學者。當先于離章注意矣。

莊子一書。內篇七篇。爲學說之精華。其文汪洋恣肆。莫可端倪。譬諸黃河。千里一曲。觀者但驚其浩蕩澎湃之勢。莫知其蜿蜒奔赴之形。所以讀莊子者。第歎其用意之奇。行文之肆。問其用意之何以奇。行文之何以肆。莫能得其旨趣之所在。及起落之所由。凡此皆不知離章故也。余曾著莊子內篇章義一書。將內篇七篇。分其段落。說其大意。使七篇之大意。皆由段落而明。不僅文從字順。抑且理析義解。所謂意之奇文之肆。皆能言其所以然之故。雖曰小道。然可爲讀莊者之引導。而莊子始易讀矣。

析句者于一篇之中。晝其節目。再於一節之中。析其句讀是也。句讀不析。則可移綴上下。往往因一二字之游移。致失其本來之意。古書之存于今日者。惟毛詩注明每篇幾章。每章幾句。然毛詩亦有異讀者。其他諸經。皆不注句。故讀之頗難。而儀禮尤甚。蓋儀禮自一字爲句至數十字爲句。多奇零不整。學者使不先將句讀析明。何由知其義理乎。故析句亦讀古書重要之事。偃師武氏億著讀經考異一書。足爲析句之參考。錄之於下。

易經、坤元亨利牝馬之貞。舊讀並作利牝馬之貞。利字連下爲義。攷程傳乾坤之對也。四德同而貞體則異。乾以剛固爲貞。坤則柔順而貞。牝馬柔順而健行。故取其象曰牝馬之貞。另爲一句。與乾四德相媲義較密。

尙書、舜生三十徵庸三十在位五十載陟方乃死。僞孔傳蔡傳並以庸字位字死字絕句。趙氏注孟子亦云舜耕歷山三十徵庸。鄭康成讀此經云舜生三十。謂生三十年也。徵庸二十。（三十鄭作二十、當是鄭所見本字異。）謂歷試二十年。在位五十載。陟方乃死。謂舜攝位至死爲五十年。則以舜生三十爲句。徵庸三十爲句。在位五十載爲句。

詩經、小雅魚麗。君子有酒旨且多。近讀皆以酒字絕句。鄭箋云酒美而此魚又多也。則以旨屬上酒字爲義。陸德明亦云。有酒旨絕句。且多此二字爲句。後章仿此。

周禮、外饔。則掌共有其獻賜脯肉之事。此凡兩讀。賈氏疏。掌共有其獻者。獻其將帥。并賜酒肉之事。（酒當作脯。）是以獻字絕句。賜脯肉之事。另讀。王氏應電曰。勞將帥曰獻。犒兵衆曰賜。皆有脯肉。則以共其獻賜脯肉之事連文爲句。

儀禮、士相見禮。執玉者則唯舒武舉前曳踵。此凡兩讀。鄭康成云。惟舒者重玉器尤愼也。是以唯舒絕句。陸農師云。容彌蹙同。（上文凡執幣者不趨。容彌蹙以爲儀。）惟武則舒。朱子云注家以舒字絕句。陸氏讀武字絕句。其說近是。曲禮堂上接武。堂下布武。鄉射禮記距隨長武。皆以武字屬句。此經文亦如是例。

禮記、曲禮。人生十年曰幼學。俗讀以幼學爲句。朱子謂陸農師點人生十年曰幼作一句。學作一句。下倣此。又趙彥衛雲麓漫抄。禮曰人生十年曰幼學。兩句讀。論年則幼。在禮則當學矣。

春秋左氏傳。莊二十二年。而以夫人言許之。杜注許以爲夫人。此以夫人言許之。連文爲句。顧亭林杜解補正云。以夫人言爲句。公語以立之爲夫人也。許之孟任許公也。

春秋公羊傳。僖公二年。請以屈產之乘。此凡兩讀。何氏注云。屈產地名。是以屈產連文爲讀。呂氏春秋權勳篇注。屈產之乘。屈邑所生。則當以屈作小讀。

春秋穀梁傳。桓公十四年。無冰時燠也。近讀以冰字絕句。據疏云舊解時上讀。此又以無冰時爲句。燠也另爲句。

爾雅釋詁。覭髳茀離也。此凡兩讀。注云。孫叔然字別爲義。則覭一讀。髳一讀。茀一讀。以離也總釋上三字。郭景純注。茀離卽彌離。彌離猶蒙蘢耳。又以覭髳一讀。茀離一讀。以茀離釋覭髳。攷釋詁例。

皆以末一字釋上數字。郭注獨以此二字訓上兩字。疑不可從。依叔然讀爲是。

論語、傷人乎不問馬。近讀從乎絕句。釋文云。傷人乎絕句。一讀至不字絕句。證之揚雄太僕箴。廐焚問人。仲尼深醜。若依箴言問人爲醜。則不徒問人矣。漢時近古。授讀必有所自。依之推義。尤於聖人仁民愛物義得兩盡。從古讀爲正。

孟子、山徑之蹊間介然用之而成路。此凡三讀。趙氏注。山徑山之嶺。有微蹊介然。人遂用之不止。則蹊成爲路。是以介然讀上爲句。疏言其間之微小介然而已。朱子集注。介然倏然之傾也。又以間字絕句。介然連下讀。又按長笛賦。間介無蹊。人蹟罕到。注引孟子此二句爲證。亦引杜預左氏傳。介猶間也。間介一也。據此當以山徑之蹊間介爲句亦通。

以上所舉羣經異讀。足徵古書句讀。皆可游移上下。究以何者確合經義。當縝密研究。而不可以粗心去取之也。又有發明古書句讀。使古書義理愈加明瞭者。如錢氏大所說文連上篆字爲句之例。其有益于讀說文甚巨。附錄于後。

十駕齋養新錄云（上略）許君因文解義。或當疊正文者。卽承上篆連讀。如昧爽旦明也。肸響布也。湫隘下也。膝嘉善肉也。潑燧候表也。詁訓故言也。額癡不聽明也。參商星也。離黃倉庚也。嶲周燕也。皆承篆文爲句。諸山水名云山在某郡水出某郡者。皆當連上篆讀。艸部蔎蘆蓾蘇諸字。但云草也。亦承上爲句。謂蔎卽蔎草。蘆卽蘆草。非草之通稱也。芺莁蒩蒙薇蘿諸字。但云菜也。亦承上讀。謂芺卽芺菜。葵卽葵菜也。（中略。）人部佺字下云。偓佺仙人也。偓字下云佺也。亦承上讀。（中略。）㑐字下云。㑐左右兩視。此亦承上篆文。㑐㑐猶瞿瞿也。又叀部叀字下云。專小謹也。專當爲叀。亦承上篆文而複其字。叀叀小謹也。亦作嫥嫥見女部。淺人改作專。而語不可通矣。

名物考證

文字、詁訓、聲音、語詞、章句、六者爲讀古書重要之事。已具論于上矣。猶有一事而不可忽者。名物是也。古人著書決非憑空虛構。其所紀之名物皆當時人之于目而能識。出之于口而能通。而爲普通之言語。迨歲月遞更。言語之流變日急。名物之異稱遂多。若終軍之對鼮鼠。盧若虛之辨鼫鼠。江南進士之問天雞。劉原父之識六駁。（見困學紀聞）可見古今名物之異稱。有資于考證者矣。況古人卽物以命名。皆由實驗而來。因之名物之稱。則視今爲詳細。今人僅有共名者。古人往往各有專名。此等專名。

見于說文解字者。猶可考也。例如。

今人之呼牛羊也。以牛羊爲共名。餘則加一標識字以爲分別。如父母大小白黑等。古人則各有專名。畜父謂之牡。畜母謂之牝。牛子謂之犢。二歲牛謂之犕。三歲牛謂之犙。四歲牛謂之牭。白黑雜毛牛謂之牻。白脊牛謂之犡。虎文黃牛謂之㹋。牛駁如星謂之犖。黃白色牛謂之犥。黃牛黑脣謂之犉。白牛謂之㸒。長脊牛謂之犣。純色牛謂之牷。牡羊謂之羝。牝羊謂之牂。羔子謂之羔。五月生羔謂之羜。六月生羔謂之𦍩。小羊謂之羍。羊未卒歲謂之䍮。黃腹羊謂之羭羳。

此種名物之稱。在說文解字中頗多。如內衣謂之裏。上衣謂之表。負兒衣謂之襁。蔽厀衣謂之褘。襌衣謂之袗。左衽袍謂之襲。袍衣謂之襺。無緣衣謂之襤。裹褻衣謂之衷。日月所常衣謂之衵。不僅名詞然也。卽動詞形容詞亦然。如直視謂之眺。暫視謂之睒。目驚視謂之睘。轉目視謂之𥋇。大目謂之睅。平目謂之瞞。目黑白分謂之盼。多白眼謂之眅。深目謂之窅。目多精謂之矔。目少精謂之眊。目不明謂之眛。

此種名物之稱。蓋不可悉數也。

觀此則知古人命物之名。視今人爲詳細。惟其詳細也。用之或不甚便。如上所舉各種名物之稱。已大半不熟于今人之口。而經典中則往往有之。如詩之九十其犉。先生如達。（達卽羍之借字。）論語引詩之美目盼兮。當暑袗絺綌等。使注家不據說文以解釋。則不熟于今人之口者。遂無由通古人之意矣。清儒有見于此。常能據說文以考證古書中之名物。記之于下。

易姤卦。繫于金柅。馬融云。所以止輪令不動者。王弼云。制動之主。王肅之徒。皆謂織績器。究不能明言其爲何物。說文柅字兩出。一云木實如梨。一云杘是籆柄。或從木尼聲。木實與易義並不相關。說文別有檷字。爲絡絲檷。音讀如柅。則知柅爲籆柄者。卽絡絲之器。卽王肅等所謂織績器是也。

詩大雅。殷商之旅。其會如林。毛云。如林言衆。說文引詩作其旝如林。旝建大木。置石其上。發之以機。用以追敵。春秋傳云。旝動而鼓。建木爲旝。木衆如林。知會者卽旝之借字也。

此外如以事類祭天神謂之禷。燒柴尞祭天謂之祡。則虞書中之肆類于上帝。至于岱宗柴。不煩言而已解也。分瑞玉謂之班。草盛上出謂之每。則虞書中之班瑞于羣后。左傳中之原田每每。不煩言而已解也。此種名物。說文而外。爾雅、廣雅、釋名、方言、其多不可勝數。而爾雅一書所載之名物。尤足爲讀羣書之助。鄭氏樵云。何物爲六經。集言語、稱謂、宮室、器服、禮樂、天地、山川、草木、蟲魚、鳥獸、而爲經。以義理行乎其間而爲緯。一經一緯。錯綜而成文。故曰六經之文。爾雅。謂言語、稱謂、宮室、器服、禮樂、天地、山川、草木、蟲魚、鳥獸、之所命不同。故爲之訓釋。（中略。）不得釋則惑。得釋則明。若曰關關雎雄。在河之洲。不得釋。則人不知雎雄爲何禽。河洲爲何地。觀鄭氏言名物之考證。爾雅實爲重要之書矣。蓋物名有雅俗。有古今。爾雅一書。爲通雅俗古今之名而作。其通之也謂之釋。釋雅以俗。釋古以今。聞雅名而不知者。知其俗名。斯知雅矣。聞古名而不知者。知其今名。斯知古矣。（王國維爾雅釋例語。）何謂釋雅以俗。九罭魚罔。罦覆車。魚罔覆車。俗名也。九罭罦雅名也。何謂釋古以今。荷芙蕖芹楚葵。荷芹今名也。芙蕖楚葵古名也。爾雅者通古今之異言釋國別之殊語。而爲羣經之關鍵也。故羣經中之名物。考證于爾雅。無不渙然冰釋也。例如。

廟中路謂之唐。知詩中唐有甓之唐之爲廟中路也。

兔罟謂之罝。知詩肅肅兔罝之罝之爲兔罟也。

康謂之蠱。知左傳穀之飛亦名蠱之蠱之爲康也。

菜謂之蔌。知詩其蔌維何維筍及蒲之蔌之爲菜也。

簡謂之畢。知禮記呻其佔畢之畢之爲簡札也。

簀謂之笫。知左傳牀笫之言不踰閾之笫之爲簀也。

風而雨土爲霾。知詩終風且霾之霾之爲雨土也。

久雨謂之淫。知左傳天作淫雨之淫之爲久雨也。

丘一成爲敦丘。知詩送子涉淇至于頓丘之頓即敦之借字。爲一重丘也。

墳大防。知詩遵彼汝墳之墳爲大防。即汝水之堤也。

羣書中之名物。所在皆是。而詩經中尤多。孔子云。多知草木鳥獸之名。所謂知其名者。即知雅名俗名古名今名也。如郭氏以黃鳥爲倉庚。則以俗名爲雅名矣。郝氏以布穀爲鵻鳩。則是以今名爲古名矣。故吾人讀古書。于名物之考證。小之草木鳥獸之名稱。大之兵農禮樂之制度。其名稱也。當知雅俗古今之不同。其制度也。當知因革變遷之時異。其考證名稱也。說文爾雅廣雅釋名方言等書。足以左宜右有。而知其雅俗古今之不同。其考證制度也。當合羣經而參互錯綜以求之。不可據一書以爲標準。如周禮與王制。各不相侔。如據一書以說周朝之制度。恐未能得其眞象。而因革變遷之迹。尤非據一書所能明瞭。且書缺有間。而古時之制度。終未能言之歷歷也。名物考證。名稱尚不甚難。制度不易詳矣。杞宋之文獻不足徵。雖孔子亦無由知夏殷之禮。諸侯而皆去其籍。雖孟子亦無由知成周之典章。而況數千年以後乎。好學深思者。合羣籍而觀之。心知其意可也。

義理推求

本書所論。皆爲訓詁之方法。訓詁爲讀古書之工具。而非讀古書之目的。吾人讀古書之目的。不僅明聲音訓詁名物之變遷而已。其最要在于得古書中之義理。蓋一書有一書之義理。吾人讀書。而不能得義理之所在。則所研究者。非敷淺卽厖雜。或謂宋人治學。極有心得。其推求之義理。遠邁于漢唐之儒。不知推求義理。當用歸納法。使古書中之義理。由文字聲音訓詁名物而發見。宋人冥然孤往。信心不信書。推求雖精。未必當于古書中之義理。蓋古書中之義理。晦盲已久。加之緐褚遞變。傳寫日譌。鏤板既興。文字各別。據譌本以推求古書中之義理。不僅有誤今人。抑且重誤古人。所以不知校書之方法者。不能推求義理也。又時代遞演。文字之形與聲。流變日多。不僅名物訓詁不同。亦且離章析句或異。據今形今音以推求古書中之義理。祇是今人之新說。而非古人之眞詮。所以不知讀書之方法者。

不能推求義理也。宋人不知校書讀書方法。不本確然共見之書。惟據冥然孤往之意。例如詩經國風。褰裳思見正也。風雨思君子也。子衿刺學校廢也。揚之水閔無臣也。野有蔓草思遇時也。朱子皆謂爲淫奔之詩。毛詩小序。經嚴密之考證。必爲周秦兩漢儒者相傳之說。比較當爲可信。朱子生千載之後。廢小序以說詩。則更茫無可據。如以上諸詩。朱子概以淫奔說之。謂之朱子所說之詩義可也。謂之詩之本義如是不可也。所以推求義理。當先以文字聲音訓詁名物求古書之眞。然後據一種古書。分析而綜合之。比較而貫穿之。以得義理之所在。始無模糊影響之說。亦無牽強附會之說也。

何謂分析綜合。例如研究孔子之義理。舉凡孔子之書。立爲節目。一一分析。然後舉分析所得者而綜合之。以觀其義理之所在。論語一書。爲孔子學說之匯歸。然其中論道、論仁、論天、論性、論命、論孝弟、論善惡、論爲政、論爲學、論君子、論小人等。散見于全書之中。使不一一分析而綜合之。僅舉一二以爲孔子之義理如是。必非孔子之眞。惟分析綜合。其眞自見。茲舉論語中所稱君子。爲例于下。

論語中孔子所稱之君子。約計六十有餘。分析綜合。得君子之界說有三。一學術中之君子。二社會中之君子。三政治中之君子。

學術中之君子分爲三。

一、敏事愼言。

君子食無求飽。居無求安。敏于事而愼于言。

子貢問君子。子曰。先行其言而後從之。

君子欲訥其言而敏於行。

文莫吾猶人也。躬行君子。則吾未之有得。

君子恥其言而過其行。

二、仁義禮知信勇全備。

君子無終日之間違仁。造次必于是。顚沛必于是。

君子喻于義。

君子義以爲上。

君子博學于文。約之以禮。

君子道者三。仁者不憂。知者不惑。勇者不懼。

君子義以爲質。禮以行之。孫以出之。信以成之。

三、求己不求人知。

人不知而不慍。不亦君子乎。

君子病無能焉。不病人之不己知也。

君子疾歿世而名不稱焉。

君子求諸己。

君子謀道不謀食。憂道不憂貧。

此三者君子爲學問之要件。仁義禮知信勇者。學問之事。敏事者敏此者也。求己者求此者也。敏事愼言爲學之始。求己不求人知。爲學之終。能如此然後謂之君子。不能如此卽不得謂之君子。而爲學之方法又有四。一主忠信。二過則勿憚改。三無友不如己者。四就有道而正焉。以前三者爲準繩。以後四者爲方法。持之以毅力。繼之以恆心。則君子之學成矣。

社會中之君子分爲二。

一、處己。

君子懷德。君子懷刑。

君子坦蕩蕩。

君子泰而不驕。

君子固窮。

君子有三戒。少之時血氣未定。戒之在色。及其壯也。血氣方剛。戒之在鬪。及其老也。血氣既衰。戒之在得。

君子有九思。視思明。聽思聰。色思溫。貌思恭。言思忠。事思敬。疑思問。忿思難。見得思義。不知命無以爲君子也。

二、接人。

君子周而不比。

君子成人之美。不成人之惡。

君子和而不同。

君子矜而不爭。羣而不黨。

君子貞而不諒。

君子有三畏。畏天命。畏大人。畏聖人之言。

子貢曰。君子亦有惡乎。子曰有惡。惡稱人之惡者。惡居下流而訕上者。惡勇而無禮者。惡果敢而窒者。

此二者。君子居社會之要件。君子之處己也欲嚴。而接人也常寬。君子之學問旣成。處己之嚴。己行之有素。其接人也。常有過不及之患。能斟酌于過不及之中而行之。斯可已。

政治中之君子分爲三。

一、出處。

君子哉蘧伯玉。邦有道則仕。邦無道則可卷而懷之。

二、用人。

君子易事而難說也。說之不以道不說也。及其使人也器之。

君子不以言舉人。不以人廢言。

三、修己以安人.

君子之于天下也。無適也。無莫也。義之與比。

子謂子產。有君子之道四焉。其行己也恭。其事上也敬。其養民也惠。其使民也義。

君子篤于親則民興于仁。故舊不遺則民不偷。

子路問君子。子曰。修己以數。修己以安人。修己以安百姓。

君子學道則愛人。

君子惠而不費。勞而不怨。欲而不貪。泰而不驕。威而不猛。

君子無衆寡。無小大。無敢慢。

君子正其衣冠。尊其瞻視。儼然人望而畏之。

此三者。君子從政之要件。出處不愼。則不能從政也。用人不明不公。則不能從政也。至于修己安人。則德澤之及于民溥矣。統上而觀。君子之界說可定矣。此所謂列舉的標準也。再以孔子說君子之言以爲概括的標準。

文質彬彬。然後君子。

君子不器。

君子不可大受而可小知也。

何謂比較貫穿。例如研究古書中之義理。舉凡古書中說之不同者。一一爲之比較。然後擇其說之可通者而貫穿之以觀其義理之所在。詩經國風第一篇之關雎。衆說紛紛。莫衷一是。使不一一比較貫穿之。僅舉一二人學說以爲關雎之義理如是。必非關雎之眞。惟比較貫穿。其眞自見。玆舉漢儒關雎之說。爲例于下。

孔子言關雎樂而不淫。哀而不傷。雖未明言美刺。而含有美詩之旨。然未確言作詩之人。及所美之爲何事也。自毛傳以爲后妃之德。遂爲美后妃之詩。三家以爲刺康王。遂爲刺康王之詩。關雎一詩。

異說滋多。茲列漢人之說。比較而觀之。

史記十二諸侯年表。周道缺。詩人本之衽席。作關雎。

漢書儒林傳序。周室衰而作關雎。

淮南氾論訓。王道缺而詩作。周室廢禮義壞而春秋作。詩春秋學之美者也。皆衰世之造也。

又詮言訓。詩失之僻。高誘注。詩者衰世之風也。漢書杜欽傳。是以佩玉晏鳴。關雎嘆之。

劉向列女傳。周之康王。夫人晏出朝。關雎豫見。思得淑女以配君子。

揚雄法言。周康之世。頌聲作乎下。關雎作乎上。習治也。故習治則傷亂也。

王充論衡。周衰而詩作。蓋康王時也。康王德缺于房。大臣刺晏。故詩作。

袁宏後漢記。楊賜上書曰。昔周康王承文王之德。一朝晏起。夫人不鳴璜。宮門不擊柝。關雎之人。見幾而作。

後漢書皇后紀論。康王晚朝。關雎作諷。

應劭風俗通義。昔康王一旦晏起。詩人深以爲刺。

以上皆以關雎爲刺詩康王時所作者也。

史記外戚世家。自古受命帝王及繼體守文之君。非獨內德茂也。蓋亦有外戚之助焉。夏之興也以塗山。桀之亡也以味喜。殷之興也以有娀。紂之殺也嬖妲己。周之興也以姜原及大任。而幽王之禽也淫于褒姒。故詩首關雎。夫婦之際。人倫之大道也。

匡衡上疏。匹配之際。生民之始。萬福之原。婚姻之禮正。然後品物遂而天命全。孔子論詩。以關雎爲始。言太上者民之父母。后夫人之行。不侔于天地。則無于奉神靈之統。而理萬物之宜。自上世以來。三代興廢。未有不由此者也。

荀爽對策。夫婦之始。王化之端。陽尊陰卑。蓋乃天性。且詩初篇。實首關雎。禮始冠婚。先正夫婦。

韓詩外傳。子夏問曰。關雎何以爲國風始也。孔子曰。關雎至矣乎。夫關雎之人。仰則天。俯則地。幽幽冥冥。德之所藏。紛紛沸沸。道之所行。如神龍變化。斐斐文章。大哉關雎之道也。萬物之所繫。羣生之所懸命也。河洛出圖書。麟鳳翔乎郊。不由關雎之道。則關雎之事。將奚矣哉。（中略）馮馮翼翼。自東自西。自南自北。無思不服。子其勉強之。思服之。天地之間。生民之屬。王道之原。不外此矣。子夏喟然嘆曰。大哉關雎乃天地之基也。

以上皆以關雎爲美詩。雖未明言文王時作。然斷非康王時作也。

卽二派之說比較觀之。匡衡學齊詩者也。而以關雎爲美詩。韓詩本以關雎爲刺詩。而外傳又以關雎爲天地之基。史記十二諸侯年表。旣以關雎周道缺而作。而外戚世家。又以爲人倫之大道。使不比較觀之。任執一說以論關雎。豈可通乎。比較而觀。則知各說皆可通。蓋關雎一詩。非爲文王而作。亦非爲康王而作。或亦民俗歌謠之餘。采詩者錄之。定爲房中之樂。用之鄉人。用之邦國。毛以爲后妃之德者。用之邦國者也。三家以爲刺康王者。陳古刺今之義也。孔子刪詩。以關雎爲房中之樂。而夫婦實人倫之始。故定爲風始。貫穿而說之。君子求淑女。未得而寤寐反側。已得而琴瑟鐘鼓者。此作詩人之義也。不必確指何人所作。用爲房中之樂者。此采詩人之義也。爲當時婚禮用樂之制度。定爲國風之始者。此刪詩人之義也。所以明夫婦爲人倫之本。以爲美以爲刺者。此說詩人之義也。一則託事以美。一則陳古以刺。如是以說。則疑義了然矣。

上所舉二例。一爲分析綜合之例。一爲比較貫穿之例。本二例以求古書中之義理。必視宋儒所得者爲確也。

第六章　今後訓詁學之趨勢

考證法

甲骨文金文之考證

清末學者。已稍有重視金文之意。嘗爲鐘鼎文有益于經史之言。惟殊無何種成績可觀。自甲骨文發見。孫氏詒讓。著契文舉例。（一）本之以正鄭氏龜卜之誤。羅振玉著殷虛書契考釋。（二）亦本之以正鄭氏龜卜之誤。此爲甲骨文用之于訓詁之先聲。不過爲卜龜本身之考證而已。王國維用之以考古史。遂爲考證學闢一新徑途。甲骨學商史編。（三）彙集諸家之考證爲一書。而金文世族譜。（四）亦根據金文而爲世族之考證。此皆屬于古史之範圍。而非屬于訓詁學之範圍。李泰棻本甲骨文爲今文尚書正譌一書。（五）甲骨文遂爲訓詁學重要之材料。而于省吾尚書新證。（六）詩經新證。（七）采取金文中之材料。以資考證之處多。其書本身之價值如何。吾人不必遽下斷語。而甲骨與金文。爲重要考證之材料。而確今後訓詁學之趨勢。而李氏于氏之書。可謂篳路藍縷。以啓山林也。于氏詩經新證有七例茲記于下。

(一)不知古人重文之例而誤讀者。如君子偕老委委佗佗。即委佗委佗。而毛傳委委一訓。佗佗一訓。失之。據金文石鼓文。及古鈔本周秦載籍。凡遇重文不複書。皆作二以之。

(二)有古字湮而本音失者。如裘古本作裘。从衣又聲。應隸之部。後人讀爲求聲。則終南之韻梅哉。七月之韻貍。大東之韻子來服試。無由通矣。據旂伯毀作衾。叉卣作衾。則裘古作裘明矣。

(三)有音假而本義湮者。如涵陷古音近字通。巧言之僭始既涵。即譖始既陷也。傳訓涵爲容義。猶未盡。據宗周鼎南國服子敢臽處我土。臽即陷。毛公鼎俗女弗以辟圅于囏。不𣪘毀。弗以我車圅于囏。皆假圅爲陷。

(四)有不知句之通假。因有失其句讀者。如則敗古通。正月之彼求我則如不我得。即彼求敗我如不我得也。舊本或讀彼求我句。則如不我得非是。據余冄鉦。勿喪勿敗。與說文之敗籀文敗同。莊子庚桑楚。天鈞敗之。釋文敗元嘉本作則。魏三體石經春秋古文。敗字屢見。並作劃。劃即則字。

（五）有形譌而本義湮者。謹字古本作𦰩。不从言。𦰩嫨同字。楚茨我孔嫨矣。卽我孔謹矣。故下接以式禮莫愆。傳訓嫨爲敬。或已知爲謹之本字。段玉裁謂爲戁之假借疏矣。據女嬖𣪘覲作𦰩。宗周鐘。勤作𦰩。𦰩嫨同字。今楷作堇。謹之作堇。亦猶覲勤之作堇矣。

（六）有形譌而又繼之以音假而本義湮者。如己古字紀。今字己譌爲巳。又假爲以。載芟侯彊侯以。卽侯彊侯紀。傳訓爲用失之。據紀姜𣪘紀侯鐘。紀並作己。據禮記論語釋文。已以通。侯彊侯紀。當是紀作己。譌爲巳。又通作以。

（七）有音假又繼之以形譌而本義湮者。如敖假爲贅。又譌爲贅。桑柔具贅卒荒。卽具敖卒荒。言具敖戲而盡荒樂也。傳訓爲贅屬荒虛。箋遂望文生訓。以爲皆見係屬于兵役。家家空虛。迂且妄矣。據說文贅从頁敖聲。錢坫謂欲人敖敖。傳敖長兒。應作此是贅敖古通之證。

以上皆據金文爲詩經之考證。可謂訓詁學上之新路矣。此外如據毛公鼎。𠦪緐較。𠦪卽賁字。蕡墳賁頒。斑古通。桃夭之有蕡其實。卽有斑其實。魚藻之有頒其首。卽有斑其首。苕之華之牂羊墳首。卽牂羊斑首。據邾公華鐘。師寰𣪘。彔伯㦰𣪘。日月之报有不述。爲報我不豙。據金文之作止。足趾之作止。後世止止不分。之茲通用。七月四之日舉趾。舉趾卽舉茲。茲卽孟子之鎡基。據盂鼎卜有戕。言卜有臧也。十月之交。曰予不戕。爲曰予不臧。據金文从比無別。皇矣之克順克比。爲克順克从。至于郭沫若據保定出土古戈。孝禮記湯之盤銘。當爲兄曰辛。祖曰辛。父曰辛。兄誤爲苟。祖作且。誤爲日。父誤爲又。辛讀爲新。（八）新而不鑿。以其解有金文之證據也。又詩頌籩豆大房之房。郭沫若釋大豐殷之[illegible]。卽詩經房之本字。最近雖仍照原釋爲俎。然詩經中之房。必非本字。其本字以[illegible]當之。在訓詁上不可謂毫無證據。要之取材料于甲骨文金文。確能爲訓詁學闢一新途。現雖所獲不多。踵而行之。必有異采也。

（一）契文舉例。孫詒讓著。在吉石盦叢書內。現有翻印本。

（二）殷虛書契考釋。羅振玉著。景印手寫本。後有增訂本。

（三）甲骨學商史編。朱芳圃輯。商務本。

（四）金文世族譜。吳其昌著。商務本。

（五）今文尙書正譌。李泰芬著。自印本。

（六）尙書新證。于省吾著。自印本。

（七）詩經新證。于省吾著。自印本。

（八）見金文叢考。

推測法

統計學之推測

單文孤證。爲考據家之所不取。然則考據家必文多而證廣也。如此必將文之同類者。搜集以爲證。已略含有統計之意義。阮元有論語論一篇。列舉論語之論仁者。凡五十有八章。仁字之見于論語者。百有五見。而總歸納於仁者人也一釋。（一）此已實用統計之方法。惜未能明言之。惟阮氏只知在仁字本身上之統計。而不知用此種統計之方法。爲訓詁上之應用。此則爲時所限也。

論語第九篇子罕言利與命與仁。則是仁與利命。皆爲孔子所罕言。而統計論語一書。仁字百有五見。利字五見。命字十有一見。利與命可謂罕言。仁則不可謂罕言也。夫百有五見之仁。與五見之利。十有一見之命。同爲孔子所罕言。則必有說以處之。再將百有五見之仁。分別計之。可統爲二一則喜怒哀樂未發謂之中之仁。此孔子所罕言。惟顏淵得聞之。一則喜怒哀樂發而皆中節謂之和之仁。此孔子所常言。與及門弟子所論者。皆是。子貢言夫子之文章可得而聞也。夫子之言性與天道不可得而聞。所謂文章。卽及門共聞之仁。亦卽發而皆中節之仁。所謂性與天道。卽顏子獨聞之仁。亦卽未發爲中之仁。孔子罕言仁。因未發爲中之仁。藏之于心而不可見。惟顏子其心三月不違仁。始得體會而領悟之。故孔言吾與回言終日不違如愚。退而省其私。亦足以發。回也不愚。此不可見之仁。卷之則退藏于密。放之則彌六合。及門諸弟子。不知修身齊家治國平天下之本。皆由于仁。故孔子第舉粲然具備者言之。所謂文章可得而聞也。顏淵得一善拳拳服膺而弗失。確知未發爲中之仁。具于我心。然猶不知發而皆中節之仁。卽由此未發爲中之仁而推之。故孔子言克己復禮爲仁。一日克己復禮而天下歸仁。顏淵尙有其目之請問。非不知爲仁由己之理。實未明天下歸仁之理。爲仁由己。性與天道。在于我者而俱足。天下歸仁。必有文章表著于外。天下始有歸仁之標準。禮者文章之表著者也。視聽言動之勿以非禮。則必以禮爲視聽言動之則。己之視聽言動。一準于禮。則天下之視聽言動從之矣。所謂一日克己復禮而天下歸仁。天下歸仁之仁。卽爲爲仁由己之仁。一則未發爲中。一則巳發爲和。中者天下之大本。和者天下之大道。其要只一仁字。仁字之訓詁。統計論語中百有五之仁。分析而得之。確爲的確。夫此統計學上則訓詁學上是一重要之工具。

統計學是西方之學問。西方人治中國書者。往往利用統計學而爲古書眞僞之考辨。瑞典人珂羅倔倫著左傳眞僞考。(二)用統計方法。統計左傳論語孟子中之助字。爲考據學者闢一新門徑。用統計法爲訓詁之推測。能得比較可靠之訓詁。如統計儒家之道字。而知儒家之所謂道者。是人倫日用事物之常。統計道家之道字。而知道家之所謂道者。是宇宙之本體。又如統計助詞之用法。可以認淸各個時代語法之例。爲辨別古書眞僞之助。如左傳眞僞考是。余嘗將尙書中今古各篇之助詞作一統計。覺此法殊爲可用。亦有時不甚可靠。尙未得有的確結論。茲不復言。惟余確信統計在訓詁學上極有價值之方法。惟用之者須有舊式訓詁學上之根基。不可僅賴此一方法。而隨便用之耳。

(一)見研經文集第八卷。

(二)左傳眞僞考。瑞典珂羅倔倫著。陸侃如譯。新月書店出版。現歸商務。

王雲五 傅緯平 主編

中國文化史叢書第二輯

書名	著者	冊數	定價(元)
中國目錄學史	姚名達	一	三.〇〇
中國倫理學史	蔡元培	一	一.五〇
中國道教史	傅勤家	一	二.〇〇
中國稅制史	吳兆莘	一	四.〇〇
中國政治思想史	楊幼炯	一	二.五〇
中國水利史	鄭肇經	一	三.〇〇
中國救荒史	鄧雲特	一	二.八〇
中國教育思想史	任時先	二	四.〇〇
中國日本交通史	王輯五	一	一.〇〇
中國婦女生活史	陳東原	一	一.五〇

書名	著者	冊數	定價(元)
中國訓詁學史	胡樸安	一	三.五〇
中國音韻學史	張世祿	二	五.〇〇
中國漁業史	李士豪 屈若搴	一	二.五〇
中國建築史	陳清泉譯補	一	二.五〇
中國音樂史	陳清泉譯述	一	二.〇〇
中國韻文史	王鶴儀編譯	二	四.五〇
中國散文史	陳柱	一	二.五〇
中國俗文學史	鄭振鐸	二	五.五〇
中國地理學史	王庸	一	二.五〇
中國疆域沿革史	顧頡剛	一	三.五〇

全輯合售四十五元

商務印書館印行